中希文明互鉴中心·努斯译丛

后希腊化
哲学

从斯多亚学派
到奥利金的发展研究

G. R. Boys-Stones

[英] **G. R. 博伊斯-斯通斯**__著

罗 勇__译

中国出版集团

东方出版中心

本书中译本出版获重庆大学高研院＆博雅学院基础文科振兴专项"人文社会科学基本问题重审与方法新探"（2022CDJSKZX01）的资助

目　录

前　言

　　紧接希腊化时期结束之后的几个世纪，在哲学史上依旧是一片灰暗的领域。虽然近年来，为了从 19 世纪普遍的负面评价中恢复希腊化思想本身，人们做了大量工作，但晚期哲学陷入了"折中主义"（eclecticism），这一论点（重点参考 Zeller 1892：vol. iv/1）依旧纲领性地左右着关于该时期的各种研究。智识活动的三个世纪被认为在更早的诸体系和"新柏拉图主义"的荣耀之间划出了一片哲学上的无人地带，它们被认为从前者那里获得材料并预告了后者。狄龙（J. Dillon）已经为勾画这片领域（esp. Dillon 1996）并质疑"折中主义"这种说法本身做了大量工作（Dillon 1988），即便如此，他发现这个时期"主要是作为普罗提诺的序幕"才值得关注（Dillon 1996：p. xiv）。然而，如果学术研究打算把后亚里士多德诸学派纳入研究范围，那就必定存在这种可能：后希腊化哲学也可以被纳入其中——最终，或许学术研究在普诺提诺门口所标出的这片无人地带会得到开垦，而界限也会被打破。本研究旨在探究这种可能性。它考察后希腊化哲学，重点考察其产生的一个独特和有影响的运动，即柏拉图主义，并且认为哲学在这一运动中永久改变了，而且是以一种就其深度而言或许不那么可见的方式改变的。我认为，这个改变本身的标志——至少首先——不是彻底避免与希腊化诸学派的学说接触；其标志毋宁是对应当如何从事哲学本身的理论性理解的转变。"新"和"中期"柏拉图主义之间的区分以一些表面的东西为基础：到公元 2 世纪末，真正的哲学变革已经发生了，本研究所追溯的就是这场变革。

几乎无需争论，柏拉图主义和返回柏拉图的哲学有关。但这种返回是一种理论的结果，而非基础：正如我认为的，这种理论产生自希腊化时期斯多亚学派关于神话和神学诸传统的本质所做的原创性工作。在本研究第一部分，我考察了斯多亚学派的如下看法：这些传统或许保留了人类最初几代人所获得的哲学观点的碎片，这种观点的真理是可以独立地确定的。在第一章和第二章，我考察了这种信念在早期斯多亚学派中的基础，第三章则考察晚期斯多亚学派为分离"原始的"哲学材料和保存这一材料的传统而提出的越来越复杂的方法。在这些方法中，最重要的是对神学传统进行跨文化比较——这种方法需要进一步考察其所处理的那些传统的纯洁性（purity）和古代性（antiquity）。为了证明对这些问题的关注有所进展，我在第四章和第五章考察了该进展的体现方式，它产生自希腊化时期的希腊和犹太智识分子就犹太文化的年代和地位的争论中，我认为，只有从晚期斯多亚学派的工作来看，犹太人古代性的问题才在其所参与的论战中作为一个主题出现。

在第二部分中，我回到柏拉图主义者本身。我在第六章认为，他们吸收了斯多亚学派关于古代的、特许的智慧的遗存的看法，还吸收了斯多亚学派提取这种智慧的方法。但是，使得柏拉图主义者成为柏拉图主义者的，是他们还认为柏拉图本人已经使用过这种方法。他们认为，柏拉图哲学反映了对早期人类原初的、特许的智慧完整且成功的重建和详细说明——这就是柏拉图为何对他们而言是权威。但是，如果柏拉图的权威是以他的资料来源和方法为基础而得到解释的，那么柏拉图主义者还通过论述柏拉图之后的历史，使得他的哲学的真理是可信的。我在第七章表明，柏拉图死后哲学分歧和争论的激增形成了许多不同哲学学派的起点。柏拉图主义者认为我们不应（和怀疑主义者一样）对真理究竟在何处悬置判断，而是认为回到对柏拉图的研究会为发现真理提供最有前景的方法。那些已经偏离柏拉图教诲的诸学派之间的困难和分歧，只会让人更相信柏拉图首先是正确的。

最后，我认为界定了哲学的柏拉图主义方法的各种模式被公元 1 世纪晚期和 2 世纪早期的基督教思想家们采用，进而导致基督教作为西方哲学的一股力量而出现。柏拉图主义者主张，基督教内部的争端可被解释为他们自己偏离了通过柏拉图而继承下来的古代传统，出于回应这个主张的必要，基督徒使用柏拉图主义者自己的工具，提出了"正统"和"异端"的概念，"真正的"和统一的基督教传统正是借助这些概念而区别于其后来引发的争端的。此外，通过主张基督教与希伯来思想处于哲学上的连续之中（正如 2 世纪的护教者们所做的），"正统的"基督徒就能主张拥有一种在时序上比任何异教传统都更古老（older）的希伯来—基督教传统。的确，他们认为异教徒自身传统的各种神学必须被视作他们自己的传统后来的和堕落的分支。但所有这些为基督徒留下了一个进一步的问题，第九章对此进行了探究：如果传统的异教神学要被解释为对希伯来—基督教思想的堕落偏离，那它如何产生古典希腊哲学更为积极的传统？既然基督徒所使用的论证不言自明，即那些偏离了的传统只会变得更糟，那么哲学家们的作品中所体现的进步就需要解释。基督徒给出的答案是，异教哲学的存在还以这种或那种方式依赖于基督教传统的在先存在（prior existence）和至高真理，比如，异教哲学在古典时期与希伯来圣经接触才会存在。这解释了极其恶意的"依附性主题"（正如某位评注家所说的）；但重要的是，这解释了为何人们不应被异教哲学内部的积极发展蒙蔽，看不到其方法上的本质弱点。这同一些特征导致了异教徒偏离最初传统，也导致了他们的哲学家一再争论从希伯来人那里获得的洞见，并再一次陷入分歧，这表明如果真理是可辨识的，那么其必定就在正统基督教之中。

在描述了本研究所包含的内容后，我应该说一下被忽视的东西。整体上，我并未讨论晚于公元 3 世纪晚期的证据——更具体说，晚于柏拉图主义者波斐利（Porphyry）或者在关于基督教的各章中晚于奥利金（Origen）的证据。我认为这两位思想家在他们各自的传统中都是便捷的支撑点；而且我所讨论的理论到此已经充分确立起来了，进一步扩展这个考察既无必要也无益处。但还需要说明我讨论的早期柏拉图主义的范围，我们会发现一些熟悉的名字不见于其中。我的论证的一部分是，柏拉图主义主要不根据学说来界定，而是根据方法（在方法的语境下可以理解学说的发展），因此，我并不关注那些只能通过学述（doxographical）残篇或作品才知道的柏拉图主义者：阿尔比努斯（Albinus）、阿尔吉努斯（Alcinous）、盖乌斯（Gaius）和阿普列乌斯（Apuleius）等人没有出现在本研究中，这就是我给出的理由。我有信心在别处把注意力集中起来（重点是关于科尔苏斯［Celsus］，普鲁塔克［Plutarch］，阿提库斯［Atticus］和努曼尼乌斯［Numenius］，以及较小范围内的普罗提诺和波斐利），这不仅出于理论考量，还由于通过学述性的方法进入柏拉图主义的失败，这些方法把这些思想家部署在它们的证据前线——人们尤其会想到一个如今受到怀疑的理论，它从安提俄库斯（Antiochus）开始追溯柏拉图主义，通过阿里乌斯·狄底莫斯（Arius Didymus），直到盖乌斯和被认为属于他的学派（参考后文第六章，重点是注释 2）。整体而言，本研究实际上并不致力于面面俱到，但确实致力于开启对各种结构的发现，一份全面的考察或许可以根据这些结构来展开。

在准备本研究的过程中，我欠了许多人情：首先是英国研究院（President and Fellows of British Academy），其博士后初级研究奖学金

（Post-Doctoral Junior Research Fellowship）让我能够开始本研究；然后是牛津基督圣体学院（President and Fellows of Corpus Christi College），其同时授予的无薪初级研究员身份让我有了一个和本研究工作相关的理想环境。本书包含的材料已经发表于提交给牛津、布里斯托尔（Bristol）（感谢 Karin Blomqvist 的盛情邀请和款待）和隆德（Lund）的各个大学的研讨会论文中。我特别感谢弗雷德（Michael Frede）、布里腾（Charles Brittain）、伯恩耶特（Myles Burnyeat）、狄龙、基德（Ian Kidd）、勒维涅（David Levene）、莫里森（Ben Morison）、赛德利（David Sedley）、威尔森（R. McL. Wilson）让我避免了错误，还要感谢牛津大学出版社的各位匿名审读者。

G. B. -S.

文献缩写

AA	Josephus, *Against Apion*
ANRW	H. Temporini and W. Haase (eds.), *Aufstieg und Niedergang der römischen Welt: Geschichte und Kultur Roms im Spiegel der neueren Forschung* (Berlin: de Gruyter, 1972–)
DK	H. Diels and W. Kranz, *Die Fragmente der Vorsokratiker*, 6th edn. (3 vols.; Dublin and Zurich: Weidmann, 1954)
D.L.	Diogenes Laertius, *Lives of the Philosophers*
FGrH	F. Jacoby, *Die Fragmente der griechischen Historiker* (3 vols.; Berlin: Weidmann, 1926–30)
EK	L. Edelstein and I. G. Kidd, *Posidonius*, i. *The Fragments*, 2nd edn. (Cambridge: Cambridge University Press, 1989)
PHP	Galen, *Placita Hippocratis et Platonis* = *On the Doctrines of Hippocrates and Plato*
RE	G. Wissowa *et al.* (eds.), *Paulys Real-Encyclopädie der classischen Altertumswissenschaft* (Stuttgart: J. B. Metzler, 1894–1978)
Schürer	Schürer (1973–87)
S.E., *M.*, *PH*	Sextus Empiricus, *Adversus mathematicos* = *Against the Professors*, *Pyrrhoneae hypotyposes* = *Outlines of Pyrrhonism*
Stern	Stern (1974–84)
SVF	*Stoicorum Veterum Fragmenta*, ed. J. von Arnim (3 vols.; Stuttgart: Teubner, 1903–24); vol. iv (indexes) by M. Adler

第一部分

古代智慧：斯多亚学派的解释

第一章

原初之人的观点：一种理论的诸起点

1. 从赫西俄德到犬儒学派

这是一项关于古代对真理和哲学的认知，关于智慧的发现和传承的研究。它特别探究了哲学研究重点的根本转变，当这种转变发生时，早期希腊思想的主导性假设，即哲学必须通过从第一原理出发的试探性渐进来确立真理受到了如下信念的挑战，即另一条更可靠的路线是可能的：回溯关于世界的古老论述，且这种论述的真理可以客观地确立。对这种古老哲学的重建将绕过传统的、"进步的"哲学方法所涉及的不确定性和危险，还会消除这种方法不可避免地导致的分歧和错误。对真理的论述已经存在：哲学家只需发掘并破译它。在第二章和第三章，我将通过斯多亚学派的作品来探究如何重建被认为存在于前一个时代的哲学所相关的问题，然后在接下来的几章中详细考察这个重建计划对整个哲学的影响。但首先有一个更根本的问题要解决，即相信有一种更早的哲学为了重建而存在的理由。为何会有人认为，在前几代人的观点中可以找到对世界的特许理解？

只要认识到古典哲学的目的最终是理解人与世界的关系，以及在这个世界中实现幸福的方式，那么人们自然就会注意到，相信人类的更早几代人——或更具体地说就是最初（first）几代人——的特殊幸福，这深深扎根于希腊神话。[1] 诚然，这种信念并非从关于该问题的丰富思考传统中产生的唯一模式：比如，根据一种论述，只有人类本身的聪明才智借助于普罗米修斯从诸神处偷来的技艺，才使人类生活得以可能，更别说可以忍受了。[2] 然而，这是一个人们已经用多种方式探究过的流行主题。赫西俄德为其中两种方式提供了早期证据，它们在《工作与时日》第106—201行交织在一起：人类种族的神话[3]，以及克洛诺斯时代的神话。[4] 根据前一种说法，第一代人类被创造为"黄金种族"，优于接下来的白银、青铜和黑铁种族[5]；而在后一种说法中，人类种族在克洛诺斯的仁慈统

---

[1] 和希腊人关于早期人类历史的看法有关的许多材料，已经在有关希腊思想中的"进步"与"衰退"概念的作品中讨论过了。Lovejoy and Boas（1935）是一部丰富的原始资料集；亦参见 Guthire（1957），Edelstein（1967）和 Dodds（1973）。关于普罗米修斯的神话，特别是关于人类诸种族的神话，参见 Fritz（1947）；Gatz（1967）。

[2] 这个神话的最早痕迹出现在赫西俄德，《神谱》第561—569行；参考《工作与时日》第47—52行。亦参见埃斯库罗斯，《被缚的普罗米修斯》第436—506行（对观 Kleingünther 1933：第66—84页；以及 O'Brien 1985）。在柏拉图的《普罗塔戈拉》320c—322d（特别是321d—e），普罗米修斯据说将雅典娜的礼物（即智慧）和赫淮斯托斯的礼物（即火）传给人类；而在其他地方，这些神直接对这些善行负责（两者一起），例如在《荷马颂歌》[Homeric Hymn]第20行；只有雅典娜，例如在科努图斯[Cornutus]，《希腊神学导论》[Introduction]20，39. 12—40. 4 Lang）。

[3] 关于这个神话的前希腊起源，参见 Griffiths（1956）和（1958）（反对 Baldry 1952 和 1956）；West（1978），第172—177页。

[4] 除了引用过的赫西俄德之外，参见阿尔克迈俄尼斯（Alcmeonis），残篇7 Davies（在第149页；参考 Kinkel 第313页）：κα[ὶ τῆς ἐπ]ὶ Κρόνου ζω[ῆς εὐ]δαιμονεστά[της οὔ]σης, ὡς ἔγραψαν Ἡσίοδος καὶ ὁ τὴν Ἀλκμ]εωνίδα ποή[σας] καὸ Σοφοκλῆς[克洛诺斯时代的生活最幸福，正如赫西俄德、诗人阿尔克迈俄尼斯、索福克勒斯所写的那样）。（关于索福克勒斯，Davies 引用了《伊纳科斯王》[Inachus]F 278 Radt 的一则残篇。）这个神话本身似乎稍早于赫西俄德，参考 Baldry（1952），第84—86页。

[5] 在青铜时代和黑铁时代之间，赫西俄德在原来的计划中插入了一个额外的英雄种族——这个种族之所以突出，不仅因为它不是按照金属来命名的，还因为唯有它比之前的种族更好。在俄耳甫斯传统中也可以找到更简单的计划（没有插入英雄种族）（参见俄耳甫斯，残篇140 Kern＝普罗克洛[Proclus]，《柏拉图〈理想国〉评注》[On Plato's Republic]2. 74. 26—30 Kroll）——尽管这个版本的神话似乎可能是对赫西俄德的论述的重组，而不是对其早期历史的独立见证（参考 Gatz 1967：52 - 53；West 1983：107）。

治下,出生在一个富足和安逸的时期。然而,就本研究的主题而言,这些说法中的意象远比它们的讯息重要得多。如果按照关于人的本性(nature)或社会的寓言来解读的话,这些神话根本就没有告诉我们任何关于早期人类的事情[1];而如果按照历史论题来解读的话,它们则描述了一种状态,人类在这种状态中的幸福受制于诸神故意提供或收回的外部好处:就早期人类理解世界的方式而言,这些神话没有表明任何后来的哲学家原则上会感到有趣或有用的东西。比如,使人类在克洛诺斯的仁慈统治下过得幸福的,正是克洛诺斯所保证的自然的慷慨,而不是早期人类自己的伦理生活或观点;我们自己生活的艰辛同样是宙斯即位后整个自然世界崩溃的结果。[2]同时,在这个人类种族的神话中,尽管人的幸福至少受制于他的本性,但这种幸福依旧不受人类的控制或者与人类的理解无关。比如,黄金种族被创造为黄金的,生来就有特权;我们现在所属的黑铁种族则是低等的,因其被创造为低等的。这是神的过错,我们不能做什么来改善我们的命运或变得更加"黄金"。由于不能利用黄金种族提供给我们的模式,我们只能从沉思他们的幸福中理解到,这种状态完全是我们自己的"黑铁"种族不能把握的。我们所能做的一切就是和赫西俄德一道,希望我们让自己被创造为不同的存在物(《工作与时日》第174—175行)。

但如果最早的神话论述将人的本性过多地置于诸神的一时兴起之

---

[1] 这些解释可能包含了赫西俄德本人的解释:至少在人类种族的神话之后不久,《工作与时日》第225—237行描述的城邦暗示了当时的人类"黄金般"存在的可能性,只要他们践行正义(事实上,后来的文献中与黄金时代相关的大量意象都来自这段话,而不是关于黄金种族本身的早期论述)。参考柏拉图,《理想国》3. 415a—c,《克拉底鲁》398a—b:在这里,赫西俄德以历时的方式(diachronically)所描述的人类不同种族,代表了对人类性格的三种主要类型的共时性(synchronic)描述。

[2] 同样,在潘多拉神话中,正是这些神控制了我们的(不)幸福:参考赫西俄德,《工作与时日》第69—105行;《神谱》第570—612行。

下，使我们关于被创造状态的知识对于现在的我们没有太大价值，那么后来前苏格拉底时期的思考就以完全否认我们祖先最早的特许地位的方式，重塑（甚至是抛弃了）神圣"创造"的概念。[1] 随着"物理学家们"开始从我们经验到的多变现象中寻求可以解释世界的各种稳定本原，拟人化的神圣动源（agency）模式便让位于神的活动等同于（而不是在其中）整体的宇宙的模式[2]，这导致了对人神关系本质的彻底反思。神灵被去人格化（depersonalized），甚至排除了对人类事务的神圣干预这个概念[3]；而且，如果这种模式可以保护我们免受诸神固执的恶意，那么依此类推，它还消除了任何期许，即诸神可能会表现他们对某一代人的特别宠爱。尽管有各种理由，但前苏格拉底时期的思想并不比此前的神话有更多的基础相信，对更早几代人的考察可能会为后来的哲学家提供任何一种生活模式。[4] 为了让这一点成为可能，就还需要一种不同的神

---

[1] 这种二分法无疑简化了历史状况，在其两极之间存在着一系列可能性：比如，恩培多克勒能够把某种类似于原初黄金时代的东西纳入他自己对人类进化的论述中（参考 31 B 128，130 DK）。亦参弗拉斯托斯对"阿那克萨戈拉思想中众所周知的在目的论和机械论之间的犹疑不决"的评论（1946:57）。弗拉斯托斯特别提到了 59 B 4 DK，在这里，最初之人不仅出生在一个大地为之提供充裕物品的世界，甚至一生下来就有着文明的标志：καὶ τοῖς γε ἀνθρώποισιν εἶναι καὶ πόλεις συνῳκημένας καὶ ἔργα κατεσκευασμένα ὥσπερ παρ' ἡμῖν[这些人拥有可居住的城邦和可耕种的土地，就像在我们当中那样]。

[2] 一种起源性实体（originative substance），其本性被认为可以解释宇宙中的运动和变化，并且最终可以解释我们的世界的形成，这种实体被等同于神，例如阿那克西曼德（12 A 15 DK）和阿那克西美尼（13 A 10 DK）；参考泰勒斯（11 A 22 DK）；以及后来的赫拉克利特（22 B 32,64,114 DK——在最后一则残篇中，以"神的法律"来指整个宇宙的本性）；克塞诺芬尼（21 B 23—26 DK；[亚里士多德]，《论麦里梭、克塞诺芬尼和高尔吉亚》，3—4）。

[3] 就是说，神可能会将作为一个整体的宇宙安排得最好，但不会考虑到对宇宙中的个人或种族而言什么是"好"（good）。关于普遍目的论与人类的狭隘利益之间潜在的冲突，参见赫拉克利特，22 B 102 DK。

[4] 关于人类进化的前苏格拉底式论述，参考阿那克西曼德，12 A 30 DK。当克塞诺芬尼说诸神让人类改善自己的命运时，他大概是在拒绝一种"神话的"神圣干预概念（21 B 18 DK；比较后来德谟克利特彻底无神论的物质主义的情况：68 B 144,154 DK）。

圣活动模式：这种模式无需回到诗人的拟人化就可以重申神对人类的关注；在这种模式中，人类被创造成这个样子，却是被一位天意的（providential）神创造的，这位神的本性不允许他创造任何不完美的东西，或者因为最卑劣者（the worst）而改变他的创造。

正是这样一种天意理论（theory of providence）出现在公元前5世纪和前4世纪；表面上，这主要是一种物理的或神学的理论，其伦理含义却极为丰富。因为如果人是被天意之神创造的，那么可以推出他必定被创造得幸福；此外还可以推出，他的幸福必定在于他那被创造出的本性的完美。比如，一位天意之神不会创造这样一种存在，其幸福取决于他并不打算保证的外部因素的出现。那么，如果原初之人是幸福的并且后面几代人不幸福，错误就完全在于他们：他们必定有着相同的能力和相同的优势，而且如果任何人曾是幸福的（假设神圣天意表明他们是幸福的），那么，每个人（按照相同的假设）就都有能力如此。在该理论的语境中，赫西俄德的人类种族神话被重新解释为人类道德状况的历史[1]：从多少是由诸神故意创造和毁灭的人类种族（human species）的一系列分类来看，这个故事变成了一个种族腐化的故事，亦即该种族成员的德性堕落。根据这一理论，我们所有人都有能力获得必定曾经存在过的黄金种族的成员身份（在比喻意义上），正是由于我们的疏忽，我们内部的黄金才变为更低贱的金属。但最终，对最早人类的研究是真正有利和有用的：如果原初之人像神所希望的那样生活幸福，那他们或许就在某种意义上构成了我们可以遵循的一种模式。对原初之人生活的历史兴趣就

7

---

[1] 把赫西俄德的神话修改为关于年代（ages）（而非种族[races]）的论述，这是罗马人的发展：特别参见 Baldry（1952），第97—90页。但是，这种修改所依据的解释在更早之前就出现了；我们将看到，亚里士多德的学生，比如狄凯阿科斯（Dicaearchus），将这个神话作为关于人类历史三阶段论述的证据。

以这种方式在伦理研究领域中拥有了真正的重要性。

最早利用这一开端的伦理运动是犬儒主义(Cynicism)，一个出自苏格拉底哲学的学派。犬儒学派哲学最典型的特征或许就是彻底否认一个人的幸福会以任何方式取决于人的身体状况：犬儒主义者说，幸福绝不应与快乐混淆，并且身体的舒适只能提供后者——前者只由德性构成，是对世界的一种正确的精神(mental)态度。为了支持他们的主张，他们这样论证：假设早期人类的生活必定在身体上难以满足，因为那时候的人类缺乏我们恰好发展出来让自己更加舒适的各种技艺；但神不可能把人类创造得不完美或不幸福；因此可以推出，人类哪怕在缺乏身体舒适的情况下也可以是幸福的。[1]的确，犬儒主义者甚至不止于此，因为他们的推理是，内在于早期人类生活的艰辛确实会帮助那时的人们变得幸福，其方式是确保他们绝不混淆幸福与快乐——他们心灵手巧的后代却缺乏这种警惕，这对他们的后代十分不利。[2]

于是，对犬儒主义者来说，原初之人的幸福并不是来自他们在本质特征方面与我们有任何差异，而是来自他们在观点和生活方式方面与我们的差异。最后，正是他们的价值体系让他们更加幸福。因此，我们在犬儒主义者那里可能是第一次发现了如下默会知识，即重建早期人类所拥有的思想的某些方面，将是找到治疗我们的道德弊病，推进我们自己

---

[1] 在一篇写于公元 2 世纪的关于犬儒学派生活的颂词中(《论文集》[*Dissertation*]36 Trapp)，推罗的马克西姆斯(Maximus of Tyre)认为，神话描述了克洛诺斯统治时期自然的慷慨，这不是因为自然事实上要比现在的更为丰饶，而只是因为早期人类缺少我们的贪婪感，因此满足于已有的东西。

[2] 根据一则报道，犬儒学派的创始人锡诺普的第欧根尼(Diogenes of Sinope)主张，如果我们认为宙斯是恶棍的话，那就没有理解普罗米修斯神话的要点。他说，普罗米修斯实际上应受惩罚，因为他引入了"文明"的各种技艺，使人类变得软弱，进而造成人类的道德败坏(金嘴狄翁[Dio Chrysostom]，《演说集》[*Oration*]6. 21—9)。

的哲学理解的一种方式。根据犬儒主义者，即便原初之人别的什么都不知道，但他知道如何生活，他的知识权威就像天意本身这个事实一样，在客观上确定无疑——事实上是从天意之神存在而得出的一个明显推论。为何有人可能会将一种权威赋予原初之人的观点，使之值得重建，这一点随着犬儒主义者而开始变得明显：不论原初之人当时是否意识到这一点，他们已经拥有了后来成为哲学研究对象的大部分东西。

2. 柏拉图笔下的两种原初幸福理论

犬儒主义者假设第一代人类必定是幸福的，而且他们的幸福必定由他们的世界观的纯洁性构成。我已经表明这体现了如下信念的最简单起点，即至少在理论上，有些哲学问题，特别是什么构成了人类幸福的问题，可以通过重建最早人类的思想来找到答案。但重要的是注意，犬儒主义者并不认为早期人类自己就拥有哲学本身，因为哲学是一种自觉的（self-conscious）、专业的研究，就其本性而言，这种研究的目的是治疗影响我们理解世界的疾病。原初之人并不需要治疗，而且人们会假设，他们对一个人可能遭受的道德疾病没有任何观念。他们的特许地位（privilige）就在于他们的纯真（innocence）：至少既在于他们缺乏错误信念（比如关于物质舒适价值的错误信念），也在于他们假定的只有德性才能促成幸福的真实性。事实上，犬儒主义者似乎已经认为，早期人类不是因为哲学才生活得好（lived well），而是因为他们拥有一种前哲学的（pre-philosophical）观点。正如我们将看到的，这种区别（哲学的和前哲学的生活）在柏拉图及其继承者的思想中很重要；但是，虽然对于犬儒主义者来说这是个轻易得出的结论，但柏拉图却费了一番周折才得出。

9

柏拉图就像犬儒主义者一样相信天意之神，因此就像犬儒主义者一样，他不假定人类以任何方式被创造得不完美。如果人们变得邪恶与不幸，那可以通过他们自己本性的腐化来解释，而神正是以这种本性来创造他们的。然而，柏拉图不会和犬儒主义者一样，出于一个十分简单的理由就轻易假设早期人类的幸福纯粹在于缺乏（absence）错误信念。与犬儒主义者不同，柏拉图认为，作为人类灵魂学的一部分，所有人类都有一种向恶的内在趋势，这是灵魂的一种非理性能力，常常把人推向快乐而非德性，进而使人在同他们可能持有的任何信念毫无关系的情况下远离幸福。因此，对柏拉图而言，德性的一个重要内容就变成了实现德性以抵抗这种趋势：德性绝非全然自动的，即便最初之人也不可能真的意识不到恶的可能性，正如犬儒主义者所认为的那样。柏拉图或许已经承认，技术文明的出现，以及随着技术文明的出现而导致的贪婪文化，使得抵抗恶的倾向变得更难；但该倾向本身却总是人性的一部分。

《蒂迈欧》强调了由此导致的问题，这篇对话相当一般地讨论了世界的被创造本性，但更加特别的是讨论了人类在世界中的位置。就其本身而言，柏拉图在这篇对话中关于幸福的论述与他的灵魂学理论有着非常直接的关联。他提醒我们，人类的动机（motivation）的特征是挣扎于理性和激情之间（42a—c），幸福是对有德性之人的奖赏，在这种人的灵魂中，理性（向善的推动力）胜过了激情。有些被激情夺走灵魂的人被宣告为不幸（接下来是更多堕落形式的轮回：42b—c）。这个故事的道德意义很清楚：如果要实现幸福的话，就需要训练和锻炼理性。换一种方式说就是，哲学是幸福（well-being）的前提。但这里的问题是：可以从所有这些推出，要么最初之人是哲学家，要么他们不幸福。但我们怎么可能期许最初之人凭借自己的努力就成为哲学家？还有，如果他们很有可能无法成为幸福的，那神怎么会创造他们？

《治邦者》也提出了这个问题。在这篇对话中,柏拉图利用了赫西俄德的比喻来描述一个被克洛诺斯和宙斯交替统治的世界(《治邦者》269c—274d)。克洛诺斯的统治被描述为(显然采用了赫西俄德的说法)一个黄金时代,在这个时代中,克洛诺斯自己对世界的管理发挥着积极的作用,每一个区域和每一群人都在属天精灵(heavenly daemon)的守护之下;在这个时代中,人类的需求都得到了满足,食物丰足且无须耕种(cultivation),衣服在多数情况下是不必要的,自然在总体上形成了一种舒适宜人的环境。此外,既然每个人都拥有他需求的一切,并且既然每一代人都从大地重新出生而没有政治依附的累积遗产,于是通常的野蛮就绝于耳畔,战争销声匿迹。然而,在宙斯统治期间存在着字面的(literal)和比喻的(figurative)反转:神放弃掌舵,精灵远离他们关怀之下的领域,世界不得不自谋生计。此时,所有与我们生活相关的艰辛就出现了(272d—273d)。[1]

克洛诺斯时代与宙斯时代两者之间的对比,就像其意象使之为人熟知那样鲜明。所以当主导讨论的"埃利亚异邦人"(Eleatic Stranger)问年轻的苏格拉底,人类在这两个时代的哪一个——在克洛诺斯还是宙斯的统治下——最幸福时,读者就会感到惊讶。答案似乎很明显,以致这个问题显得是修辞性的;然而,苏格拉底并不这样认为。的确,他回答说他

---

[1] 在这个时代结束时,世界重新回到克洛诺斯的指引下,并没有任何关于人类进步的故事,因为随着世界的倒退,人类被彻底毁灭了(270d—e),一个与他们的直接前人没有任何关系的新的人类种族重新诞生于大地之中(271a—c)。(这个种族通过繁殖行为延续到了宙斯时代,这本身似乎就是普遍败坏的征兆:274a。)后来,普罗克洛把《治邦者》中的神话解释为代表了世界的两个方面,而不是世界的两个历史阶段:参见《柏拉图神学》5.6—8,特别是7;参考 Dillon(1995)。就他自己而言,Dillon 认为这个神话的古怪特征表明,它本身根本就不应该被认真对待:它只不过是"他[即柏拉图]自己更严肃的体系建构的陪衬物"(1992:33)。

根本不能回答这个问题。苏格拉底令人惊讶的回答得到了埃利亚异邦人本人的支持,他同意,他尚未给我们足够的信息以便知道[答案](参见272b—d)。他说,"在我们发现有人有资格告诉我们[克洛诺斯]时代的人类是否热衷于知识和理性文明之前"——换句话说,他们是不是哲学家——我们必须抛开这个主题。赫西俄德的比喻被证明是掩人耳目。此外非常明显的是,这里说的是幸福取决于哲学文明;任何一种关于身体舒适的论述都不足以取而代之。

　　《治邦者》没有提供进一步的说法,但反而以此暗示了我们在《蒂迈欧》中所看到的问题。最初之人(正如我们所有人)需要为了幸福而培育哲学——他们需要压制他们的激情从而赢得他们的幸福。然而如果在这些说法中,幸福被定义为人不能被创造得幸福(幸福来自他自己的奋斗),那么这似乎表明了神与创造一个严格来说可能总是不完美的种族有关。事实上,我们正是要返回《蒂迈欧》,以便寻找柏拉图最初尝试的解决办法。他提出的解决办法是:神不会创造一个有德性之人的种族而不剥夺他们因实现德性而产生的幸福;相反,他所能做的就是创造一个自然地倾向于哲学的人类种族。柏拉图认为,我们从人类的构造中就可以看到,在人的自然状态中,人可以实现幸福,这不是机运问题,而是必然问题。从眼(让人可以观看天体,哲学在此观看中找到其最初的动力:47a—b)和嘴(通过言说而成为"理智的仆人":75e)到最低的肚和肠(被设计来限制我们的食物和饮料摄入,防止暴饮暴食让我们变成"非哲学的":72e—73a),每一样东西都让我们倾向于哲学。如果理性的胜利要有意义的话,就必须有一场战斗,但在人的自然状态中,理性和激情之间的战斗就是以这种方式有利于理性的。恶对于我们而言必然依旧是一种可能性;但正如柏拉图所说,严格说来恶也是一种非自然的(unnatural)状态,一种灵魂的疾病,大体只是因为一些外部因素才会出现,它们扰乱事物最初的和自然的秩序——比如恶劣的教育或影响了理性能力的身体无序(86d—e)。在一开始就没有这些毒瘤的情况下,一切都有利于最初之人。由于柏拉图的小心谨慎,似乎他最终认为天意确保了最初之人成为哲学的——从而成为有德性的和幸福的。

然而,所有这些可能会让我们稍感不满。《蒂迈欧》中的妥协有些言不由衷,因为恶竟然能通过外部因素悄悄渗入,这个事实非常强力地导致了(这个妥协意在避免的)如下结论,即早期人类不得不(could not but)成为幸福的,以及后来的人不得不成为邪恶的,正如他们不得不屈从于疾病的影响。然而,如果柏拉图在《蒂迈欧》中的解决方法有着言不由衷的氛围,那么《治邦者》中所描述的问题也是如此。柏拉图在那里说,我们无法根据给定的信息知道人类是在克洛诺斯的统治之下还是在宙斯的统治下更加幸福;的确,出现在克洛诺斯时代的物质丰盛在对该时代的幸福的哲学评价中或许并不十分重要。但是,野蛮和战争在那个时代的缺乏,真的指向了一种在某种意义上甚至是在某种道德意义上高于我们的生活的生活? 不论人类是不是哲学家,读者认为克洛诺斯时代更加幸福的自然本能,都得到了不只是贪婪追求物质繁荣的支持。柏拉图留下了对人类历史的更深入论述,这是他最后写下的论述,他在这个论述中以一种新的、有影响的方式处理了这些问题。

在《法义》卷三的概述中,人类文化的出现模式有些类似于《治邦者》中的模式,被说成毁灭与重生的循环;但在《法义》中,《治邦者》所使用的宇宙隐喻已被抛弃,只留下了更加字面上的历史论题。柏拉图说,人类文化遭到自然灾难——"洪水,瘟疫和其他原因"(《法义》,677a)——的周期性毁灭。有些人从这些灾难中幸存,但能幸存下来的人只能是那些在山上远离灾难的生活得好(live well)的人;这些人由于他们的本性(nature)且远离文明中心,不可能亲自保存文化的各要素。柏拉图强调了这一点:这些幸存者完全不懂哲学,甚至是到了(他说)对音乐无知的地步(677c—d)。人类生活本身乃是通过每一次灾难保存下来的,但文化被彻底毁灭,于是每一次新的历史循环都能为人类预告一个新的"原初时代"。

然而,在柏拉图的新论述中,最引人注目的是他在每一次循环开始时描绘的令人羡慕的原初时代的生活图景。比如,他说这个时代的人类都是单纯的,所有人的需求能都得到满足,这样就不会有贫穷、冲突、暴力或嫉妒(678a—c)。的确,他甚至还说:他们的无知和单纯使得他们"更坦率,更勇敢,更温和,总而言之更正义"(679d—e:εὐηθέστεροι δὲ καὶ ἀνδρειότεροι καὶ ἅμα σωφρονέστεροι καὶ σύμπαντα δικαιότεροι)。与《蒂迈欧》和《治邦者》形成鲜明的对照(至少看起来如此),哲学不再用来解释早期人类的幸福,在某种意义上,正是哲学的缺席解释了早期人类的幸福。与我就犬儒学派所持的观点多少类似,柏拉图在这里认为原初人类之所以做得好(acted well),无疑是因为做得坏(acting badly)的可能性绝不会出现在他们那里:他们的虔诚不是建立在对神的理论理解之上,同样,他们的德性与任何对善恶本性的探寻是分开的(679c)。

但是,德性在于对激情的哲学压制,这个对柏拉图更为一般的伦理理论来说如此重要的主张又是怎么回事呢?我在讨论犬儒学派时对哲学德性和"前哲学"德性所作的区分提示了答案。因为我们在《法义》第三卷发现,早期人类的"德性"并非严格意义上的德性,而仅仅是没有恶而已,柏拉图的最终解决之道就取决于这个区分。柏拉图很清楚,真正的德性不存在于这些人当中——德性只能出现在成熟状态的目的论语境中(《法义》,3.678b)。柏拉图所做的是承认人在其"原初的"、自然的状态(暗示了人的被创造状态)中绝非不完美,而且他的生活具有德性的所有特征,以此来为天意分辨;但与此同时,柏拉图认为他关于完美本身和德性本身的信条（cveed）又需要哲学。哲学依旧依赖于努力，并且会奖励那些追求哲学的人；但至少对最初之人而言，天意保证了一种具备前哲学幸福的生活。

3. 狄凯阿科斯与前哲学德性

柏拉图在《法义》第三卷对早期人类历史的讨论是他对该问题最后的、在许多方面也是最具历史重要性的讨论，他的结论是早期人类拥有一种未腐化的却是前哲学的世界观，在相信人类的天意创造的哲学家中，这个结论从一开始就是采用得最广泛的理论。但这不包括亚里士多德：正如我们将在下一章看到的，亚里士多德的确采纳了柏拉图对人类历史的循环解释的一些方面，但他把天意的作用替换成一种目的论，这让他有理由否认人类在一种既定历史循环的开端可能比在其结束时会更好。但十分奇怪的是，它确实包括了亚里士多德的一个弟子在内。事实上，迈锡尼的狄凯阿科斯（Dicaearchus of Messene）是类似于《法义》中的哲学发展理论的最著名支持者之一，他还将之置于一个比柏拉图本人所提出的更明确的理论基础之上。

我们只有不多的残篇反映了狄凯阿科斯的工作[1]，但它们大约共有四分之一来自他最原创的作品之一，一部希腊的文化史（标题是Βιός Ελλάδος，更字面的意思是一部"传记"），这部著作追溯了希腊民族

---

[1] 参见 Wehrli(1944)；Gaiser(1983)，(1988)。关于狄凯阿科斯，一般参见 E. Martini(1905)；Wehrli(1968)。狄凯阿科斯的年代只能在我们所知的基础上进行猜测，他是亚里士多德的学生，而且更特殊的是，他是漫步学派的阿里斯托克塞努斯的同时代人（残篇 8[d] Wehrli = 西塞罗，《图斯库鲁姆论辩集》[Tusculan Disputations]1. 41）。这表明他的鼎盛时期大约是公元前 310 年（参考 E. Martini 1905：547）。

从人类生活的最早阶段到狄凯阿科斯自己时代的发展。[1] 当然,我们在此关注的是他笔下的历史的更早阶段,而且狄凯阿科斯似乎使用了赫西俄德描述过的人类种族神话来证明这些阶段(见残篇 49 Wehrli)。他说,这个神话一直都在随着岁月扩展,但其起源可能非常古老,而且在该神话的核心处似乎保存了关于人类早期发展史的一种可信且无疑是理性的论述。[2]

于是,继赫西俄德之后,狄凯阿科斯确认人类的最早阶段是一种"黄金时代"。但根据狄凯阿科斯的说法,为这些时代镀金的不是自然无与伦比的慷慨:神话中的这些说法应被认为是对真实情形的隐喻,简单来说就是人类满足于自然提供的产品。对他们来说,这似乎是一种富足,因为他们没有贪婪。我们试图迫使大地更多地产出,其特征正是贪婪。[3] 没有贪婪,满足于已有之物,这意味着人类并不知道冲突(他们看不到有什么值得为之争斗的东西);还意味着他们也不知道疾病,因为

---

[1] 应当指出的是,狄凯阿科斯和亚里士多德一样,无疑相信人类种族的永恒(参考残篇 47—48 Wehrli),而且,既然永恒并没有"最早时期",那他必定沿用了亚里士多德的看法(可能还有《法义》所呈现的柏拉图),主张对人类历史的循环叙述。参考 Wehrli(1944),第 56 页和 Giglioni(1986),第 641—643 页。我们有一则出自狄凯阿科斯的作品《论人类的毁灭》(On the Destruction of Man)的残篇(残篇 24 Wehrli = 西塞罗,《论义务》2.16),这则残篇表明,尽管人们已经知道自然灾难会毁灭"整个人类种族",但因为战争而失去的生命要比因为自然灾难而失去的更多。于是,他或许认为人类的每个种族或民族都会经受其自身的生灭循环——不存在普遍的历史循环,只有一系列的更局部的循环,它们的运作或多或少彼此独立。

[2] 残篇 49,24. 10—11 Wehrli;εἰ δεῖ λαμβάνειν μὲν αὐτὸν ὡς καὶ μὴ μάτην ἐπιπεφημισμένον, τὸ δὲ λίαν μυθικὸν ἀφέντας εἰς τὸ διὰ τοῦ λόγου φυσικὸν ἀνάγειν[如果我们一方面有必要承认它确实发生过,而且不仅仅是毫无意义的故事,另一方面要拒绝不恰当的神话,将它还原为基于理性的自然原则]。现存的材料太少,无法对狄凯阿科斯笔下的神话起源进行任何更一般的论述。然而,我们也可以认为,他就像之前的亚里士多德和之后的斯多亚学派(下一章将讨论两者的理论),认为神话中的传统故事来自遥远过去某个时刻的完全直接的历史或哲学观察,这些观察随着世代的流传而融入这个民族的民间传说。

[3] 关于犬儒学派使用过的一个类似论证,见第 8 页注释 1。

人类(被迫)适当节制地生活和饮食。

　　然而,一旦人类显然拥有利用自然的机会,那贪婪就不会长久置身事外,正是贪婪促使人类从第二个状态衰退到第三个也是最堕落的状态。人类转向游牧般的存在,因为他们意识到他们可以通过把网撒得更广来发现更多的食物——实际上是通过放弃之前坚持的素食。最终,他们发现了一些人为的方法,强迫自然产出比自然本身提供的更丰盛的食物,人类的衰落通过人类生活安顿于其中的农业共同体的发展而完成了。

　　狄凯阿科斯毫不质疑最早的人类是最幸福的,他认为其幸福是他们自己的观点和态度,而不是他们的世界的物质环境的(实际上,这个世界并不比我们如今现存的世界更好)作用。然而,狄凯阿科斯并没有在最早的人类中为哲学留下什么位置:事实上,他似乎认为理论哲学只有在社会堕落至理智与其专属的实践领域分离的时候才会出现。不可能诉诸哲学本身的出现来解释最初人类的德性和幸福,因为哲学只以理论形式出自后来时代的腐化中。于是,通过利用我在柏拉图《法义》中追溯过的区分,狄凯阿科斯将一种不同种类的幸福归于早期人类:不是随着德性的哲学成就而来的那种幸福(原则上,我们可以获得这种幸福),而是更天真的、非自觉的,总而言之是前哲学的幸福,这种幸福只能来自一种没有意识到邪恶可能性的德性。狄凯阿科斯努力解释道,我们应当说早期人类生活得好(lived well),但还不是哲学家(残篇 31, 19. 15—17 Wehrli):

　　　　狄凯阿科斯认为哪怕是这些[皮提亚格言]都不是贤哲(σοφοί)的话:因为他认为古人并不从事口头哲学。"智慧"在他们的时代意味着践行善的行为——只是在后来这才变成了一种煽动言辞的技艺(χρόνῳ δὲ λόγων ὀχλικῶν γενέσθαι τέχνην)。

17　狄凯阿科斯希望把我们已经在柏拉图笔下看到的区分置于一种更理论化的基础之上,这表现在他非常准确地使用了这个领域的语言——既在这里,也在残篇30(出自第欧根尼·拉尔修,《名哲言行录》1.40),他在那里说,即便"七贤"也不是真正的贤哲,更别说是在他的意义上的哲学家了:他们当然是理智的(intelligent),但他们是为了实践的而非理论的目的才使用他们的理智。"狄凯阿科斯说他们[七贤]不是智慧之人和哲学家,但他们是有理智之人和立法者(συνετοὺς δέ τινας καὶ νομοθετικούς)。"[1]

　　从所有这些来看,我们如今所理解的哲学出现得比人类的历史性堕落的最终阶段还要晚。和七贤一样,在农业时代晚期,人类能够生活得"好",无需对如何生活得好进行理论思考,能够维持一个良好状态,无需思考一个人是否或如何参与政治(οὐ γὰρ ἐζήτουν ἐκεῖνοί γε εἰ πολιτευτέον οὐδὲ πῶς, ἀλλὰ ἐπολιτεύοντο αὐτοὶ καλῶς:残篇 31,19.20—21 Wehrli)。关于早期人类,关于我们自己,这一事态的改变和哲学的出现所告知的东西是一样的。狄凯阿科斯反对他同时代的忒奥弗拉斯托斯,认为"实践的"生活比"理论的"生活更可取(残篇 25 Wehrli = 西塞罗,《致阿提库斯》[Letters to Atticus]2.16.3),但他认为这个时代已经腐化不堪,以至于哲学如今只不过是贤哲的避难所。从这一切我们可以看出,如今十分重要的哲学在有着通向幸福的更便捷途径的先前时代中如何是多余的。

　　于是,狄凯阿科斯向我们提供了有价值的证据,表明哲学和前哲学

————————

[1]　参考西塞罗,《论义务》3.16 和《论友谊》7:"对问题的精微研究者拒绝称所谓的七人(即七贤)属于贤哲之列。"

幸福之间的区分并未随着柏拉图而消逝：尽管有亚里士多德甚至还有亚里士多德自己的追随者介入其中，但这个论述在希腊化时期依旧盛行。这一点很重要，因为正如我们将看到的，斯多亚学派对这种论述的采纳和进一步理论化为他们理论发展奠定了基础，以便他们重建被认为属于原初人类的特许观点。

4. 早期斯多亚学派论早期人类

很遗憾，关于早期斯多亚学派对柏拉图在《法义》讨论的那种传统的前哲学智慧理论的采纳，我们的证据几乎都是间接的。然而，已有的这些考察近乎为如下立场进行了有力辩护，即斯多亚学派也认为最初几代人类对世界有着一种独特的、特许的却是前哲学的理解。首先，似乎可以合理地认为斯多亚学派或许同情于一种由犬儒学派、柏拉图，甚至是某些漫步学派成员以某种方式共同持有的观点[1]；正如我在下文进一步表明的，这是一种不管如何都是从他们自己的人类理性理论推出的观点。但此外，这还是一种解释了塞涅卡在《道德书简》(*Moral Epistles*，以下简称《书简》)的书简 90 所采取立场的观点。

塞涅卡的《书简》90 与早期斯多亚学派关于早期人类的观点并没有直接关系：其直接目的是批评晚期斯多亚学派作家波西多尼俄斯提出的关于发明技术性技艺(technological arts)的主张。波西多尼俄斯认为，这些技艺是由早期哲学家们发展出来的；塞涅卡不同意。这很清楚且毋庸置疑。但这封书简有大量关于更一般的早期人类本性的处理，这构成了

---

[1] 或许值得注意的是，基提翁的芝诺从公元前 312 或公元前 311 年就在雅典从事哲学活动——这恰好是狄凯阿科斯鼎盛年的时间(又见注释 16)。

此次讨论的背景。不太清楚的是塞涅卡对此问题的立场(塞涅卡自然地假设他的读者对该争论中的一般问题要比我们自己所能声称的更熟悉)。但在我看来,可以合理认为塞涅卡批评波西多尼俄斯这个事实表明(至少是作为起点),他在这个问题上的立场接近于更早的斯多亚学派;早期斯多亚学派认为(与波西多尼俄斯不同),最初几代人生活在前哲学的纯真中。[1] 但为了厘清塞涅卡的立场,概括地展示这封书简的论证是有助益的:

导论(1—3)

哲学是让我们生活得好的东西。

19 **早期人类历史大纲(4—6)**

第 1 阶段:最初几代人是未腐化的(incorrupti),生活在天生杰出的领导者的指导下(因此,波西多尼俄斯说他们处于贤哲的统治之下)(4—5)。

第 2 阶段:邪恶潜入(6)。

对波西多尼俄斯的批评(7—35)

波西多尼俄斯:认为哲学家发明了各种技艺——之后就放弃了以实用为目的的关切(特别是 20—23,30)。

塞涅卡:认为这些技艺的确是理性的产物,但不是正确理性(即智慧)本身的。自然的慷慨足以让我们不需要技术就能过上好的生活;智慧关系到理解神和自然并按照神和自然来生活(特别是 7—19,24—29,35)。

---

[1] 关于我对这封信的解读,以及我认为塞涅卡的立场就是早期斯多亚学派的立场,比较 Frede(1989),第 2088—2089 页。

结论:明确勾勒早期人类历史(36—46)[1]

第 1 阶段:最初人类生活在邪恶和奢侈之前的 fortunata tempora [幸运时期]。他们并不智慧,但就像贤哲一样行动。大地因未耕种而更富饶。人类不是 sapientes[贤哲](自然并不赋予德性:德性是需要获得的),但他们"精神高贵且(可以说)来自神"(36—38,39—44)。[2]

第 2 阶段:贪欲出现,人类衰落到堕落之中(38—39)。

正如我已经表明的,这封书简的论证相当直白:波西多尼俄斯认为人类始于一个黄金时代,哲学家们很好地统治着其中的人类。但当哲学家们试着让人类的生活更加舒适时,他们就发明了各种技艺,这些技艺导致了贪欲的出现、颓废和德性的普遍丧失。和早期斯多亚学派一样,塞涅卡也认为早期人类历史有两个阶段,但(与柏拉图等人一样)他认为第一个阶段中没有一个人是哲学家[3]:他们不是(他说)贤哲(*sapientes*),

20

---

[1] 我认为,在这个结论开始的 90.36 处有一个难题。抄件读作 †*sicutaut*† *fortunata tempora*,Bücheler 校订为 *secutast fortunata tempora*。这种读法被最广泛地采用,但它证实了这样一种印象,即塞涅卡在下文描述的两个时期应当被加到前面的内容,从而形成一个三阶段的论证。然而,事实证明,显然是前哲学阶段的 *fortunata tempora* 在任何人的论述中都必然构成第一个阶段——而且它与前面紧接着的内容并没有任何区别。有许多别的文本校订被提出来;参考 Beltrami(1927),第 xl 页的讨论。我对这封作为一个整体的书信的理解所表明的是 *sic erant fortunata tempora*(参考 Blankert 1940:71)。这标志着开始总结塞涅卡的看法(和一种两阶段的论证),这个总结就其自身而言是完全有意义的,而且塞涅卡在通过前面和波西多尼俄斯的版本相关的章节进行驳斥之后,现在就可以阐明这个总结了。

[2] 塞涅卡的用语(*a dis recentes*)有大量先例,其中表明的早期人类的卓越的隐喻意义是通过一种字面上接近他们的神圣起源来解释的。故而,柏拉图,《法义》948b5—7;参考《克里提亚》120d—121c;《斐勒布》16c8;还有狄凯阿科斯,残篇 49,23.33—24.3 Wehrli;以及后来的西塞罗,《论法律》2.27;《图斯库鲁姆论辩集》1.26。

[3] 和我一样,Cizek(1963:205—207)认为,90.36—38 所描述的前哲学的 *fortunata tempora* [幸运时期]体现了早期斯多亚学派的学说——但他的理由相当不同。Cizek 并 (转下页)

（因此）严格来说也不是有德性的[1]；但他们在前哲学的意义上都生活得好，做着贤哲应当做的事情（*faciebant facienda sapientibus*：90.36）。向着哲学和德性的潜能是由神赋予的，塞涅卡说（当然是在响应柏拉图），但德性本身就像某种必须获得的东西，很难指望已经存在于最早人类当中（*non enim dat natura virtutem: ars est bonum fieri*：90.44）。由此可以得出，人类发明技艺，不是因为他们是哲学家（或许，甚至是因为他们不是哲学家），而只是因为他们具有这样做的理性能力。但塞涅卡最终与波西多尼俄斯就历史的第二个阶段达成一致：技艺的发明有着促进贪欲和邪恶的作用，也导致了人类堕入当前的悲惨状态。[2]

（接上页）不认为这个文段是历史，而是认为它拥有一种本质上道德的含义，因此出自斯多亚学派乌托邦的作家之手。因为正如他认为的，由于波西多尼俄斯并不关注政治乌托邦，所以他将这个文段和芝诺的《理想国》联系起来。

[1] 这背后的部分想法可能是，只有在存在可以与之形成对比的邪恶的情况下，谈论德性才有意义（Hine 1995 指出了这一点）。然而，塞涅卡似乎相当清楚，这些原初之人的特征与德性这种特征不同。这不只是因为在没有邪恶的情况下谈论德性没有任何逻辑意义；还（或者毋宁说）因为德性就其本性而言必须通过抵抗邪恶来获得。故而，《书简》90.44：*non enim dat natura virtutem: ars est bonum fieri*［因为自然并不赋予德性：德性是变得好的技艺］。哲学也是如此（当然，这里指的是"成善的技艺"）：贤哲的部分特征就在于，他必须努力获得他的智慧。同样还是 90.44（关于 *sapiens* 这个词）：*in opere maximo nomen est*［留给有最大名声之人的］。

[2] Edelstein（1967：137—138）对斯多亚学派是否相信黄金时代提出了质疑，他的依据是亚历山大里亚的斐洛根据忒奥弗拉斯托所报告的一系列反对世界永恒性的论证之一（《论世界的永恒》［*On the Eternity of the World*］130—131 = 残篇 184 Fortenbaugh 部分），但他最终认为斐洛的论证源自芝诺（参考《早期斯多亚学派残篇》，第 1 卷，106；还有 Zeller 1876；Pearson 1891：110—114，补充残篇 56；Regenbogen 1940：1539—1540；Pohlenz：第 2 卷，44，以及第 1 卷，77.28）。这个论证通过诉诸相对较新的技艺发明来得到结论：但人类种族与这些技艺相比并不更古老（因为这些技艺是人类生存所必需的）；因此，世界不可能是永恒的。实际上，即便这个论证源自斯多亚学派，但也不清楚，它是否与我归于斯多亚学派的早期人类史论述（主张技艺和人类同样古老，Edelstein 由此推论前技艺的黄金时代的不存在，可能比如是为了这个论证的修辞而做的便捷简化）有什么真正的冲突。无论如何，Sedley（1998）现在已经令人信服地表明，忒奥弗拉斯托斯（而且出于年代的理由，实际上必定已经）使用了前斯多亚学派的资料来源。这则残篇中的斯多亚学派用语可能不是由于其原始表达，而是由于亚历山大里亚的斐洛本人（参考 Sedley 1998：333）。

　　这就是我对这封书简的解读，而且我认为这是目前为止处理这封书简最直接的方式。根据这种解读，塞涅卡认为（并且提出证据表明早期斯多亚学派也认为）最初几代人生活在一个与自然的前哲学和谐之中。但我到目前为止回避了这个文本中的一些问题——这些问题会破坏塞涅卡与波西多尼俄斯之间的对立，而我对早期斯多亚学派观点的确认就取决于这种对立。因为看起来塞涅卡实际一度同意了波西多尼俄斯的主张，即早期人类处在贤哲的指引之下——正如我认为的，这与他（和早期斯多亚学派）的观点相反。在 90.7 的开始，在波西多尼俄斯关于最早人类的陈述之后，塞涅卡这样说：*hectenus Posidonio adsentior*［到目前为止我同意波西多尼俄斯］。我已经表明塞涅卡在此处——同样也经常在他的作品中——代表了早期斯多亚学派的观点；但同样真实的是，他的哲学在别的一些地方受到了晚期斯多亚学派成员帕奈提乌斯（Panaetius）和波西多尼俄斯的观点影响，因此，这让许多评注家以为可以合理地用这种说法来得出结论，说塞涅卡关于人类历史的观点——正如《书简》90 所表达的——需与波西多尼俄斯的观点进行更大的整合。不幸的是，要进行调和并不容易。或许最简单的看法是，塞涅卡在他的书简开始用"智慧的"（wise）这个词表达的意思比他在结尾处表达的更弱，于是这两个文段（塞涅卡的和波西多尼俄斯的）就会赞成如下看法，即在人类历史早期，哲学家只是在这个词的一种宽泛意义上存在。[1]
但我认为这种解读不成立。我们知道一个事实，即至少一些晚期斯多

---

[1]　所以，Hirzel（1877—1883），第 2 卷，第 286—288 页，对观第 288—289 页的注释 1，紧随其后的是 Blankert（1940），第 89—96 页。Hirzel 的一个论证是，塞涅卡在《书简》90.6 提到梭伦是一位 *sapient*［贤哲］，尽管波西多尼俄斯不可能认为梭伦是一位严格意义的"智慧之人"，因为我们知道他认为就算苏格拉底也只不过处于道德进步的状态（参见第欧根尼·拉尔修，《名哲言行录》7.91）。这是一个暗示性的论证，但绝不是无懈可击的。一方面，该论证依赖于这样一个假设，即《书简》90.6 对梭伦的提及出自波西多尼俄斯之口——　（转下页）

亚学派成员认为有些早期人类是哲学家,而且有充分的理由可以认为波西多尼俄斯是这些斯多亚学派成员中的一员(我将在第三章中讨论这一点)。塞涅卡假定他的听众熟悉此次辩论的概要,因而允许自己的笔触更宽泛是一回事,但让如此明显的歧义位于他论证的核心部分却得不到解释又是另一回事。

如果就早期人类不是哲学家这个观点而言,塞涅卡和波西多尼俄斯无法调和,那么他们或许会就早期人类是哲学家这个看法达成一致?对这封书简的另一种解释认为,塞涅卡和波西多尼俄斯都认为有些最早的人类是哲学家,他们的分歧只在于一个次要问题,即哲学本身是否位于这些技艺的发明背后。的确(这个解释继续说),塞涅卡区分了作为哲学家的早期人类和不需哲学就能像有德性之人一样行动的早期人类,而且看来他似乎反对这两种观点;但这种印象是有误导性的。事实上,塞涅卡和波西多尼俄斯两人都相信两者:他们都认为人类发展的历史阶段不是两个而是三个。第一个时期属于 90.7 提到的"分散的人类",这个时期在 90.36 被称作"幸运时期":这是一个前哲学时期,此时的自然十分丰裕,以至于人类不需正式共同体的支撑就能生活;第二个时期是黄金时代,其特征是为了互相保护和支持而形成了各种共同体,并且处于那时最智慧者的领导下;第三个时期曾是(现在也是)邪恶和堕落的时代。那么,我们为何会产生有两个主要历史阶段(而不是三个)的印象呢?根据这种解释,塞涅卡倾向于将前两个时期合并,这是因为他急于关注争论中的真正重点,即反驳波西多尼俄斯关于黄金时代的贤哲是诸

23

(接上页)这不一定是真的,就算它所说明的论证是真的。但除此之外,该论证还依赖于这样的主张,即这个文段说梭伦是智慧的。实际上,这个文段说得略显含糊:梭伦是"因智慧而闻名的七人之一"(inter septem fuit sapientia notos)。这里使用的"智慧"一词显然不需要依赖任何特定的哲学立场:这很有可能只是对七贤的流行称呼的一种让步。

技艺发明者的主张。[1]

很难相信对塞涅卡的思考顺序的这种巴洛克式重建是正确的：该重建所提供的解决办法似乎与最初的问题完全不相称。事实上，我认为此处考察的这两种解释从一开始就过于强调困难。重复一遍，这种困难的根源就在于塞涅卡说他同意波西多尼俄斯在 90.4—6 勾勒的对早期人类的论述。但这必然意味着他同意所有论述吗？我认为答案当然是否定的。在论证的这个阶段，波西多尼俄斯引入的最重要一点并非早期人类是哲学家这个具体主张，而是他用来讨论早期人类历史的一般模式：塞涅卡同意的是对黄金时代的信念，这个时代之后是由技术性技艺的发明引发的堕入邪恶的时期，而不是哲学家存在于这些时期中的第一个时期的主张。事实上，塞涅卡引入波西多尼俄斯"早期人类是哲学家"的主张的方式，让人很容易将之视为一种插入语，一种将之与叙述的主要部分分离的尝试（在这一点上，塞涅卡是同意的）。在这封信的开头，塞涅卡描述了一个"黄金时代"，此时的所有人都在做他们应当做的，但他们中的最佳者则作为统治者行事——他说，这解释了为何波西多尼俄斯会接着认为（尽管错误地）他们确实就是哲学家（*illo ergo saeculo . . . penes sapientes fuisse regunum Posidonius iudicat*[因此……波西多尼俄斯认为政府位于智慧之人的管辖之下]：90.5）。当塞涅卡最终说他同意波西多尼俄斯的时候（在 90.7），并没有迫切的必要在他的同意中加入这个插入语。他同意这个模式，同意最佳者统治的主张，也同意别的一切，但就是不同意这个插入语，它在那里，完全是为了解释（所以现在要辩解）波西多尼俄斯对塞涅卡持有的观点的错误延伸。如果有人反对说塞涅卡

---

[1]　所以，Bertoli(1982)；亦参见 Rudberg(1918)，第 51—70 页（特别是第 54 页）；Heinemann (1921—1928)第 1 卷，第 88—108 页；Pfligersdorffer(1982)。

在此没有反驳这种延伸，那么这确实有非常充分的理由。塞涅卡在此处关注的问题是，哲学是否要为技艺的发明负责，而且他希望能够说哲学不用负责，不论这个时代是否有任何贤哲。他说，贤哲没有发明这些技艺的动机（90.16）；即便他们存在而且这么做了，他们也不是作为（qua）贤哲而这么做的（90.31）。当然，早期人类中是否有哲学家的问题会在这封书简的后面有重大意义，而且当它确实如此时，塞涅卡就彻底表明了他的立场。当他在这封书简的结尾总结自己的看法时，他非常坚定地描述了早期人类不需成为贤哲就能生活得像贤哲一样（90.36）。他很清楚，人类不可能被创造得有智慧（正如波西多尼俄斯似乎认为的），相反，智慧是某种必须获得的东西（90.44）。[1] 简而言之，塞涅卡在 90.7 与波西多尼俄斯的完全一致，并没有什么真正的"问题"：这里没有什么东西是他的论证的自然逻辑和修辞所不能解释的。

于是，塞涅卡在早期人类的地位问题上与波西多尼俄斯有分歧，他的分歧似乎最好是根据如下假设来解释，即他正在捍卫一种早期斯多亚学派的观点，这种观点认为最初几代人类生活在前哲学的纯真当中，生活在技术出现和堕入邪恶与不幸之前的特许时代中。把这种观点归于早期斯多亚学派当然有其历史合理性，正如我在前面认为的，因为这会表明他们关于这个主题的观点如何与柏拉图、犬儒学派和狄凯阿科斯紧密相关。[2] 但从斯多亚学派自身关于人性和理性的理论来看，这个观点也完全合理。只要简单考虑一下这一点，就会发现早期斯多亚学派（正如

---

[1]《书简》90 结尾的持续论争完全可以理解，如果它的目的是反对我归于波西多尼俄斯的观点，即原初之人（自然地）就是哲学家，但如果认为它与波西多尼俄斯一致的话（即支持所谓波西多尼俄斯认为最初之人不是哲学家）就没有抓住要点。

[2] Hine(1995:97—98)采取了一种不必要且麻烦不断的观点，即狄凯阿科斯是塞涅卡的前哲学德性的时代这一看法的直接来源——并且这种看法在更早的斯多亚主义中根本没有任何作用；亦参见 Theiler(1982)，第 2 卷，第 384—390 页（补充残篇 448），特别是第 390 页。

我们看到的犬儒学派的情况一样)很难不认为最早人类不需要哲学。[1]

早些时候，我认为柏拉图之所以不得不面对早期人类是否拥有哲学的问题，原因在于他关于人类灵魂学的观点。根据柏拉图，我们的灵魂有一个非理性部分，需要理性的控制来抵制其放纵和邪恶的倾向。但斯多亚学派和犬儒学派一样，认为灵魂完全且纯粹是理性的，邪恶只是错误信念的产物。如果我们考察一下斯多亚学派认为理性在人类心灵中发展的方式，那么就会更清楚地看到，早期人类并不会产生错误信念。根据斯多亚学派，理性一般而言是由某些概念所构成的。作为理性动物，我们全都以某种方式，在我们的自然发展过程中"被编程"（programmed）去获得这些概念——因此，它们被称作"共同概念"（κοιναὶ ἔννοιαι），有时候也被称为"内在的"（innate）和"内生的"（inborn）（参考普鲁塔克，《论斯多亚学派的矛盾》17，1041E；《论共同概念》24，1070C）。但是，随着我们获得这些概念，概念间的关联就被认为形成了（比如，我们关于神的概念与我们关于恩惠的概念有关）；这些关联导致"定理"（θεωρήματα），而定理则提供架构，我们的所有思维都是根据这种架构发生的。但这些定理具有命题性内容（"神是仁慈的"），因此，对于一个人来说，变得理性就意味着此人对世界有一种基本的命题性理解。更重要的是，如果这个过程自然地且如其应是地发生，那么这种理解就必然是真实的。在自然情形下，哲学本身的发展根本就没有动机，因为一种对世界的真实和充分理解是通过完全自然和不造作的方式发展而来的。

正如我说的，在理想情形下，我们获得的理性和理解是无错的

---

[1] 参考 Hays(1983)，第5—20页，他还根据斯多亚学派的概念构成理论提出了斯多亚学派寓意解释的理论基础。然而，他没有解释为何更早的人类会拥有比我们更可靠的概念，他实际上似乎承认，斯多亚学派的最大希望就是重建古者的观点（opinions）（第15页的"感知实在"［perceptions of reality］；类似的有 Long 1992；65）。

(infallible)，是对奠定宇宙构建基础的理性的真实反映。但斯多亚学派理论的一个特点恰恰确保了这一点，它也解释了为何如今没人获得这种纯粹的理性观点。我们通过内在的形成概念的倾向与世界本身提供的经验信息相互作用来获得理性；但是，尽管这确保了我们的理性和世界的本性在理想情况下的关联，但也意味着，如果我们的环境本身被扭曲的话，我们也容易形成错误的观念。比如，如果我们成长于那些已经持有错误信念的人当中，或是他们给我们灌输关于事物价值的错误理解，那么这种扭曲就会反映在我们自己的理性中（当然，这是我们知道原初之人自然地就获得了完美观点的原因之一：我们知道在他们的成长中，没有任何违背自然的影响）。只有当这种情况发生时，当理性被扭曲而我们的生活因此变得不自然和不幸时，才会有哲学出现的动机，因为哲学被认为是将我们的各种概念重组为正确结合的一种方式。简而言之，在邪恶出现之前，并没有对哲学真实的需求，因此我们也可以看到，有充分的理由怀疑原初之人实践了哲学：他们有点像狄凯阿科斯笔下的早期人类那样生活得好，而且由于他们生活得好，他们就没有想过要对生活进行理论化思考。

5. 结　论

我们掌握的所有证据都指向如下事实：早期斯多亚学派认为人类存在于同世界的理性但前哲学的和谐中。相较于狄凯阿科斯、柏拉图和犬儒学派而言，我们更能在斯多亚学派这里，在一个高度理论化的层面上看到这种观点如何暗示了早期人类的观点的无错性。对于我们的原初祖先来说，这起初似乎是一种令人惊讶的乐观主张，但事实证明，这种主张是从关于神的自然假设中直接推导出来的，而对于斯多亚学派而言，则是从关于人类理性本性的更专业思考中直接推导出来的。这回答了我在本章开始时提出的问题:怎么会有人相信更早一代人类被期待着对世界有一种特许的理解? 但现在还有一个更困难的问题:怎么可能找到这些人所相信的东西? 柏拉图和狄凯阿科斯都没有试图回答这个问题;似乎对这两位哲学家而言,对人类发展历史的思考可能会找出人类堕入邪恶的各种症状甚至是原因——在这个意义上,这种思考是有用的;但没有办法回到思想的早期阶段:哲学将不得不自己找到这些问题的答案。[1]然而,斯多亚学派相信,的确存在一种渠道,源于最早人类的思想会通过这种渠道而多少被保存下来;他们为利用这个渠道而提出的理论代表了向新的哲学理论迈出的重要的第一步,而在后来,柏拉图主义者发展了这个新的哲学理论。

---

[1] 这一点值得指出,因为人们很容易认为,柏拉图之所以对埃及这样的文化表现出敬意,是因为他认为埃及文化智慧的古代性指向了其在一个更为特许的时代的基础。其实不然。柏拉图假定,哲学在埃及的兴起是在人类可能对世界有一种特许理解的那个时代结束之后的一段时间里,而且,埃及哲学之所以值得尊重,仅仅因为它的发展时间比希腊哲学传统要长多(这可以用埃及在地理上没有经受影响了其他地区的许多灾难来解释:参考《蒂迈欧》22d—e)。自然,埃及人比希腊人更早发明和制作出某些东西:柏拉图认为,埃及的神托忒(Theuth)是书写和各种数学分支的发明者,因此我们必须假设,它们是相对较晚才传入希腊的:《斐德若》274c—275b;参考《斐勒布》18b—d。但是,埃及的哲学远非完美,而且柏拉图似乎认为(还有《厄庇诺米斯》[Epinomis]的作者,即便不是柏拉图,但也说得相当直白),埃及人的保守使他们免受其他文化中明显的堕落的影响,但也使他们根本无法将哲学的任何分支发展到完美的程度:参见《厄庇诺米斯》987d(关于埃及人的保守,参考柏拉图,《法义》第 2 卷,656d—657b;还有《理想国》,第 4 卷,435e—436a,希腊人作为一个整体在此被描述为"知识的爱者",并在这个意义上和埃及人相反)。亦参亚里士多德:他认为埃及人的重要之处是他们发展了天文学(《论天》2.12,292a6—8);数学(《形而上学》,第十二卷,第 1 章,981b21—24);甚至还有政治思想的某些方面(《政治学》7.10,1329b2—3;进一步参见《论哲学》,残篇 6 Rose,对观 Jaeger 1948:128—129,关于亚里士多德对前希腊思想的兴趣)。但亚里士多德对这些成就的解释,借助的不是这种文化的古老起源,而是一个相当平凡的事实,即埃及人是第一个发展出有闲暇从事这些研究的文明(参考《形而上学》,第十二卷,第 1 章,981b21—24)。亚里士多德本人对希腊哲学持有"进步的"观点,并且相信自己已经接近希腊哲学成就的目的论顶峰(尤其参见残篇 53 Rose=西塞罗,《图斯库鲁姆论辩集》3.69;参考 Edelstein 1967:124—125)。

第二章

在早期斯多亚主义中重获原初智慧

1. 导论:亚里士多德

在《形而上学》第十二卷第 8 章,亚里士多德在讨论诸天体推动者的过程中突然中断,然后提出了如下观察(1074a38—b14):

> 古代的、非常古老的思想家的思想片段以神话的形式传给我们,大意是这些[行星]都是神,以及神圣者包含了整个自然。其余的东西是后来以神话的形式加上去的,是为了影响大众的观点,为了法律的利益并出于实用的理由。他们说这些[神]都是人形的,或者类似于别的某种动物,还添加了其他一些随之而来的和类似于上述说法的东西。如果我们将第一种说法分离出来单独考虑,即他们认为最初的实体是神,那么我们必须视之为一种神圣的说法,同时思考,既然每一种技艺和哲学都有可能反复发展到极致并再次消亡,那他们的这些看法就作为遗物被保存下来。于是,只有在这个意义上,我们才能明了我们的祖先和最初之人的观点。

在传统神话的核心部分发现完美哲学的片段,这个相当奇怪的说法可能看起来很大胆;但事实上,如果我们在亚里士多德关于世界的一般观点,特别是在人类历史过程的背景下来看的话[1]，那么这种说法就完全可以理解。实际上，亚里士多德对人类历史的论述在许多方面与柏拉图在《法义》第三卷提出的理论有关：比如亚里士多德和柏拉图一样，认为人类历史是循环的，文明是世世代代确立起来的，只是在自然灾难中被摧毁，然后回到古板的文明。[2]但在他们共有的结构下有一个重大区别：亚里士多德的体系作为一个整体，是由目的论驱动的，在这种目的论中，人类发展的后期阶段必定总是优于早期状态。对亚里士多德来说，文明既是人类活动的终点也是完善，因此，尽管与柏拉图有分歧，但根据亚里士多德的看法，每次历史循环开始时的人类状态都没有什么特殊之处：当时的人们与其说是前哲学的（*pre*-philosophical），不如说是非哲学的（*un*philosophical），他说，"并不比常人甚至是当今的蠢人更好"[3]（《政治学》2.8，1269a4—8）。那么，他在神话中发现的古代智慧片段又来自哪儿呢？大概是来自最后一次灾难之前已经完善的哲学：因为同样的目的论模式，在人类在原初状态下愚弄他们，最终也会在他们当中造就完美的哲学家。[4]的确，存活下来的不是哲学家（哲学家生活

---

[1] 亚里士多德相信，古人的智慧是可以恢复或复制的，与此相关的文本包括《论天》270b16—20；《气象学》339b27—30；《政治学》7.10，1329b25—29。

[2] 特别参见亚里士多德，残篇13 Rose，出自他遗失的作品《论哲学》。关于亚里士多德的人类文化理论，一种可能的重建参见 Grilli(1953)，第4—6页。

[3] 这也许有些过度强调对立了：毕竟，柏拉图和亚里士多德在最重要的问题上都是一致的，即真正的或"完美的"德性只有在充分发展的政治环境中才有可能；而且我们在第一章看到，狄凯阿科斯能够将最早的人类在前哲学的意义上是"有德性的"这个信念纳入亚里士多德式的框架中。但如果此处有过度强调的话，那也是亚里士多德的而不是我的：他似乎坚持认为，如果目的论把我们带到一个更好的状态，那么它必定已经将我们从对立的极端中带出来了。

[4] 正如我们看到的，狄凯阿科斯认为，可以从赫西俄德的人类种族神话中提取出关于人类早期发展的可靠论述（参考残篇40，24.10—11 Wehrli）：这看起来（相当合理地）就像是与亚里士多德传统相同的解释。但是注意，狄凯阿科斯重建的是历史，不是哲学；还（转下页）

在被摧毁文明的中心）；但是，亚里士多德认为，那些幸存下来的人也不会患上柏拉图设想的彻底的文化失忆症（实际上，这对于他论述他们的前哲学纯真是必要的）。比如，人们期待幸存者知道且保存流行的格言，其中凝结了他们那个时代的一些智慧（亚里士多德，残篇 13 Rose）：

一条"格言"（παροιμία）是否算得上是智慧的：为什么不呢？关于它们，亚里士多德说，它们是古代哲学的残余（παλαιᾶς εἰσι φιλοσοφίας ... ἐγκαταλείμματα），当古代哲学在人类的大毁灭中消失时，它们的简明和敏锐保存了古代哲学。

于是，通过流行的和难忘的格言，之前文明的先进哲学片段就幸存下来，进入我们自己的历史循环，并被保存在围绕着它们而发展起来的神话中。

没有证据表明亚里士多德把他的古代智慧幸存理论发展到极致，甚至没有证据表明他认为这个理论会得到富有成效的发展。毕竟，在这些格言中究竟能保留多少哲学，是存在着限制的，而通过解释神话，试图从中提取出大灾难之前的智慧片段，这似乎是漫步学派的教学大纲中没有的事业。[1] 但是，对于解释各种神话传统的兴起，以及解释它们包含的

（接上页）要注意的是，赫西俄德的神话不能体现大灾难之前的洞见残余，因为它指的是大灾难之后的时期。

[1] 尽管 Jaeger 主张（1948：130），亚里士多德正是因此而"奠定了收集希腊格言的基础"。Jaeger 的主张多有难解之处。一方面，不言而喻，绪奈西乌斯（Synesius）（上引残篇的作者）将格言是"古代哲学的残余"这个听起来难以辩驳的主张归于亚里士多德是非常准确的。或许，亚里士多德最多认为有些格言是残存物，而前面引用的《形而上学》文段表明，早期智慧流传到我们手中时，可以被同化为一种相当不同的中介。事实上，亚里士多（转下页）

32 —— 后希腊化哲学

智慧、才智（wit）、神学和虚构的奇特混合而言，这种理论作为一种方式却极具启发性。人们不必接受亚里士多德对人类历史的特殊论述，就能发现他的神话理论富有吸引力：人们只需要相信，在人类昏暗而遥远的过去，曾经有人以某种方式对世界和诸神有着超凡的理解，而神话传统可以追溯他们智慧的回响。我们知道（根据上一章），斯多亚学派关于人类历史的观点至少与此相符；正如我们将看到的，斯多亚学派还对神话的哲学解释表现出兴趣，他们明确主张，这种解释可产生关于自然的重要洞见。在阅读了亚里士多德之后，我们不需要太多的想象力就能推测出这两个事实必定有关联。[1]

2. 早期斯多亚学派与神话的寓意解释

斯多亚学派认为传统希腊神话包含了对哲学家有价值的洞见，这

（接上页）德写过一部关于格言的作品（或文集？）（第欧根尼·拉尔修，《名哲言行录》5.26）；但我们没有证据表明其目的。然而，我们知道，亚里士多德的学生们整理的格言集可能包含了源于我们自己的历史循环的智慧（比如狄凯阿科斯在残篇49，24.25—27 Wehrli 明确提到的格言）；并且这种体裁绝不限于漫步学派成员（比如克吕西波[Chrysippus]，位于第欧根尼·拉尔修，《名哲言行录》7.200；参考《早期斯多亚学派残篇》第3卷，第202页的残篇；但是关于其他漫步学派成员的《格言》整理，参见比如第欧根尼·拉尔修，《名哲言行录》5.45的忒奥弗拉斯托斯，对观残篇738 Fortenbaugh；参考残篇710 Fortenbaugh；还有克勒阿科斯[Clearchus]，残篇63—83 Wehrli）。

[1] 参考 Long(1992)，特别是第53页，第65页。他说，斯多亚学派相信"文化传承"（cultural transmission）的过程：他们认为可以从神话中找到"早期人类如何解释世界的证据"。亚里士多德的理论和斯多亚学派理论的关联已经被 Wehrli(1928；56—58)注意到，但是被 Tate(1929a；44—45)忽视了，部分原因是亚里士多德认为可以从神话中恢复的古代智慧很少（但这与理论问题无关），部分原因是假设斯多亚学派会像亚里士多德一样，不得不持有一种人类历史的循环理论，以便解释早期智慧的存在。但正如我已指出并且在下文将进一步解释的，这完全不正确：斯多亚学派的理性（rationality）理论本身，以及他们关于神圣天意的信念，都可以作为解释早期状态的人类如何获得卓越洞见的基础。

一点长期以来一直是学界关注的焦点，但直到最近都几乎还在被普遍误解。问题部分在于，斯多亚学派恢复这些洞见的方法——特别是他们应用于更古老的希腊诗人的寓意解释——将他们置于解读诗人的传统之中，而这个传统远远超出了斯多亚学派的哲学和时间范围。古人自己认为，对荷马的寓意解释起源于公元前 6 世纪莱基翁的忒阿格涅斯（Theagnes of Rhegium），但其根源甚至可能比这还早[1]，而且这种实践还在一种不间断的传统中一直持续到中世纪。诚然，在这整个传统中所提供的各种解释有着惊人的连续性[2]；因此，如果这个主题的史学家们认为这种实践背后的理论和动机也有一定的连续性，那就无足为奇了。此外，既然有一位荷马的注释家告诉我们，忒阿格涅斯提出了这种方法，特别是以此来修复荷马的诗歌，为它们进行辩护，使它们免受呈现出虚假的诸神形象的指控（参见 8 残篇 2 DK），而且，既然我们后来的一些文本显然在意图上是申辩性的（《荷马诸问题》[*Homeric*

---

[1] 关于忒阿格涅斯，参见 8 残篇 2 DK，对观 Pépin（1958），第 95—98 页，Détienne（1962），第 65—67 页，以及 Lamberton（1986），第 32 页，他们以各种方式认为，忒阿格涅斯或许受到了毕达哥拉斯学派读物的影响；关于前苏格拉底哲学家，更一般地参考 Buffière（1956），第 85—123 页。关于更早的寓意解释的例子，亦参见萨摩斯的斐瑞屈德斯（Pherecydes of Samos）（7 A 9，B 1a，13a DK）（参考 Most 1993，关于这种方法——就算不是意图——在荷马本人笔下的预示）。最后，关于前苏格拉底哲学家对荷马诗歌的"哲学"看法，参见阿那克萨戈拉和迈特罗多洛斯（Metrodorus）（第欧根尼·拉尔修《名哲言行录》2. 11）；德谟克利特（68 B 21 DK；参考 B 18）；以及柏拉图提到的"那些以寓意的方式阅读荷马的人"（ἐν ὑπονοίαις；《理想国》378d；参考色诺芬《会饮》3. 6）。

[2] 参考例如斐瑞屈德斯（7 B 3 DK），此处的宙斯在创造世界时变成了厄罗斯（Eros），这个学说非常类似于科努图斯《希腊神学导论》25，48. 5—9 Lang——尽管可能并不完全一致，正如 Kirk、Raven 和 Schofield（1983：62，补充残篇 54）认为的，这个残篇包含了"显然是斯多亚学派的解释"。斐瑞屈德斯的原理，即一位神可以根据功能而用不同的名字来称呼（καὶ γὰρ Δἰς καὶ Ζῆν καὶ Δῆν καὶ Ζὰς παρὰ Φερεκύδη κατὰ κίνησιν ἰδίαν；7 B1 DK），被斯多亚学派扩展为主张所有神是一位神的某些方面（《早期斯多亚学派残篇》，第 1 卷，536，第 2 卷，1070）。

Questions],写于罗马帝国早期,被认为是某位名为"赫拉克利特"的人所作,是这个体裁的绝佳范例),那么人们就会自然地认为,这一直都是寓意解释的目的。根据这种说法,寓意解释意在为古代诗歌中偶尔出现的对诸神明显亵渎的论述进行辩护[1],或者可能是为诗人对世界的论述进行辩护,因为在当代科学看来,这种论述显得很幼稚。[2]更何况,这也是斯多亚学派在做的事情:他们对荷马和赫西俄德的兴趣,以及他们对诗歌的寓意解释,是证明他们处于希腊文化中心的一种方式——或者可能正如伊壁鸠鲁学派暗示的,也是为了斯多亚主义的学说而挪用他们的权威的一种方式。[3]但是,如果这种说法为我们理解希腊的寓意解释提供了一个方便和统一的历史模型,那么就有严肃的理由怀疑它是否真实。正如我们将在后文看到的,有非常充分的证据表明斯多亚学派不可能将他们的解释视作一种申辩形式;但也有理由怀疑他们的前辈是否也以这种描绘所暗示的方法来看待它。前苏格拉底哲学家当然会对如何阅读荷马争论不休,但如果说那些解释荷马神学的人之所以解释得更好,是因为他是荷马——因为他们认为荷马必须无可批评,那就完全是一种误导。尽管将古代诗歌在希腊社会中的作用和《圣经》在我们社会中的历史地位进行比较相当无益(遗憾的是,这种比较依然很普遍),但可以说荷马根本就没有要求获得这种当然

33

---

[1]　参考(除了第 34 页注释 1 引用的 Pépin 和 Lamberton 之外)Zeller(1892),第 3 卷第 1 册,第 345 页;Détienne(1962),第 31 页,第 61—63 页;Pfeiffer(1968),第 9—10 页;还有 Buffière(1956),第 20—21 页。

[2]　参考 Long(1992),第 44 页;Most(1997)(特别是关于德维尼[Derveni]莎草纸)。

[3]　所以,Tate(1929b),第 144 页;Pépin(1958),第 105 页,第 125 页;Lamberton(1986),第 11—16 页。关于这个论证的伊壁鸠鲁学派先例,参见斐洛德谟斯(Philodemus),《论虔敬》(*On Piety*),第 6 栏。参考西塞罗《论神性》1. 41(显然以这个文段为依据),对观 Long(1992),第 49—50 页;Obbink(1994),第 111—114 页。

的权威。[1] 如果他的某些解释者能够捍卫他的神学免受批评，这并不是因为他们觉得有必要不惜一切代价捍卫这种神学，而是因为他们相信荷马事实上所表达的东西。[2] 坦率地说，他们认为荷马是一位哲学家，认为他的兴趣就是他们的兴趣，认为同情原则要求人们应当寻找最能理解他的作品的解读方法。如果这种关于古代诗人的看法对我们来说显得奇怪的话，那我们就应当记住，没有任何早期文学可与诸如荷马和赫西俄德这样的"诗人"相提并论，从而使得前苏格拉底哲学家能够区分"纯粹的"诗歌和后来所谓的"哲学"。事实上，这两个智慧分支的目的区分甚至在公元前 5 世纪都未得到清晰的界定，当时的物理和道德思考仍通常用诗歌来写作。[3] 前苏格拉底哲学家把荷马和赫西俄德——还有俄尔甫斯——当作贤哲来讨论，他们认为这些人从事的是和

---

[1] 希罗多德认为，荷马和赫西俄德塑造了希腊诸神，"赋予诸神名字，确定他们的职能和能力，描述了他们的样貌"（《历史》2.53）。但是，如果赫西俄德认为他们在肖像学方面（iconographically）有影响的话，那么即便在此也不意味着他们关于诸神的论述是哲学上特许的。值得注意的是，其他艺术家在描述神话事件时，并不觉得必须遵循荷马的先例：参见 Snodgrass(1998)（关于视觉艺术）；Fowler(1987)，第 3—39 页（关于早期希腊抒情诗）。

[2] 在这种情况下，重要的是注意到，没有证据表明任何关于荷马的批评先于（predates）所谓的忒阿格涅斯的回应。参考 Pépin(1958)，第 93—95 页，以及 Tate(1929b)，第 142 页（"寓言的目的最初是积极的，而不是消极的"）。当然，我们得知忒阿格涅斯出于辩护的目的而用寓意的方法来解读荷马（8 残篇 2 DK）；但我们是通过一个大约比忒阿格涅斯本人晚了 800 年的来源而得知这一点的，这个来源甚至不打算引用他的原话。此外，在柏拉图的《理想国》378d，我们只是得知有些人"以寓意的方法"（ἐν ὑπονοίαις）来解读荷马，而不是他们为了回应他的批评者才这样做。正是柏拉图本人通过将他们的解释与他自己对诗人的批评进行对话，从而暗示了这些解释者进行辩护的可能性。

[3] 参考 Most(1999)。注意，赫拉克利特在一则残篇中把赫西俄德同毕达哥拉斯、克塞诺芬尼和赫卡泰俄斯(Hecataeus)放在一起处理，就好像这全部四人都在他自己的思想传统背景中（22 B 40 DK）。甚至柏拉图在物理学问题上（尽管就此而言，可能是开玩笑）也将荷马、赫拉克利特和恩培多克勒关联起来（《泰阿泰德》152e）；亚里士多德（大概不是开玩笑）以"古人"（他认为他们持有的观点非常类似于泰勒斯；《形而上学》，第 12 卷，3，983b27—984a2)来开始他关于哲学史的讨论，并且以和巴门尼德相同的篇幅讨论了赫西俄德的宇宙论（《形而上学》，第 12 卷，4，984b23—32)。

他们自己类似的项目。[1]如果他们的解释能够在后来被用于申辩，那只是因为这种对在任何情况下应当如何阅读"诗人"的事先（prior）理解。

无论前苏格拉底式解释的真理是什么，总之都不会由此得出斯多亚学派正追求一种类似的方法。事实上，情形似乎相反：不管前苏格拉底哲学家将荷马视作在神圣性方面不会出错（divinely infallible）还是在智慧方面有哲学性（wisely philosophical），显然斯多亚学派都反对他们。因为斯多亚学派明显否认这些诗人在任何意义上是智慧的。[2]正如我们在后文和上下文中看到的，斯多亚学派指控诗人们让人的生活充满"迷信"（西塞罗，《论神性》2.63）；他们批评赫西俄德的道德（普鲁塔克，《论斯多亚学派的矛盾》14，1039F），还说相信或甚至是重复荷马的故事是"完全愚蠢的：它们满是胡说八道，是最荒谬的"。他们说，我们应当"嘲笑并拒绝接受这些神话"（《论神性》2.70—71；参考《早期斯多亚学派残篇》[Stoicorum Veterum Fragmenta]第 2 卷，1076，第 315 页，17—19）。看起来，似乎斯多亚学派试图做的事情就是重写他们从前人那里继承的哲学史，而在这么做时，就会在诗与哲学之间做出更加清楚的（或许是更

---

[1] 以第 34 页注释 1 中提到的荷马的前苏格拉底解释者为例：阿那克萨戈拉和迈特罗多洛斯只说荷马处理了德性、正义和物理学问题，没有说《伊利亚特》和《奥德修记》在这些问题上可以说具有"圣经"（biblical）权威；德谟克利特同样认为荷马是智慧的，而不是说他总是正确的。关于俄尔甫斯作为沉思者而非先知（此外是一位借鉴了他之前的沉思传统的人），参考德维尼莎草纸，第 18 栏，7—9 Laks and Most："因为俄尔甫斯称智慧为摩伊拉（Moira）。他认为这是所有人所起的名字中最合适的……"。

[2] 特别参考 Long（1992）。随着 Most（1989；2023—2026；参考 Frede 2002）反对 Steinmetz（1986），我们还注意到，斯多亚学派并不狭隘地关注诗人的解释。实际上，他们关注的是有关诸神的传统，不论这些传统是以文学形式还是以"别称、崇拜活动和艺术描绘"保存下来的。这一点仅从科务图斯那里就可以看出（参考 Most 1989；2024 及参考文献），但我们在早期斯多亚学派那里也有关于此的充分证据。一个著名的例子是克吕西波对一幅情色绘画的解释，参考《早期斯多亚学派残篇》，第 2 卷，1071—1074。

加柏拉图式的?)区分。要理解斯多亚学派研究古代诗人的方法,起点是他们拒绝了前苏格拉底式的如下假设,即这些诗人的作品是哲学作品。相反,他们是诗人,从事着一项完全不同且不那么高贵的事业。

然而,尽管诗人全都很荒谬,但他们还是值得费心解释的,况且斯多亚学派在他们那里发现了有巨大哲学意义的且有时甚至是复杂的洞见(西塞罗,《论神性》2.70—71):

> 重复并相信这些故事是十分愚蠢的;它们充满了胡说八道,是最荒谬的。但是,尽管我们嘲笑和拒绝这些神话,我们应当能够将那弥漫于每一事物本性之中者理解为神,(弥漫在土之中的)克瑞斯(Ceres),(海洋)涅普图涅(Neptune),等等……

有人认为,斯多亚学派之所以相信他们可以在神话中找到智慧的片段,完全是因为他们认为理性(λóγος)弥漫在整个宇宙的结构中,认为整个世界在某种意义上是神的一种表达;更不用说,如果这种理性的某些方面以某种方式迫使自身通过哪怕最不完美之人的作品[体现出来],那也不必惊讶;根据斯多亚学派的观点,诗人只要具有理性,就会在某些时候必然发现真理。但这种解释缺乏说服力[1],而且不论如何都会被如下

---

[1] 参考 Pfeiffer(1968),第 237—238 页:"由于λóγος[理性]是万物的基本原理,所以它必须也在诗歌中体现自身,尽管它隐藏在神话和传说故事以及纯粹虚构的面纱之后。"这不仅过于模糊,无法让人信服,也不能解释为何斯多亚学派认为(正如我们将看到,他们的确认为)诗歌包含了真理的特许元素,而不仅仅是理性的意见。Pohlenz 显然认识到,诗人应该继承更早的洞见,他认为诗人发端于一个类似的过程,不过是在一个更早的时期,那时的宇宙论的 Logos 更加纯粹(1959;第 1 卷,第 97 页:"Logos 在古代展现得最纯粹"[der Logos sich in alter Zeit am reinsten entfaltet habe];参考 Lovejoy and Boas 1935;第 261 页)。但不清楚 Logos 在世界历史的每一次循环开始时是否处于"最纯粹"状态(就此 (转下页)

事实驳斥，即在古代诗歌中发现的智慧源于更早时代，尽管诗人会有所增补，但还是可以识别出来（西塞罗，《论神性》2.63）：.

> 从另一种方法，一种事实上哲学的方法（physica），产生了许多神，他们身披人形，向诗人们提供各种传说，让人的生活充满全部迷信。芝诺处理过这个主题，后来克兰戍斯（Cleanthes）和克吕西波（Chrysippus）则更完整地进行解释。

与更早的一些思想对比，诗人只会发明，而且他们的发明只会在迷信中模糊流传下来的真理。在斯多亚学派论述传统众神的多种起源的一段记载中，有一整节专门处理诗歌虚构（poetical fabrication）（《早期斯多亚学派残篇》第 2 卷，1009，第 300 页，27—30）：

> 第六个主题[斯多亚学派在其下对我们的诸神概念的起源进行分组]覆盖了诗人们的发明。因为当赫西俄德想为那些已经存在的诸神提供起源时，他在诸神数量中又添加了这些祖先："科伊俄斯（Coeus）、克利俄斯（Crius）、许佩里翁（Hyperion）和伊阿佩托斯（Iapetus）。"[《神谱》第 134 行]

所有这些都清楚地证明，我们必须在前神话思想家对神的命名和后来的诗人对这个过程的迷信延伸之间做出明确区分。换句话说，斯多亚学派

（接上页）而言也不清楚它是否处于结束时，与 Most 1989：第 2021—2023 页的看法不同）。不论如何，将从宇宙论视角看的 Logos 的纯粹性同人类理性的状态联系起来，这是严重的误解。早期斯多亚学派甚至没有主张（正如我们看到后来的斯多亚学派主张的那样）原初之人比我们更理智。

的思想几乎就是亚里士多德在本章开始时引用的文段中已经说过的。根据亚里士多德的说法，古代的哲学洞见已经被置入"神话形式"中，被捆绑在许多荒谬之中（比如对诸神的拟人描述），它们必须被"分离出来"。重复一下，斯多亚学派并没有遵循亚里士多德对世界历史的特殊论述，但这根本不妨碍他们在自己的人类历史模式内认为，更早几代的一些人已经获得了关于自然运转的深刻洞见。但真正的问题是，这些人是谁？

引用亚里士多德来解释斯多亚学派关于神话的论述显然是可行的，原因之一是斯多亚学派明确认为，最早几代人类比他们的任何后继者都更能理解世界——我在上一章已经讨论过这一点。困难在于，斯多亚学派绝不可能认为最初之人（那些观点最纯的人）的思想被保存在神话中。如果重新考察一下斯多亚学派认为他们可以发现的那种蕴含在诗人笔下的智慧，那么这一点就会变得很清楚。因为斯多亚学派认为他们可以恢复前神话的思想，这种思想表明了一种对诸神在自然中的作用的深度专业的（technical）理解。这方面的一个例子是西塞罗的《论神性》2.63—64，此处的斯多亚学派（前面提到的芝诺、克兰忒斯和克吕西波）说他们可以发现如下洞见：以太（本身不是可轻易观察到的）最终导致了整个自然的产生。根据早期斯多亚学派，这个洞见是从对凯卢斯（Caelus）被残害的诗性论述中获得的：

> 因为，既然希腊充斥着这样的古老信念，即凯卢斯被他的儿子萨图恩（Saturn）残害，而萨图恩自己又被他的儿子朱比特绑缚，[我们可以看到]关于自然的隐晦推理[*physica ratio non inelegans*]蕴含在不敬的寓言之中。他们的意思是，最高的属天元素即火自身可以产生万物，但缺少需要与另一个结合才能生育的那部分身体。

Physica ratio non inelegans：我们目前讨论的这个时期的古人以他们自己的方式就配得上物理学家，他们还获得了关于神和自然的重要真理。但这意味着他们不可能等同于最初之人，因为（根据我在第一章中的重构）这些人并未表达任何哲学观点或理论。正是在人类与自然有着最纯粹的认识论关系的时刻，他关于自然说得最少。于是，我们现在要做的就是表明斯多亚学派如何认为这些人转向了对自然的自觉反思，如何从他们未受污染的理性中发展出蕴含在神话和诗歌传统中的理解。

要寻找人的反思性理解的出现，显然不是在人类发展的第一个时期，而是在第二个时期的开始。因为正是在这时，人类似乎已经开始希望从自然那里得到比自然主动给出的东西更多，而且，在他们渴望为此目的而操控事物的过程中，他们需要发展并阐明对自然运作方式的理解。[1] 把这个时期确定为神话中保存的洞见首先得到阐明的时期，这得到如下事实的支持，即斯多亚学派通过寓意解释所恢复的所有或大多数洞见恰恰体现了人类在这个时期会有的各种关切：许多洞见都和自然现象有关，而这些现象正是希望发展农事技艺的人所关心的，而农事技艺是最卓越的技艺。[2] 此外，被同化进诗歌传统中的"诸神"在起源

38

---

[1] 这些人想要改善他们的物质境况，这并不标志着腐化，尽管我们知道他们已经有足够的东西了（塞涅卡，《书简》90.16）；犬儒学派可能会这样认为（还有狄凯阿科斯），但是在斯多亚学派的事物方案中，身体的舒适实际上是某种"可取的"的事物。另一方面，这也是一次不明智的冒险，会对人性造成灾难性的影响：一个认为这不是哲学家的任务的理由。

[2] 关于农事在诸技艺中的突出地位，参考色诺芬，《齐家学》(*Oeconomicus*) 5.17。在狄凯阿科斯的历史中，第三个时代是根据农事的发展来描述的（残篇 49, 24. 34—5 Wehrli）；参考塞涅卡，《书简》90.37（引用维吉尔）。还有塞涅卡，《美狄亚》第 333—334 行；有些编者建议将第 309—311 行置于第 333—334 行之后（比如 Leo 1879 等），由此导致了暗示性地将农事和观察诸天体并置：parvo dives, nisi quas tulerat/natale solum, non norat opes; /nondum quisquam sidera norat/stellisque quibus pingitur aether/non erat usus ... [他的财富（转下页）

上是人类的施患者,就是说,他们根本不是神,而是发明了技术性技艺的人。于是,比如一个发明了葡萄栽培术的人在神话中就变成了狄奥尼索斯神。[1] 当然,在这种情况下,我们得到的是一种历史记录,而不是对专业洞见的保存;但这的确表明,诗歌传统起源于技艺(特别是农耕技艺)被发明的时期。[2]

在这一点上,回到斯多亚学派的理性理论,尝试为如下主张(第一章中考察过)赋予内容,即未堕落的理性会赋予一个人真正的世界观,这是值得的。因为我们可以认为,早期人类之所以成功拥有一种真正的观点,只是因为其理性由一种关于世界的相对狭窄的思想范围(compass)构成,而这个思想范围本身又具有相对琐碎的本性;他的观点的纯洁性更多是通过错误观点的缺席,而非真正观点(隐含或明确)的在场来保证的。在这种情况下,对他的理性的反思不会产生太多对后来的哲学家有用的可靠信息。但事实上,斯多亚学派一定认为,对未堕落理性的反思将会使得阐述一种极其丰富的知识体系成为可能。这一点可以从关于我们获得概念的方式的更详细论述中看出。

作为成为理性的这个过程的一部分,我们获得的最重要的自然概念之一是"神"的概念。斯多亚学派坚称,我们全都获得了这个概念;事实上,他们能够反过来论证,我们全都拥有神的概念这个事实证明了神的

(接上页)不多,除了他家乡的土壤所产生的之外,不知道有什么财富。也没有任何人能读懂天空,运用布满天空的星星]。

[1] 还是参考《早期斯多亚学派残篇》,第 2 卷,1009,第 300 页,31—37(赫拉克勒斯,狄奥斯库里[Dioscuria]和狄奥尼索斯);以及斯多亚学派的珀塞乌萨特(Persaeusat),《早期斯多亚学派残篇》,第 1 卷,448(包括德墨忒尔和狄奥尼索斯)。

[2] 注意,这个论证并不涉及在斯多亚学派的早期人类史之上增加第三个阶段,正如第 1 章中所勾勒的那样。这不如说是两个时期之间的一个过渡阶段,塞涅卡本人在谈到技术性技艺时也承认这一点,他说技术性技艺在邪恶仍在出现于(is still emerging)世界中时就已经诞生了(《书简》90.9;*ista nata sunt iam nascente luxuria*)。

存在。然而，斯多亚学派也坚称，我们所有人拥有的关于神的"共同概念"本身仅仅证明了神存在；它不能被进一步用来证明神像（like）什么（西塞罗，《论神性》2.13；塞克斯都·恩披里柯，《驳博学家》[*Adversus mathematicos*]9.61）。如果这就是故事的结尾，那么它至少会告诉我们，原初之人拥有一种关于神的概念；但没有理由认为，后来对这个概念的任何反思都会使他处于一种特许的地位，从而获得关于神之本性的洞见。他（就像我们所有人一样）知道神存在，但却没有特殊的基础来发展关于神像什么的理解。然而，这并非故事的结局。事实上，这个故事证明，一个获得了关于神的"共同"概念，没有（像我们一样）被关于神的本性和运作的虚假或错误信念污染的人经过反思，将能发现大量关于神的可靠观点。斯多亚学派对从神的共同概念到神的存在的论证范围所做的限制性主张，并不会破坏这一立场。因为他们使用的论证并不是简单地诉诸常识，正如人们似乎经常认为的那样：斯多亚学派并没有未加说明地从"每个人都相信神"这个前提得出神必定存在的结论（参考Obbink 1992）。相反，在注意到每个人都有神的概念后，他们要论证的是这种概念（ἔννοια）拥有一种因果历史（casual history），意思是这种概念的产生方式使之成为专业意义上的"共同概念"（κοινὴ ἔννοια）——根据斯多亚学派的理性理论，这种概念是自然赋予我们先验知识中的一种特殊物品（items）。因此，只有凭着相信神的普遍概念附加地（in addition）拥有正确的因果历史（确保普遍概念真实性的因果历史），斯多亚学派才认为他们可以用普遍概念来证明神的存在。

如果斯多亚学派的论证仅仅是"每个人都有神的概念，因此神存在"，那么这个论证就不会对怀疑派产生什么影响。怀疑派根本不想否认他们或者许多其他人拥有神的概念。他们只是认为这个概念可能是

40

错误或不准确的,没有更多的理由相信神的存在(或者神在我们关于神的概念中对我们显现),正如没有更多的理由相信希波肯陶尔斯(Hippocentaurs[译按:半人半马的怪物])(或人们可能拥有概念的任何其他神话生物)。怀疑派之所以能够把他们的神的概念和他们的希波肯陶尔斯的概念归为更加困难的例子(相比于红色的概念),是因为要理解红色的概念可能如何产生,以至于它反映了世界的某种真实特征,这要容易得多。不论怀疑派对红色事物存在的最终立场是什么,他们至少可以接受这样的主张:我们已经从出生那一刻起就接受了红色事物的印象。神的情况则大不相同。一个人可以出于各种理由质疑"红色"事物的存在,但至少我们似乎看到了它们;另一方面,诸神就像希波肯陶尔斯一样,似乎是想象的产物,而这种想象一般都会编造神话野兽的概念。

然而,斯多亚学派有两种策略来反对这种论证。一种策略是说,我们关于神的概念和我们关于希波肯陶尔斯的概念之间一定有某种差别,因为关于神的概念,当然还有关于神的信念,要广泛得多(《论神性》2.5)。另一种策略是,他们驳斥"我们从未看到过神"这个异议,他们指出,事实上我们每天都看到神:我们在整个自然中看到神和神的运作(我们应当再次想到,斯多亚学派的神等同于自然和世界本身:参考《论神性》1.19;《早期斯多亚学派残篇》第 2 卷,945,第 273 页,25—28)。比如,一些特殊的自然现象显然透露了世界的神性(divinity),可以解释神的概念(在κοινὴ ἔννοια的意义上)的自然形成。事实上,克兰忒斯"给出了四个理由来解释人的心灵中神的观念的形成"(《论神性》2.13—15;亦参见《早期斯多亚学派残篇》第 2 卷,1009—1010;塞克斯都·恩披里柯,《驳博学家》9.60):

> 他提出的一个理由……是源自对未来事件的预知;接下来的理

由，我们得自于在气候的温和、大地的富饶和其他大量好处中感受到的巨大好处；第三个理由是由闪电、暴风、大雨、冰雹等激起的敬畏。第四个也是最大的理由是天体运动和旋转的规则性，太阳、月亮，以及所有星辰的个性、多样性和秩序……

自然现象明显的神圣性质的论证表明，任何人都没有怀疑自然中有一种完全充分的因果解释可以说明他关于神的概念的形成。此外，由于认为我们可以从对世界的前理性（pre-rational）经验中系统地抽取出错误概念（没有任何外延价值的概念）是荒谬的，所以斯多亚学派主张，我们所有人通过上述方式形成的神的概念必定是一种"共同概念"（κοινὴ ἔννοια），因此必定是真实的。

从对斯多亚学派关于神的存在的论证的分析来看，显然一个人并不只会获得空洞的概念，即神存在。由于他是通过神的性质显现的方式获得那个概念的，所以他的概念就会让他形成关于神像什么的可靠定理。[1] 或者如果他的神的概念的形成没有受到非自然来源的污染，那么他的概念至少会如此。当斯多亚学派说神的"共同概念"可被用来证明神的存在，但不能证明神像什么，他们是在对精神败坏的愚蠢听众说话。他们并不是说神的概念过于单薄，以至于不能在其基础上谈论神的本性，而是说我们的神的概念是在非自然的环境中获得的——或许是由关于天体的沉思促成的，但也被我们对荷马的阅读感染了。我们不能用

---

[1] 重要的是，克勒安忒斯在《论神性》中（见 2.23—31）根据将"火等同于生命"的命题而提出的关于宇宙神性的许多论证，都还处于神的存在的主题之下，而不是神的性质。值得比较的是普鲁塔克的《论斯多亚学派的自相矛盾》38，此处说克吕西波批评伊壁鸠鲁从他关于神的概念（ἔννοια）中取消了"天意"。克吕西波的看法是，我们在自然世界中经验到的天意是我们首先发展出神的概念的主要原因之一，因此，否认天意的存在就是在质疑我们关于神本身的概念的基础。

我们的神的概念来形成关于神的本性的可靠命题，只是因为我获得那个概念的背景被扭曲了。我们甚至可能在我们的神的概念的基础上持有关于神的信念，它们与其他人在他们的神的概念的基础上持有的信念矛盾。我们真正能确定的是，我们共同拥有的这个空洞概念即"神"本身保证了它是一种共同概念，保证了它无论遭受怎样的扭曲都具有某种自然的基础，因此也保证了一点，即神存在。

然而，原初人类免受我们遭遇到的腐化。当他转而考虑关于神的概念时，我们知道这不仅会向他提供关于神的丰富信息，而且在清楚说明那个信息时，没什么会让他出错。这到头来让我们能够回答这样一个问题，即在人类发展的第二个时期之初，人类如何能够获得关于自然的如此准确和有用的洞见，以及为何重建他们的信念对后来的斯多亚学派具有重要意义。根据斯多亚学派，如果这些早期人类凭借关于神的自然观念（并且仅此而已）来进行研究的话，那他们必然会表达一种和他们感兴趣的自然的那些方面相关的真实理解。比如，在发展农业时，他们会关注星辰和天气。但正如我们已经看到的，世界的这两个方面对于我们的神的概念的自然发展至关重要（它们构成了上引克兰忒斯的分析中第三和第四部分中的大部分内容）。他们会关注大地的肥沃以及自然似乎有组织地提供给人类的巨大（更不用说是天意的）好处。这也是克兰忒斯的第二个划分。既然在获得概念的过程中，他们会自然地在这一切之中看到神性，那么当他们反思这些时，如果他们说星辰、大地、诸天体是神的各个方面，这就是不足为奇的；但与此同时，这些东西都没有挑战他们的假设，即这一切都是一位神的创造。对他们而言，神就等同于自然，而他们一直都是从自然中获得神的概念的。这全都正确（根据斯多亚学派），而且对于专业的（technological）思想家而言全都是自然的起点。我的主张是，早期斯多亚学派认为他们可以通过解释神话文本来恢复的正是这些思想家的洞见。

根据我在第一章中以塞涅卡的《书简》90 为基础而提出的重构，早期斯多亚学派认为，人类的第一个时代是一个前技术、前哲学的时代，人类在这个时代"自动地"去做正确的事情，不必对德性的本性进行反思；第二个时代随着技艺的发明（农业是最重要的）而出现，以对他们观点更自觉的反思为基础。在本章中，我考察了对世界的专业理解如何出现在该时期的第一阶段。这不可能是一种完美的哲学——塞涅卡很清楚这一点，而这种理解最终会使人类远离德性而非走向德性的趋势反而支持了他的主张。但是，由于这种理解所依据的自然概念尚未受到新文明的腐化影响，所以它就构成了对自然的一种特许和可靠理解。只有当颓废真正控制了人类，这种理解所依靠的更纯粹观点才最终丧失，而那些专业人员（technologists）所发现的东西也才会变成他们的卑劣后继者（即诗人）的虚构。最终，对真理的追求，以及人们设想的对人类不幸状态的某种意识，导致了现代哲学的出现，最后形成了斯多亚主义。但早期斯多亚主义有一个固有的缺点：人们应当"整顿"自己的理性，以便获得关于世界以及因此关于自己在世界中的位置的一致理解。物理学研究因此成了他们方案的核心。然而，一位斯多亚学派成员自己以扭曲的理性（一种扭曲的世界观）来接近斯多亚学派的学说，那他如何能够确定斯多亚学派学说的真理？早期斯多亚学派之所以似乎耗费了如此多精力来解释神话，至少部分答案和部分原因在于，这些神话保留了一个时代的物理学说手段，而这个时代的人类尚未被后世的腐化拖累。因此，这种解释有着远超对于亚里士多德而言（如果他已经探究过这个问题）的那种学术价值，它将为斯多亚学派提供宝贵的确认。

43

第三章

原初智慧与波西多尼俄斯之后的斯多亚学派解释

44 　　在上一章，我考察了早期斯多亚学派认为最初之人的观点如何被表达为关于自然的专业理解，考察了这种理解的片段如何在后来被保存为神话传统的种子；我还提出，斯多亚学派认为恢复这些片段是值得的，因为它们可被用作证据来支撑斯多亚学派哲学发展的总体方向。但正如我希望表明的，这种理论的全部历史作用并不限于它影响了希腊人对神话的理解，或者影响了斯多亚学派以之为基础来支撑他们的学说真理性。通过表明权威的哲学洞见可被关于过去的研究者获得，该理论最终将导致从事哲学方式的革命：正如我将在第六章和第七章论证的，斯多亚学派关于通过容易获得的文化传统来传承原初和权威智慧的理论，将构成公元 2 世纪的柏拉图主义者发展哲学新方法的基础。但在斯多亚学派的理论能够支撑这样一种激进方案之前，还有大量工作要做。实际上，早期斯多亚学派在评估有多少古代智慧可被恢复时十分谨慎：已有的一切都来自那些并非严格意义的哲学家的思想家，它之转变为寓言的形式在很大程度上是偶然的，而且它的传承被那些既不理解其重要性也

45 不关心保存其纯洁的人控制。然而，所有这些困难很快就在晚期斯多亚学派的工作中得到解决：正如我们将在本章中看到的，他们对早期哲学的本性持有非常不同的信念，同时发展出了复杂的解释方法来克服早期哲学的传承所导致的某些难题。在我们关于这种发展的证据中，最突出

的是公元 1 世纪的斯多亚学派成员科努图斯(Cornutus);但正如我们将看到的,他的大部分工作都依赖于阿帕米亚(Apamea)的波西多尼俄斯在公元前 1 世纪发起的对早期斯多亚主义的批判性修正,特别是依赖于他关于早期人类的修正论述。

1. 波西多尼俄斯论早期人类历史

第一章在讨论塞涅卡《书简》90(这是关于波西多尼俄斯的观点最重要的证据,正如它是关于早期斯多亚学派观点最重要的证据一样)时,我们已经触及波西多尼俄斯对人类历史修正的核心。[1] 我认为我们可以从这封书信中看到,早期斯多亚学派认为原初人类处于一种独特的纯真状态,一种甚至连哲学都不存在的未腐化状态,而波西多尼俄斯似乎主张哲学构成了早期人类活动的一个非常重要的部分。当人类最初被创造时[2],他们被哲学家带进共同体[3],此后便欣然服从于他们的统治

---

[1] 关于波西多尼俄斯的人类发展理论的各种讨论,参见 Rudberg(1918),第 51—70 页;Reinhardt(1921),第 392—401 页(还有 1953;805—808);Heinemann(1921—1928)第 1 卷,第 88—108 页;Grilli(1953);Laffranque(1964),第 494—508 页;Cole(1990)。

[2] 波西多尼俄斯似乎采纳了更早的斯多亚学派的看法,认为人类起源于一个 *gēgenesis*[生成]的过程:关于早期斯多亚学派,参见《早期斯多亚学派残篇》,第 1 卷,124(还有第 2 卷,739,尽管这个文段没有提到斯多亚学派),以及塞克斯都·恩披里柯,《驳博学家》9. 28,关于“更年轻的斯多亚学派”(同时参考科努图斯,《希腊神学导论》18,31. 19—20 Lang)。Heinemann(1921—1928;第 1 卷,第 89 页及注释 3,第 90 页及注释 1)更倾向于引用西塞罗和斐洛的文段(比如《论特殊律法》,第 2 卷,160;γηγενεῖς τε καὶ ἐκ γηγενῶν[生成且出于生成])作为波西多尼俄斯在这个问题上的证据。亦参见 Rudberg(1918),第 52—53 页。

[3] 原初之人的前公共(pre-communal)状态,塞涅卡《书简》90. 7 的 *sparsi*[分散](在这一点上引用了波西多尼俄斯;参考科努图斯,《希腊神学导论》20,39. 12—40. 4 Lang,下文讨论;或许还有波利比乌斯[Polybius],《通史》6. 5. 6—10)已经被认为同波西多尼俄斯在《书简》90. 4 的主张矛盾,即“原初之人和他们的后裔”生活在由贤哲所领导的共同体中。对此矛盾的解决办法之一是合并(上一章讨论过)此处提到的前公共时期和塞涅卡后来(转下页)

（《书简》90.5）：

46

> 在那个他们称作"黄金"的时代，波西多尼俄斯认为由贤哲进行统治。他们自己的行为受到限制，保护弱者不受强者[伤害]……没有人有不义的倾向或理由：他们都是好统治者下的好臣民，国王对不服从者的威胁莫过于把他逐出王国。

如果波西多尼俄斯对早期斯多亚学派的革新的本质相当清楚，那么可能不那么清楚的就是他为什么要进行革新，为什么对他来说，认为早期人类生活在一种前哲学的纯真状态中是不够的。但其实，这其中的原因不难发现，而且它是基于波西多尼俄斯在灵魂学和伦理哲学领域所做的更根本的修正。早期斯多亚学派（就像他们之前的犬儒学派一样）之所以宣称人类在前哲学状态下可以生活得好，是因为他们认识到，没有什么显著力量能让自然状态中的人糟糕地行动（act *badly*）。当然，没有任何内部力量可以产生这种效果，因为斯多亚学派认为人类灵魂是完全理性的，只要没有任何东西干扰人的理性的自然发展，他就会像他应当的那样一直自然地根据理性行动。但是这个观点受到波西多尼俄斯的挑战：尽管我们依旧不清楚他的灵魂学理论的细节，但绝对可以肯定，波西多尼俄斯认为支配人类动机的既有非理性的也有理性的力

（接上页）在此书简中支持的前哲学时期，Pfligersdorffer（1982：312）提出了这种方法："该时期的人因此被称作 *primi mortalium*［原初有死者］，尽管事实上在波西多尼俄斯笔下，*sparsi*［分散］状态是在先的，没有 *consortium*［合作］，因此还没有被认为是特殊的'人类'发展。"同样，这似乎是对一个矛盾的复杂回应，无论如何，这个矛盾可能比真实的更加明显。事实上，*sparsi*［分散］似乎不构成人类历史第一个实质时期，而是个体从土中出生和他们聚集成共同体之间的短暂过渡。毫无疑问，*sparsi*［分散］不能被认为构成了人类存在的前哲学时期，因为正是人类拥有哲学，才使他们首先进入共同体。

量。[1] 这一点的直接意义在于，波西多尼俄斯有点类似于柏拉图，认为邪恶的出现并不取决于或者说并不完全取决于外部的腐化，而是往往有一个来源。在描述这一点的后果时，波西多尼俄斯实际上比柏拉图走得更远。在第一章中，我表明了即便是柏拉图也在《蒂迈欧》中认为，如果没有外部原因的腐化影响（糟糕的教育或疾病），邪恶就不可能在人类中扎根——这最终使他（在《法义》中）宣称，在这些原因产生作用之前，人类生活在前哲学德性的状态中。但波西多尼俄斯认为，所有人（就是说包括最早的人）从一开始就被邪恶吸引，至少正如被善吸引一样。这意味着波西多尼俄斯不可能像早期斯多亚学派那样，认为最初人类之所以不受邪恶侵害，只是因为他们离高级文明的腐化影响还很遥远。相反，既然所有人自身中都有邪恶的种子，那么天意就必须把哲学赋予人类，以确保他不会自然地就直接开始违背理性的恶行。塞涅卡本人向我们证明，波西多尼俄斯一定就是这样思考的，他在《书简》90 明确指出，波西多尼俄斯的早期哲学家是阻止一般而言的人类变坏的唯一力量。在上文引用的文段中（《书简》90.5），我们被告知，人类服从他们的统治者，但只是因为他们意识到这对他们有利：塞涅卡的确提到过，如果有人竟然不服从，那就还有一种处罚，即被排除在社会的利益之外。在同一文段的一个生动句子中，波西多尼俄斯说哲学家—王"保护弱者不受强者[伤害]"——从而暗示，在没有哲学家的时候，强者自然地想要利用弱

---

[1] 参见残篇 142—148 EK, 以及一般地, 关于波西多尼俄斯与克吕西波的不同, 参见 Glibert—Thirry(1997)。难点是要确切知道这些"力量"(δυνάμεις)位于何处。盖伦想让我们将它们比作柏拉图描述过的灵魂各"部分", 但是波西多尼俄斯显然拒绝了可能拥有这种含义的术语, 而且似乎更有可能是他非常粗略地将它们描述为欲望的不同种类, 而不是灵魂不同部分的欲望。关于这一点, 参见 Kidd(1971), 第 203—206 页, 重点是 Cooper (1998); 亦参见 Gill(1998)。关于波西多尼俄斯的灵魂学理论和柏拉图的灵魂学理论之间的关系这一历史问题, 参见 Vander Waerdt(1985)。

者。我们有更直接的证据表明,波西多尼俄斯把他的心理学理论和他对腐化和邪恶如何进入人类社会的理解关联起来。盖伦(Galen)告诉我们,波西多尼俄斯批评早期斯多亚学派,其根据正是:如果像他们认为的,邪恶的唯一来源是外部的,那么就没有办法解释从黄金时代开始的衰落。[1]他说,如果这些外部影响强大到足以克服我们自己朝向德性的动机,那么我们所有人在任何情况下都是恶的;但在另一方面,如果我们向善的心理动机比任何外部影响都要强大,那么"谁说服了原初人类被更弱的力量征服呢?"[2]

> 波西多尼俄斯也不认为邪恶是后来从外部进入人类的,在我们的心灵中没有它自己的根源,它从那里开始发芽并成长壮大,而是恰恰相反。的确,甚至在我们自己身上也有一颗恶的种子;为了追求那些将去掉和阻止我们的恶生长的人,我们全都不需要太多的东西来避开恶人。

于是,为了尽可能确保没有人被允许有机会变得邪恶,贤哲在黄金时代的存在就必不可少。但是他们的哲学呢?它发展到何种程度,有多少可能幸存下来?十分奇怪的是,波西多尼俄斯在这个问题上似乎说得很少——或者更准确地说,对于他们在神学或理论哲学方面的成就这个问题,似乎说得很少,至于他们对这些问题的洞见通过神话传统的存续,也几乎说得很少。波西多尼俄斯当然认为早期哲学家发展并利用了一种关于自然和因果关系的理解,而且有理由认为,他宣称他们在这些领

---

[1] 见残篇 35 EK 及 Kidd(1988),第174—178 页的评注;比较残篇 169. 35—48 EK 及 Kidd(1971),第206—208 页。

[2] 残篇 35.5—7 EK。接下来的文段采用 Kidd(1999:93)对残篇 35.18—24 EK 的译文。

域的成就甚至比现代人在理论方面所能达到的更高。[1]但实际上，他的讨论似乎关注的是这种智慧使之成为可能的各种实用技艺的发展，而不是智慧本身的传承。我们了解到早期哲学家在农业（塞涅卡，《书简》90.21）、建筑（7）、金属制造（13）甚至是编织（20）方面的作用[2]；但他们关于比如诸神或星辰的看法，我们则一无所知。[3]原因似乎是，波西多尼俄斯认为，没有强力的理由来假设理论哲学甚至在神学的掩饰下被大量保存了下来。编织、金属制造、建筑等，都是早期哲学家的有形遗产，但他认为，假设智慧的残段以某种方式从哲学本身的衰落中幸存下来，这没有什么好处。即便古人的智慧可被发现蕴含在神话中，波西多尼俄斯也认为只有当正在讨论的学说已被充分证明时，我们才能辨识出这种智慧（参考残篇 156 EK）。但是，如果波西多尼俄斯本人没有太多

---

[1] 参见塞克斯都·恩披里柯，《驳博学家》9 = 波西多尼俄斯，残篇 305 Theiler（并且参考 Theiler 1982：第 2 卷，第 182—183 页的评注）："有些更年轻的斯多亚学派认为，原初的、土生的人类在理智上极大超过了如今之人（我们可以从自己同古人的比较中知晓这一点），并且他们是英雄，拥有理智的敏锐，可以说是额外的感官，从而可以把握神圣自然和诸神的某些能力。"这则残篇没有提到波西多尼俄斯的名字，也没有刊印于 EK。然而，Kidd（1988：971）在评注残篇 284 时提到了这则残篇，说它"似乎指的是波西多尼俄斯"。亦参见 Hirzel（1877—1883），第 2 卷，第 289 页注释。

[2] 关于即便在这些技艺中，对自然和因果关系的理解也是重要的，参看塞涅卡，《书简》88.21—23。发明者（在此是舞台机械发明者）区别于观众：观众对发明感到惊叹，是因为他们*没 有 理 解 原 因*（his imperitorum feriuntur oculi omnia subita, *quia causas non novere*, mirantium）。塞涅卡自己也同意，贤哲知道自然的原因：*sapiens enim causas naturalium et quaerit et novit*[贤哲探究并且知道自然的原因]（88.26）；但这里和《书简》90 一样，他不同意这意味着贤哲本身甚至首先与技艺家是同一个人（见 88.24—29）。

[3] 值得注意的是，波西多尼俄斯认为理论哲学不仅是这些技艺发展的前提，而且其本身就是一种技艺：参见残篇 90 EK（= 塞涅卡，《书简》88.21—28）及 Kidd（1988），第 359—365 页。Kidd 表明，波西多尼俄斯将哲学纳入被塞涅卡称作 *artes liberales*[自由技艺]的技艺部门：正如塞涅卡告诉我们的，自由技艺是那些 *quibus curae virtus est*[和德性有关]的技艺（《书简》88.23）。（我们所称的自由技艺在这个规划中由 *artes pueriles*[儿童之艺]代表）。这里的看法不同于 Reinhardt（1921），第 49—56 页，以及 Laffranque（1964），第 362—367 页；亦参见 Pohlenz（1959），第 2 卷，第 105—106 页（补充第 1 卷，214，18）。

的时间通过神话来重建哲学，那么他在理解早期人类文化方面的发展，使他的继承者能够为这项研究建立一个比早期斯多亚学派所能获得的更牢固的基础。

2. 科努图斯与早期人类历史

卢奇乌斯·安奈乌斯·科努图斯（Lucius Annaeus Cornutus）是公元1世纪的斯多亚学派哲学家，是比他的遗著或现代人对他的兴趣所表明的更加重要的人物。他似乎出生在利比亚的勒普提斯（Leptis）——尽管我们不知道确切时间。[1] 我们所知道的是，他在尼禄统治时期生活和工作，大约在公元65年被尼禄流放。[2] 他似乎在文学研究方面（重点是文法和修辞）有着特别的兴趣和特别突出的表现。他曾接受尼禄的咨询，受到卡西乌斯·狄奥（Cassius Dio）赞扬，教导诗人卢坎（Lucan）和珀

[1] 关于科努图斯，一般参见 G. Martini（1825）；Reppe（1906）；Nock（1931）；Hays（1983）；Most（1989）。关于他的寓意解释法，更完整的论述可见于 Boys-Stones（2002a）。一般认为，他的名字表明他是老塞涅卡或者其亲戚的自由民（参见 Marx 1894：2227；参考 Reppe 1906：7；Nock 1931：996；Hays 1983：30）。他的出生地在《苏达词典》（Suda）中被认为是勒普提斯（Leptis）（词条Κορνοῦτος）；但斯忒方努斯（Stephanus）认为他工作于忒斯提斯（Thestis）（词条Θέστις）和忒尔吉斯（Tergis）（词条Τέργις）。

[2] 参考卡西乌斯·狄奥（Cassius Dio），《罗马史》62.29.2—3，对观《苏达词典》词条 Κορνοῦτος：καὶ πρὸςαὐτοῦ［指Νέρωνος］ἀναιρεθεὶς σὺν Μουσωνίῳ［和缪索尼乌斯一起遭到尼禄的流放］。缪索尼乌斯（Musonius）（假设——似乎很有可能——这指的是斯多亚学派哲学家缪索尼乌斯·儒弗斯［Musonius Rufus］）在公元65年遭到尼禄的流放。Reppe（1906：7—9）指出，如果刚才引自《苏达词典》的这个文段中的ἀναιρεθεὶς指的是"流放"，那么它就是这部作品中的罕用语；但它通常的意思是"处决"，这与我们对科努图斯或缪索尼乌斯·儒弗斯的命运所掌握的独立证据不符。卡西乌斯·狄奥认为，尼禄对科努图斯不满的原因是他拒绝奉承尼禄的文学虚荣心。关于这个问题，参考 Hays（1983），第31—32页；Most（1989），第2035—2043页。

修斯（Persius）。[1] 对他的遗作的各种暗示表明了他兴趣的广度：他评注过亚里士多德的《范畴篇》和维吉尔；写过一篇《论言辞的形态》（*On Figures of Speech*）的作品；一篇《论发音》（*On Pronounciation*）或《论拼写》（*On Spelling*）；还有一篇被称为《论修辞技艺》（*On Rhetorical Skills*）的作品。一个有争议的文段说他本人写有讽刺诗，我们有一些以他署名的关于珀修斯和尤文纳（Juvenal）的评注。[2] 但他存世的唯一真作是《希腊神学导论》（*Introduction to Greek Theology*）：对希腊神话的寓意考察。我们有理由感到特别幸运，存世的竟然是这部作品，因为波斐利在回顾一个世纪以来的柏拉图主义的寓意解释时，似乎认为科务图斯是该领域最重要的理论家之一。至少，当他批评奥利金对《圣经》的寓意解释时，他说奥利金所使用的正是科务图斯及其同时代的斯多亚学派成员凯瑞蒙（Chaeremon）的方法；他把他们列在寓意解释者名单的首位，除他们之外的名字只有柏拉图主义者和毕达哥拉斯学派成员（波斐利，《驳基督徒》，残篇 39.30—35 Harnack）：

[奥利金]总是与柏拉图交往，还熟悉努曼尼乌斯、科诺尼乌斯

---

[1] 参见《珀修斯传》（*Life of Persius*）；珀修斯，《讽刺诗集》（*Satire*）5（献给科务图斯的）；奥卢斯·革利乌斯（Aulus Gellius），《阿提卡之夜》（*Attic Nights*）2.6.1；以及卡西乌斯·狄奥，《罗马史》62.29.2。

[2] 关于科务图斯的作品（真作和伪作），参见 Nock（1931），第 996—998 页和第 1004—1005 页。辛普里丘（《亚里士多德〈范畴篇〉评注》62.27—28 Kalbfleisch，在别处还有许多暗示）和波斐利（《亚里士多德〈范畴篇〉评注》59.10—11 Busse）都提到过他关于《范畴篇》的作品，波斐利还提到他的《修辞技艺》（Ῥητορικαὶ τέχναι）（《亚里士多德〈范畴篇〉评注》86.23—24 Busse）。奥卢斯·革利乌斯提到了《论词句修辞》（*De figuris sententiarum*）（《阿提卡之夜》9.10.5）以及关于维吉尔的评注（2.6.1；亦参见卡瑞西乌斯[Charisius]，《文法之艺》[*Art of Grammar*]，第 1 卷，127.19—21 Keil）。从卡西奥多罗斯（Cassiodorus）的摘编中还可以知道他的《论发音或拼写》（*De enuntiatione vel orthographia*）（参见《论拼写》[*On Orthography*]，第 7 卷，147.24—154.11 Keil）。

（Cronius）、阿波罗芬尼（Apollophanes）、朗吉努斯、墨德拉托斯（Moderatus）、尼各马库斯（Nicomachus）和毕达哥拉斯学派中那些杰出者的作品；他使用了斯多亚学派成员凯瑞蒙和科努图斯的著作，由此他学到了古希腊秘仪的寓意（μεταληπτικόν）模式，并将之用于犹太教的作品。

但是，如果科努图斯是寓意解释史上的重要人物，那么同样地，他对于我们理解波西多尼俄斯之后的斯多亚学派关于原初智慧传承理论的发展也极其重要。因为科努图斯向我们证明，晚期斯多亚学派成员不仅利用了他关于早期人类之本性的结论，认为原初时代可能有更加纯粹的智慧脉络存留下来，还提出了一种高度复杂的方法来分离这种智慧。简而言之，科努图斯为我们提供了一手证据，证明了晚期斯多亚学派成员以何种方式为重建古代智慧开辟道路，这种重建至少在理论上可能是充分和可靠的，足以促进哲学知识而不仅是支持。

科努图斯的《希腊神学导论》是一本实用的解释指南：其中很少有明显的理论内容。然而，我们可以以小见大。特别是，我们很快就会发现，科努图斯的解释是基于对早期人类的哲学发展的论述，而这种论述在很大程度上又是波西多尼俄斯式的。首先，我们知道，科努图斯在一个将早期斯多亚学派区分开的重要问题上与波西多尼俄斯达成一致，这个问题就是原初人类是否有哲学家（参考 35，75.18—76.5 Lang）。事实上，科努图斯不仅强烈地、"波西多尼俄斯式地"声称这个时期有哲学家，他还对他们如何成为哲学家给出了令人惊讶的"强"解释。在讨论"巨人杀手"（Giant-slayer）这个被用于雅典娜的别称的过程中，他解释说，我们最（very）开始的先祖都是残忍、残暴和反社会的人，体现在神话中就是巨人。但这些巨人被诸神驯服，诸神"敦促他们，让他们想起他们的理性概念[ἔννοιαι]"，从而让他们成为社会的和哲学的存在者，这些存在者构成了我们继承的社会结构的基础和起源。因此，《希腊神学导论》(20，39.12—40.4 Lang)记载：

> 据传，雅典娜在与巨人的战斗中表现突出，因此被称为巨人杀手。既然地生的最初人类很可能在相互交往中脾气暴躁，容易发怒，完全无法达成协议或激起他们身上的共同体精神。但是，诸神仿佛在敦促他们，让他们想起他们的理性概念，因而大获全胜，理性的培养彻底制服了他们，使他们步入正轨——以致你或许认为它击溃并毁灭了他们的古旧本性。在这个转变之后，他们和他们的后代变成不同的人，由于诸城邦的护卫者雅典娜，他们一起生活在共同体之中。

巨人之死象征着前文明人类之"死"——正如波西多尼俄斯描述的，这个种族从"分散的"存在发展到采用共同体生活(参考塞涅卡，《书简》90.7)。当然，在波西多尼俄斯笔下，把人们聚在一起的不是诸神，而是哲学；而且，尽管这或许看起来是个更加简省的论述，但应该有可能看出为何科努图斯会认为有必要对其进行完善。毕竟，波西多尼俄斯宣称最早人类有哲学，是基于如下信念，即他们会在某个地方需要哲学来平衡人类对于邪恶的自然倾向。但是，如果只有哲学家才能抵制人类中的邪恶抬头，那么根本不清楚他们是如何避开邪恶而成为哲学家的。波西多尼俄斯或许会说，诸神一开始就使得人是哲学的(正是塞涅卡在与他争论时坚持认为德性的本质源于成为德性的过程：参见《书简》90.44—45)；但就此而言，科努图斯的论述与波西多尼俄斯的论述并不像最初看起来那么不同。诸神的干预会发生在稍微不同的阶段，但它会在两者中以这种或那种方式发生。

关于人类存在的早期阶段,科努图斯和波西多尼俄斯的论述差异显然不是实质上的:另一方面,这两种论述在理论层面都是完全和明显统一的——特别是统一针对早期斯多亚学派的论述。但科努图斯比波西多尼俄斯走得更远。他同意波西多尼俄斯的观点,即人类历史有一个早期阶段,那时的人类至少在理智上"刚脱离诸神"(fresh from gods),并且拥有一种更加确定的哲学。但他继续对这些早期的哲学家提出了一个要求,这是波西多尼俄斯所没有提出的,也是早期斯多亚学派几乎不会提出的。根据科努图斯,早期人类不仅有特许的哲学家,而且他们还以寓意的形式对他们的哲学进行了自觉的表述。下面是科努图斯在其作品的最后一段所说的,这段话是写给其年轻受献者的(35,75.18—76.5 Lang):

> 因此,我的孩子,在神话中传下来的其余材料似乎都是关于诸神的,你现在可以参照我提出的原理,相信古人不是普通人,而是能够理解宇宙的本性,并且他们在关于宇宙本性的哲学讨论中倾向于使用象征和谜语(συνιέναι τὴν τοῦ κόσμου φύσιν ἱκανοὶ καὶ πρὸς τὸ διὰ συμβόλων καὶ αἰνιγμάτων φιλοσοφῆσαι περὶ αὐτῆς εὐεπίφοροι)。

科努图斯认为,哲学家的智慧通过诗人传承,但诗人处理不当,正如早期斯多亚学派也认为的那样;但他(不同于早期斯多亚学派)相信哲学最初是以寓言的形式来表达的,这意味着他关于哲学的接受的描述也略有不同。因为早期斯多亚学派相信,从早期人类的观点中发展而来的对自然的反思性理解,自从被诗人接受的那一刻起就被腐化了,他们的误解积极地将之重塑为神话,但科努图斯认为,这个阶段的腐化,这种重塑,至少是可以避免的。哲学家用寓言来表达自己：诗人把这些寓言作为他们的故事的基础。之后的过程大致相同：诗人逐渐把这些有时是寓言的"神话"渲染成更大、更有趣的叙事（17，27.19—28.2 Lang）[1]："我们一定不要……不假思索就接受这些虚构的补充（accretions），那些不了解神话中传下来的神谱（genealogies）的暗示的人，像对待编造的故事一样对待它们，将虚构的补充加于其上。"

科努图斯反映出的斯多亚学派早期和晚期的差异可能看起来微不足道，但不应低估其重要性。因为在科努图斯的论述中，早期哲学家以寓言的形式传递他们的思想，这对于诗人能将之腐化到多么糟糕的地步有限制作用。诗人不再根据他人的哲学洞见来编造故事；相反，他们采用这些洞见作为他们的故事。在科努图斯笔下，他们只是渲染，而在早期斯多亚学派那里，他们还进行转化。当然，这意味着当我们在诗歌传统内部成功地确定了早期思想的"原始"残片时，我们可能（根据科努图斯）被认为已经确定了古人的哲学。寓意解释如今只不过是对古老寓言的解释——而不是从后来才变成的故事中重建思想。

总之，科努图斯在一个宽泛的波西多尼俄斯式框架内理解他的寓意解释：他认为原初人类理解并思考自然，用寓言表述他们的洞见；这些被诗人认作纯粹虚构的寓言构成了他们自己的故事的基础，而这些故事是围绕着它们构建起来的；随着时间的推移，一个完整的神话传统逐渐形成（表达在崇拜实践中，也通过口头传递表达在诗人的文本中）；最后，对于那些知道从何处寻找的人而言，哲学寓言的原始成分可以被再次分离

54

---

[1] 关于从诗歌中恢复原初哲学片段的可能性（他的原话是ἀποσπάσματα[提取]；参考 17，26. 17 Lang）特别参见 17，31.12—17 Lang："你可以得到比赫西俄德更完美的（关于诸神谱系的）阐释。因为我认为，他从古人那里承传了一些东西，但他自己又添加了其他更有神话性质的东西。他以这种方式腐化了原初哲学的大量内容。"

出来,并被解释为洞察到了假定的(ex hypothesi)的真理是什么。当然,现在的问题是我们如何确定能够从神话中分离出这些原始寓言;正是在这个领域,科努图斯反映了紧随波西多尼俄斯之后的几代斯多亚学派所做的某种最重要也最有影响的工作。

3. 科努图斯的解释方法:一个传统的重建

科努图斯对其材料的讨论的最普遍特征之一是使用词源学。的确,该特征如此普遍,以至隆格(Long)称科努图斯是"一位词源学者,而不是寓言家"(1992:54)。然而,这可能稍微错失了重点。的确,词源学本身不是寓言本身,科努图斯的确也"几乎没有解释早期希腊诗歌中的扩展情节"(同上)。但是,《希腊神学导论》不应该是对希腊神话的寓意阐释:它应该为那些希望追随他自己的寓意研究的人提供材料和方法。它是这种阐释的入门指南(参考 25.75.18—76.5 Lang),而词源学的作用显然是为阐释者提供所需的材料。把词源学运用于诸神之名的可能性之所以如此有趣,是因为这些名字是神话的一个方面,而人们多少可以自信地将神话追溯至传统的最早时期。名字不同于故事:除非你认为名字的词源学对它在叙事中的地位很重要(而整个问题的关键在于,诗人并不这样认为),否则整体上就不会有诗的理由来篡改它。诗人会认为诸神之名就是他们所接受的那样,而且不论他们对基于这些名字的寓言做了什么,他们都不可能随意修改这些名字本身。[1]但是这给了寓言家的计划一个坚固的起点,因为一旦寓言家确定了最初的哲学家赋予诸神

---

[1] 诗人能够编造诸神自己的名字(《早期斯多亚学派残篇》,第 2 卷,1009,300.27—29);但那又是不同的东西,某种在任何情况下都会从对它们的起源考察中出现的东西,而这种考察就暗含在词源研究中。

的名字,并且理解了他们用这些名字指的是自然或神的哪一个方面,他就可以着手研究这些名字如何出现在神话传统中。在出现名字的某些情况下,名字之所以出现,是因为除了最初的哲学家之外,还有人围绕着这个名字编造故事。但正因为他们的意图是娱乐,而不是表达任何哲学性的东西,所以哲学家应该有可能看到这发生于何处。在最明显的情况下,如果所涉及名字的词源学含义(meanings)被替换成名字本身,那就无法理解故事的意义。另一方面,如果(比如)荷马笔下的一个文段作为宇宙论是有意义的,也就是说根据词源学来理解所涉及的人物名字,那么科努图斯就有合理理由宣称这个文段本身可能以这种方式成为"原始的"(original)。这种方法并非没有错误——但是科努图斯并未宣称这种方法的无错性。事实上,他的方法比人们通常承认的要谨慎得多,如果没有坚实的理由,他通常会拒绝在相互竞争的词源之间进行选择(参考Most 1989:2027—2028)。即使是在他认为可以确定一些词源时,他也会缺乏自信地提出一些以它们为基础的哲学寓言:"似乎(ἔοικε)一个古老的片段被保存了下来",他会说(17,26.16—17 Lang);或者"也许"一个文段"暗示了某种类似于"相关学说的东西(18,32.14 Lang)。

56

　　显然,词源学对于科努图斯很重要。但这绝非他可用的唯一解释工具,而且,至少从历史的角度来看,这肯定不是最重要的工具。因为科努图斯还意识到,如果希腊神话的内核是由原初哲学家提出的寓言构成的,那么其他民族的神话也可能在核心处包含了相同的寓言。[1] 比如

---

[1]　似乎可能的是,科努图斯(也许后来的普罗克洛也是如此:参见《柏拉图的神学》5.7,27.2—4 Saffrey and Westerink)认为所有人都是同一个最初共同体的后裔——因此,所有古代传统都起源于同一种原初哲学。但这只是可能:比如,科努图斯有可能认为,不同民族的神话完全可以回溯到对世界有相同看法的哲学家那里,这些哲学家会倾向于找到相同的寓意阐释模式。

比较一下《希腊神学导论》17，26.7—12 Lang："古代希腊人编织了许多不同的关于诸神的神话，正如在玛吉（Magi）那里出现了许多神话，在弗里吉亚人（Phrygians）那里出现了许多神话，在埃及人、凯尔特人（Celts）、利比亚人（Libyans）和其他种族那里也是如此……"

　　这看起来或许不是一个非常惊人的观察。不同神学体系的相似之处早就被注意到了，早在希罗多德那里就已经阐述了不同文化的诸神之间的同化（identifications）和融合（syncretizations）[1]，因此，显然晚期斯多亚学派并非最早考察异邦神话并运用跨文化比较来达到对诸神更好解释。然而，他们的原创之处在于他们发展了我们可称为比较神话的专门科学。正如我们所见，科努图斯不仅注意到了不同神学体系之间的相似性或依赖性，他实际上还利用了对它们的比较来分离出共同成分，剥离出诗歌部分，重建它们的共同来源——当然，共同来源就是原始的寓言哲学，它们全部产生于此。

57　　科努图斯的作品没有大量提及非希腊神话——这毕竟是一篇导论，而且是希腊神学的导论。但所涉理论显然存在。下面是科努图斯关于科瑞（Kore）被强暴的神话的讨论（《希腊神学导论》，28，54.12—21 Lang）：

　　　　有一个神话说哈德斯（Hades）绑架了德墨忒尔（Demeter）的女儿，这是因为地下的种子消失了一段时间而发生的。但女神的沮丧

---

[1] 特别参考希罗多德，《历史》2.49—50；关于科尔喀斯人（Colchians）、埃及人、埃塞俄比亚人、腓尼基人和"巴勒斯坦的叙利亚人"之间共同的仪式割礼习俗，亦参见 2.104。与科努图斯的时代更接近的，特别参考瓦罗（Varro），《人事与神事考古》（*Divine Antiquities*）16，150 Cardauns，以及《论拉丁语》（*Latin Language*）5.57—74，对观 Boyancé(1955)，第 58 页；Pépin(1958)，第 298 页；Hengel(1974)，第 160 页。

和她在全宇宙中的寻找都是后来编造和补充的。因为在埃及人中，伊希斯（Isis）所寻找和重新发现的俄塞里斯（Osiris）也表明了相同的事情。在腓尼基人（Phoenicians）中则有阿多尼斯（Adonis），他交替出现在地上和地下六个月（于是，德墨忒尔的产物被称为"阿多尼斯"，因为它让人"快乐"[ἀδεῖν]）。

科努图斯在此处的论证细节（通常）并不容易重建：他没有说（根据另一种我认为对此文段最自然的解读）埃及人和腓尼基人的叙事证明"德墨忒尔的痛苦和她在宇宙中寻找女儿是对原始神话的虚构补充"：伊希斯确实悲痛和寻找俄塞里斯；而且，尽管没有必要寻找阿多尼斯，但他的死亡肯定也是悲痛的（证据就是比昂[Bion]的《阿多尼斯挽歌》[*Lament for Adonis*]；忒奥克里图斯[Theocritus]，《牧歌》[*Idyll*]，15，特别是 100—144）。于是，这个解释性从句（"因为在埃及人中……"）似乎应被理解为重新提及科努图斯对这个作为一个整体的神话的解释，并且可以这样来注解："我们知道，德墨忒尔和科瑞的神话包含了古代智慧的成分（碰巧指的是作物周期），而且我们知道这一点，是因为埃及人和腓尼基人有着叙事结构大致相同的传统故事。"但不管怎样，真正重要的是那种毋庸置疑的东西：科努图斯要我们比较源自不同文化的神话，以期发现它们的哲学核心；这个文段向我们引介了一种比较神话学的方法，它可以用来识别原始成分在围绕着它们而形成的神话结构内部的出现。这个洞见的重要性不能被夸大。如果同时考虑一下晚期斯多亚学派关于早期哲学之本性的理论（也反映在科努图斯笔下），那么这个洞见相当于宣称，它有可能不仅表明了诗人故事的哲学基础，实际上还有一定把握地从一个比早期斯多亚学派似乎使用过的更广泛的资料库中分离出最早人类的哲学寓言。于是，对这个特许时代的智慧有一种更客观、更直接的洞

57

察被认为是可能的。这种观点所产生的深远影响可以从柏拉图主义者在公元 1 世纪晚期对该理论的采纳中看到——事实上,我将在第六章论证,他们对该理论的采纳有助于界定柏拉图主义运动本身。但我们在科努图斯之前几乎找不到任何与此类似的东西的证据:也就是说,我们在科努图斯之前并没有此类解释的范例[1],甚至没有任何证据表明这种比他之前那一代斯多亚学派更早的一般方法。当波斐利把科努图斯(和凯瑞蒙一道)置于他的寓意解释者名单之首时,我们完全可以认为他是在尊重科努图斯在宣扬晚期斯多亚学派对智慧传承的理解方面所拥有的重要地位,以及在重建智慧的基础上建立一种哲学的可能性。

正如我所说的,反映在科努图斯笔下的解释方法对于柏拉图主义的发展,以及经由柏拉图主义对于后来作为一个整体的哲学的进程非常重要。但是在转而考察后来对科努图斯的理论的使用前,还需要从所有这些之中指出一点。因为一旦意识到有许多神学传统保存了那种原初的、特许的哲学的成分,解释者自然就需要知道,在这个世界上的诸多传统中,哪一种传统才算是保存了那种哲学的传统。如果一种神学传统可以被证明为相对新的,与最早的哲学几乎没有什么关联,那么哲学家在这种情况下显然就对它兴趣不大。同样,一个神话体系(比如希腊人的)是否被认为直接传自最早时代,或者它反过来是否源自另一种现存的神学

---

[1] 作为缺乏反证(*ex silentio*)论证,公元前 2 世纪的民族志(ethnographical)作家阿波罗多洛斯(Apollodorus)提供了一个很好的案例。他在作品《论诸神》(*On the Gods*)——科努图斯本人所用的一部内容广博且影响深远的作品——似乎根本没有提到非希腊的神学。我们有大量的残篇(《希腊史家残篇》[*Die Fragmente der griechischen Historiker*]244;关于科努图斯作品中的材料,特别参考残篇 95—99,126 和 135—136),但仅有一则残篇(残篇 104)只提到一个其他种族(埃及人)的诸神;即使阿波罗多洛斯在这里提到它们,也只是为了将它们神话即历史地解释(Euhemerize)为不存在。这来自一个对其他民族有足够兴趣的人,他为荷马笔下的战船名录(Catalogue of Ships)写了一部十二卷本的民族志评注(残篇 154—207)。

（比如埃及人的），这也会有区别。在这种情况下，通过与文本批评家们所知晓的 *eliminatio descriptae*［消除描述］类似的原则，解释者将知道他可以忽略更年轻的传统而专注于更古老的传统——当然，他首先要确定一个传统是更年轻的和衍生的，而这可能是个有分歧的问题。

碰巧的是，这些问题在许多领域没有引起非常激烈的争论：或许，大多数民族的本土神学都被认为至少是古老和纯洁的，足以有所帮助。然而，有一个领域确实出现了争论，而且是以不同寻常的激愤出现的，这就是犹太人和希腊人在埃及的交锋。在接下来的两章中，我将考察他们的争论：它除了预示后来基督徒和柏拉图主义者关于优先性（priority）的争论（在第八到九章中讨论）的重要性之外，还将为我迄今为止一直在追溯的斯多亚学派内部的思想演变提供证据，并揭示出反映在科努图斯笔下的晚期斯多亚学派的发展的重要性。因为，正如我们将看到的，这场争论的性质在公元前1世纪晚期发生了根本变化，当时它恰恰关注的是各自的传统可以被认为具有何种理智可信度的问题，它的基础是对各自传统的衍生和它们在原初古代的根基深度的论证与反驳。

第四章

希腊—埃及反犹主义中的古代性

1. 希腊化时代早期

　　在希腊人和犹太人这两个民族的联系变得紧密之前的很长一段时间,犹太文化的独特特征就吸引了希腊人的关注。比如,犹太人的割礼实践以及在他们的献祭中所观察到的各种仪式,从早期开始就被希腊人视为某种异族的、有趣的,总而言之无疑是非希腊的东西。[1] 关于犹太人,大陆希腊人所拥有的这种知识(一开始可能不是非常广泛和深刻)向他们暗示了一个外来民族,一个在他们看来与玛吉和裸体修行者(Gymnosophists)有关联的民族。[2] 但是在托勒密的亚历山大里亚城,希腊人直接接触到犹太文化,而且是以一种需要更为深思熟虑的回应的方式:尽管对于玛吉和印度圣贤这些遥远文化的态度依旧冷淡(但可能正渐渐变得温和),但希腊人对犹太人的回应在那里强硬到成了一种更

---

[1] 希罗多德提到了"生活在巴勒斯坦的叙利亚人"当中的割礼实践(《历史》2.104),忒奥弗拉斯托斯在《论虔敬》(On Piety)中认为犹太人的献祭方式是"希腊人厌恶的"东西(残篇 584A,261—263 Fortenbaugh)。

[2] 比如亚里士多德的学生克勒阿科斯认为,犹太人就像玛吉一样,是印度裸体修行者的后裔,参见残篇 6 Wehrli(= 约瑟夫斯,《驳阿庇安》1.117—82,引自克勒阿科斯,《论睡眠》[On Sleep]1);以及第欧根尼·拉尔修,《名哲言行录》1.9(提到了克勒阿科斯的《论教育》[On Education] = 残篇 13 Wehrli)。亦参见 Lewy(1938),第 217—218 页。

加系统性的文化反犹主义形式。当然,这种反应的原因相当复杂[1];但有一个议题特别突出,那就是整个犹太共同体决心维护其传统信仰和习俗,自觉反对希腊—埃及霸权的同化神学。通过拒绝与希腊人的习俗和信仰妥协,犹太人(至少希腊人认为他们)暗中质疑了它们的有效性;从异教的角度来看,这不仅无异于"无神"(godlessness),而且由于神学对希腊的政制(polity)概念十分重要,所以实际上无异于颠覆,即拒绝接受亚历山大里亚式生活的政治规范。[2]当然,在某种意义上,犹太人的确希望否定希腊—埃及的宗教信仰。他们认为,他们自己的宗教差异实际上不会让他们质疑或违反他们所生活的社会严格的市民法(civil laws);但他们不仅果断拒绝放弃他们自己的传统,还拒绝支持任何意在将他们囊括在内的融合主义(syncretism)提议。对他们来说,他们的宗教形式不仅是政治表达的问题,还是哲学真理的问题;就此而言,吸收任何别的神学都是不合适的。

对于思考我在前几章追溯的哲学和文化传统的发展而言,希腊人对这种立场的回应非常有启发性,因为它会随着争论的持续而改变,而且我认为它的改变方式完全可以通过诉诸斯多亚学派的工作来解释。波西多尼俄斯之后的斯多亚学派所提出的原初智慧及其传承理论的结果

[1] 可以匹配到一份文献;但是就本章和下一章相当有限的讨论所应处的更广泛的历史和社会学语境而言,重点参见 Tcherikover and Fuks(1957—1964)(第1卷,第1—93页,历史概述);Tcherikover(1959);Schürer,第3卷,第38—60页,对观第151—153页;Kasher(1985);Feldman(1993)。Momigliano(1971)和 Barclay(1996;第1部分)给出了特别清晰的(但相当不同的)考察。提到犹太人的希腊语和拉丁语文本均被收集于 Stern。关于不同作家的讨论,参见 Stone(1984),特别是 Schürer,第3卷。

[2] 但是,尽管他们所有人厌恶犹太文化,我们不清楚是否应当在希腊人与犹太人的交往中将他们视作严格的种族主义者。比如,一位准备放弃或表现得好像放弃他的祖传宗教的犹太人,他可能会被毫无偏见地接纳到政治生活中心。关于这一点,参见 Barclay(1996),第1部分。

之一是，一种文化传统在哲学上是否有效，取决于它与原初智慧之间的关联是否完整。根据这种理论，攻击一种文化的哲学完整性（integrity）的方式之一就是表明它以某种方式偏离了最古老的传统，表明它由于后来引入的革新而腐化或完全失去了与原初智慧的关联。于是，犹太传统和希腊—埃及传统之间相对的古代性和纯洁性，在公元 1 世纪晚期开始成为他们争论的一个重要论题，我认为这并非巧合。这个论题十分重要，以至于史家们经常将其解读为该争论的早期阶段；然而，事实上在此之前它还完全不存在。

这并不是说犹太民族及其神学的历史没有引起早期希腊人的关注。不过，从早期希腊人那里获得的论战性结论，由于产生自对一般的哲学进步之本性非常不同的理解，所以一开始就具有非常不同的性质。比如，当公元前 4 世纪的哲学家和史家阿伯德拉的赫卡泰乌斯（Hecataeus of Abdera）批评犹太文化核心的革新时，他之所以这样做，不是因为他相信一种更古老的、较少腐化的神学会更纯洁地保存原初哲学的成分。[1]他几乎出于相反的理由而这样做，即因为他认为这些革新使犹太人

---

[1] 关于赫卡泰乌斯，一般参见 Schwartz(1885)；Susemihl(1891—1892)，第 1 卷，第 310—314 页；Jacoby(1912)；Fraser(1972)，第 1 卷，第 496—505 页，对观第 2 卷，第 719—727 页的注释；关于他的反犹主义，Schäfer(1997)，特别是第 203—206 页。正如此处讨论的，赫卡泰乌斯对犹太人的评价出自他的《埃及研究》（Egyptian Studies）（关于标题，参考狄奥多洛斯[Diodorus]，《历史丛书》[Library]1.46.8）。这部作品的影响很大，而且其影响还由于如下事实而增加，即它显然为狄奥多洛斯在其《历史丛书》中对埃及的著名论述提供了基础：参见《历史丛书》1.10—98，对观 Schwartz(1905)，第 670—672 页。正是通过狄奥多洛斯，通过弗提乌斯（Photius），赫卡泰乌斯关于犹太与埃及的关系的论述才得以保存（弗提乌斯，《书藏》[Library]224,380a7—381a8 = 狄奥多洛斯，《历史丛书》40.4 = 赫卡泰乌斯，264 残篇 6 Jacoby。有一部专门《论犹太人》的著作也被归于赫卡泰乌斯，但通常被认为是伪作（参考第 5 章注释 8）。目前的这则残篇一般被认为是真实的，尽管讽刺的是弗提乌斯认为它不可能属于早期米利都的赫卡泰乌斯（参见 381a8），这肯定是 lapsus calami [笔误]（与 Dornseiff 1938，第 76 页注释 1 的看法不同）。这则残篇包含了可能是希腊语文献第一次提到"犹太人"的内容，尽管注释 1 中引用的忒奥弗拉斯托斯的残篇可（转下页）

脱离了哲学进步的过程。通过比较希腊民族和犹太民族的早期历史，他表明了这一点。他说，这两个民族都有着相同的种族和文化起源[1]，而且他们的共同祖先都曾有一段时间居住于埃及——在赫卡泰乌斯看来，正如在他不久前的柏拉图和亚里士多德笔下的那些人认为的，埃及人是这样一个民族，他们悠久的研究传统使得他们领导了他所讨论的那个时代的哲学。[2]但是，尽管希腊人——也就是原始"希腊—犹太"血统的那个部分，他们被逐出埃及之后，继而建立了希腊民族——接受了他们在埃及学到的东西，继而推进了那种学问，不过，他说犹太人却为他们的经历苦恼，于是逐渐变得厌世（misanthropic），回到一种孤立的新神学中（尤见狄奥多洛斯，《历史丛书》40.3.4）。在赫卡泰乌斯的论述中，犹太人是这样一个民族，他们被赋予了和希腊人一样的哲学进步机会，但他们却拒绝了，反而选择了发展他们自己的文化，不顾世界上其余的人。

但是，如果赫卡泰乌斯对犹太神学的哲学基础的批评，是在一个与后来的斯多亚学派的工作所暗示的哲学史模式非常不同的背景下进行的，那他至少承认了犹太人所主张的其神学应当首先按照哲学标准来评判。在这一点上，他对犹太人的立场的迁就，要比他之后若干世纪的反犹主义史家更为深入。对他们来说，犹太神学和他们自己的神学一样，都应首先根据文化基础来评判，而且在批评他们也认为的犹太人的孤立主义立场时，他们采取的策略聚焦于犹太人的实践和信仰中那些被察觉

（接上页）能稍早一些（参考 Stern，第 1 卷，第 8—9 页；1973；但是反对的看法，参见 Jaeger 1938；第 134—153 页；Murray 1970；1973）。

[1] 参见狄奥多洛斯，《历史丛书》40.3.2（亦参见弗提乌斯，《书藏》1.28.2—5，对观 Feldman 1990）。

[2] 关于柏拉图和亚里士多德，参见第 29 页注释 1；关于他们认为希腊哲学是该传统的进一步发展，重点参见[柏拉图]，《厄庇诺米斯》987d，正如那里引用的："我们可以认为，不论希腊人何时从非希腊人那里借了什么东西，他们最终都会使之达到更高的完美……"

到的政治蕴含。换句话说,哲学有效性在任何模式下对他们都不是议题;社会适应性才是一切。因此,通过被建构来证明犹太祖先在埃及的颠覆性和毁灭性影响的历史叙事,这些作家试图辨明,对那种他们视为他们中间外来的和敌对的文化示以宽容是有危险的。为了与后来对犹太人的斯多亚化论述进行对比,值得注意的是这些作家需要强调犹太文化曾是外来的,这一点在相当程度上吸引着该时期的作家们强调犹太宗教的外来(但因此偶然是在先的)起源。

> 图蒂迈欧(Tutimaeus)。在他统治期间,我不知道怎么回事,上帝有一次对埃及大发雷霆,来自东方的一群卑鄙之人出其不意且无耻地入侵了我们国家,兵不血刃就轻易占领了它。

关于犹太人的论述,公元前 3 世纪赫里奥波里斯(Heliopolitan)祭司曼内托(Manetho)是这样开始的,[1]该论述接下来几乎完全根据犹太种族所

---

[1] 约瑟夫斯,《驳阿庇安》1. 75—76;关于曼内托的论述,参见《驳阿庇安》1. 73—105 的全部内容,出自他的《埃及研究》(Αἰγυπτιακά)。这是一部因其后续影响而与赫卡泰乌斯的著作相媲美的作品。关于曼内托的生平和作品,一般参见《苏达词典》的该词条;Fruin(1847);Susemihl(1891—1820),第 1 卷,第 608—616 页;Laqueur(1928)(关于基督徒使用曼内托,第 1080—1089 页);Waddell(1940),第 vii—xxx 页;Schürer,第 3 卷,第 595—597 页。关于曼内托在约瑟夫斯笔下的论述是否受到了源于曼内托后来的反犹主义编者的材料的影响,已经有了一些争论。参见比如 E. Meyer(1904),第 71—77 页;(1908),第 34 页注释 5,以及 Laqueur(1928;1064—1080)更为详尽的重建,他认为曼内托最初的作品在后来受到了两种来源的影响,一种是亲犹太教的,一种是反犹主义的,于是他清除了曼内托笔下任何对犹太人的故意提及。亦参见《希腊史家残篇》,第 3 部,C,补充曼内托(no. 609),特别是第 84 页的注释;Waddell(1940),第 xvii—xix 页;Weill(1918),第 68—76 页以及(特别关于《驳阿庇安》1. 250)第 101 页;Fraser(1972),第 1 卷,第 505—509 页,对观第 2 卷,第 730—731 页注释 105;Gager(1972),第 113—118 页,特别是第 116 页。但是,更保守的看法参见 Tcherikover(1959),第 362—363 页;Schäfer(1997);参考 Barclay(1996),(转下页)

谓的一般都憎恶其他文化来刻画犹太人。根据曼内托的说法,"这群卑鄙无耻"的东方人在埃及施行暴政:他们把神庙夷为平地,试图清除这个国家的本土居民。当底比斯诸王起来反抗他们时,他们最终被逐出埃及——但只是把他们的活动赶到别的地方。这些人穿过沙漠去到叙利亚,在那里还威胁到了亚述人。但是,根据"关于犹太人的神话和流行的故事",他们中的一些人后来回到了埃及,以便支持一场残废了的和患麻风病的埃及人的起义,这些埃及人当时的国王阿蒙诺菲斯(Amenophis)正打算净化这个国家[1]:

> 他们任命赫利奥波利斯(Heliopolis)的一位祭司奥塞斯弗(Osarsiph)[2]为他们的首领,并且发誓一切都听命于他。他定下的第一部法律要求他们应崇拜诸神,不应禁忌在埃及特别受到敬拜的任何神圣动物,反而应当献祭并吃掉它们全部;除了那些已经宣誓者,他们不应接触任何人。在制定了这些和许多其他与埃及人的习俗完全相反的法律之后,他命令全体人员修缮城墙,准备与国王阿蒙诺菲斯开战。

65

(接上页)第 33 页,对观注释 44:"可能其中一些判断受到了教条主义信念的影响,认为这些反犹言论不可能这么早出现。"

[1] 约瑟夫斯,《驳阿庇安》1.238—240;但是参见 1.227—251 的全部内容。该文段一般与上文讨论的早期的"历史"论述形成对比(参考比如 Schürer,第 3 卷,第 595 页),尽管事实上这两段摘录完全可以合理地被解读为一个单一叙述的不同部分。

[2] 关于这个名字,参见 Reinach(1939,第 xxx—xxxi 页),他认为这体现了约瑟夫斯以俄塞里斯(Osiris)等同于雅(Yah)为基础,用"俄塞里斯"替换了第一个音节;van der Horst(1987:第 50 页对残篇 1 的注释 8,以及参考文献)则提出由俄塞里斯与塞帕(Sepa)组成一个复合词。约瑟夫斯在《驳阿庇安》1.250 告知,曼内托将奥塞斯弗等同于摩西;但是关于对他的报告的怀疑看法,参见 Weill(1918),第 101 页,以及 Laqueur(1928),第 1071—1022 页。

与埃及人的习俗完全相反。这是曼内托批评犹太人的关键。犹太人没有权利在埃及为他们的宗教要求宽容,这不是因为其缺乏内在的哲学价值本身(这个问题并未出现),而是因为曼内托认为这种宗教体现了厌世,特别是对埃及人的习俗本质上的(且明显是非理性的)厌恶。在曼内托的时代,犹太人主张他们的宗教仪式与对这片土地上的法律应有的尊敬完全相容。曼内托的论证是,一个民族的宗教生活和政治生活的联系要紧密得多,拒绝其中一种生活的民族,只能是出于一些导致他们轻视另一种生活的原因。

在曼内托之后一直到公元前 2 世纪晚期和公元前 1 世纪早期的反犹主义传统中,可以看到对犹太人的处理方式在很大程度上是相同的。我们有若干关于此类体裁的例子:公元前 2 世纪的作家吕西马库斯(Lysimachus)值得注意,并且因其极端论述而特别值得注意[1],他认为犹太人之所以被逐出埃及,是因为他们感染了麻风病,这冒犯了太阳神,还导致农作物的持续歉收(约瑟夫斯,《驳阿庇安》1.304—311)。此外,吕西马库斯大量处理了犹太人对埃及诸神和官定宗教的憎恶:他们的染病状态不仅首先冒犯了太阳神、污染了神庙,而且逃脱了随后的清洗的犹太人欣然同意采纳他们的领袖摩西的建议,即除别的之外,"销毁他们发现的诸神的任何神庙和祭坛"(θεῶν τε ναοὺς καὶ βωμούς, οἷς

---

[1] 吕西马库斯残篇,位于《希腊史家残篇》621。如果他被认为是(与 Jacoby 的看法不同)写了《忒拜式悖论》(*Theban Paradoxes*)和《归家》(*Home-comings*)(《希腊史家残篇》382)的亚历山大里亚的吕西马库斯的话,那么他的年代就可以稍微更准确地被定在大约公元前 175 年和公元 1 世纪早期之间:参见 Gudeman(1928),第 32—39 页;Fraser(1972),第 2 卷,第 1092—1093 页注释 475。不管如何,他的写作似乎要晚于公元 3 世纪晚期。(因为在残篇 11 Jacoby,他引用了 3 世纪晚期的作家姆纳塞斯[Mnaseas],关于此人,参见《苏达词典》,词条Ἐρατοσθένης;Schürer,第 3 卷,第 597—598 页);但是要早于阿庇安(约瑟夫斯《驳阿庇安》2.20 的明确暗示;参考 Schürer,第 3 卷,第 600 页)。

ἂν περιτύχωσιν, ἀνατρέπεν)（1．309）。在这片"如今被称作朱迪亚（Judaea）"的土地上，他们虐待本地民族，烧毁其神庙。在公然庆祝他们的渎神癖好的过程中，犹太人继而建立了一座被称为希耶罗绪拉（Hierosyla）的城市（"神庙—劫掠"[Temple—Pillage]），当后面几代人有了羞耻感之后，就把这个城市重新称为希耶罗索吕玛（Hierosolvma）（"耶路撒冷"[Jerusalem]，在希腊语中意味着神圣的城市）。我们还可以看到，吕西马库斯反对犹太人立场的论证之一，是（在那些直接的诋毁背后）他宣称犹太人与他们生活于其中的国家的宗教规范相隔绝，而这只能出自某种厌世，一种对他们的主人的憎恶，这种憎恶一旦获得许可，就会轻易地再次爆发出针对这个城市的暴力行为。[1]

2. 波西多尼俄斯之后的文献中的反犹主义

就我们所知的希腊化时期的反犹主义作品而言，几乎我们所了解的一切都源自一位单一作家的作品，即公元 1 世纪的犹太史家约瑟夫斯。[2] 在他的作品《驳阿庇安》中，他带领读者浏览了大量以希腊语写作的作家，涉及的多数都是反对其民族的作品，他的目的当然是驳斥他们的看法，即犹太人坚持他们的宗教，是由于他们厌世地拒绝适应将不

---

[1] 亦参见公元前 1 世纪早期的阿波罗尼乌斯·摩隆（Apollonius Molon），约瑟夫斯以和吕西马库斯相同的篇幅提到他两次（《驳阿庇安》2．145 和 236），并且他可能和吕西马库斯有着类似的观点。关于阿波罗尼乌斯，参见 Brzoska(1896)；Fraser(1972)，第 1 卷，第 505—511 页；Schürer，第 3 卷，第 598—600 页。

[2] 这方面最重要的例外是赫卡泰乌斯，约瑟夫斯似乎完全忽视了他的历史（约瑟夫斯知道《论犹太人》[On the Jews]这部更加亲犹主义但可能是伪仿的作品；《驳阿庇安》1．183—204；但讽刺的是，与该历史可能的相比，这部作品不太有助于他确立犹太人的古代性。进一步参见第 5 章及第 88 页注释 2）。就约瑟夫斯而言，曼内托是埃及最早的反犹主义史家：《驳阿庇安》1．223。

同民族组织起来的不同习俗。

　　或者至少人们期待这就是他的目的。《驳阿庇安》无疑是一篇申辩作品，而且它的确处理了约瑟夫斯在他引用的文本中发现的具体的历史错误和毫无根据的种族诋毁。但是在引用这些文本时，他的目的要比这更加明确。比如考虑一下他对曼内托的论述的回应（《驳阿庇安》1.104；参考 1.252）：

　　　　因此，在两个最重要的方面，曼内托在埃及人的文献中给我们找到了证据：首先，我们是从其他地方进入埃及的，其次，我们在很早以前就已经离开埃及了，几乎要比特洛伊战争早一千年。

或者还有在回应吕西马库斯时，约瑟夫斯指出吕西马库斯并未清楚说明他是否认为犹太人构成了埃及的一个得到清晰界定的"异方人"种族，或是否实际上他们只是在被驱逐的时候才"成为"（became）一个种族（《驳阿庇安》1.314）。换句话说，对约瑟夫斯而言，他的种族的古代性和起源是一个在重要性上超过所有其他种族的问题。对于他的作品的现代读者而言，他对这个相当学术性的（academic）问题的关注，作为对实际上由诸如曼内托和吕西斯马库斯这样的史家针对其种族的诋毁的回应，看起来出奇地不合适。事实上，我的论证是，在这些作家自身看来，这似乎是一种无法理解的回应：曼内托和吕西马库斯显然并不在意犹太人的种族或文化古代性，他们大概会认为这个问题同他们的论战立场无关。然而，我们当然不应以曼内托或吕西马库斯或他们的听众的假设来衡量约瑟夫斯的论证，就像我们不应该以自己的假设来衡量他们一样。相反，我们需要在约瑟夫斯的写作语境中来考察他们。正如我们将看到的，此时情形开始转变：因为约瑟夫斯的直接背景中的反犹主义作家已经着手以晚期斯多亚学派的哲学术语来看待传统神学,并且因此已经开始把种族古代性的各种理论引入他们论战的核心。

正如我已经强调的,在一个较早的阶段,一种神学传统的古代性本身对其哲学的有效性并无影响。的确,认为希腊人此时一般都把"哲学有效性"视作一种可用于神学传统的合宜尺度,这是错误的:追求哲学和接受宗教的诸形式,这在整体上被认为是相当不同的问题,前者是一种进步的科学,而后者多少是对文化身份的一种稳定表达。[1]因此,人们要么从文化习俗(mores)体系的角度看待犹太教,并批评它(如曼内托和吕西马库斯)不适合埃及社会的公民;要么从哲学传统的角度——但也会因其隔绝于当时的各种进步而受到批评(如赫卡泰乌斯)。在这个阶段中,没有一位希腊人认为犹太教两者兼而有之——(犹太人自己或许认为)一种体现了古代哲学遗产的文化。但是,这首先是公元前1世纪发生改变的晚期斯多亚学派进行的研究。在这个时期,诸如科努图斯这样的人可以通过神话传统回溯到人类原初时代的某个时间,那时就已经有了一种完善的和完全成形的(fully formed)哲学;因此,他会认为一种文化(比如埃及文化)中的古代性和保守性或许意味着它最能保存这种哲学。和科努图斯同时代的斯多亚学派成员凯瑞蒙(关于此人,下文有更多介绍)是埃及神学的研究者,他研究埃及神学,不是将其作为进一步革新的起点,而是实际上作为哲学探究的直接对象。柏拉图试图以埃及哲学中的起点为基础(赫卡泰乌斯批评犹太人没有这样做),而凯瑞蒙则想要恢复埃及神学的基础,因为这种神学本身体现了最高的哲学智慧。对于科努图斯和凯瑞蒙以及更一般的晚期斯多亚学派来说,文化传统无

[1] 希罗多德认为希腊人的神(参考《历史》2.4,50)和哲学种子(参考《历史》2.123)都来自埃及——但没有迹象表明这两件事有关联,也没有迹象表明神学的继承暗示了哲学的接受,或反之亦然。

疑是民族身份的表达；但也可以根据这种文化的哲学价值来评判它。这种对待传统神学的方式深刻影响了希腊人对文化依附（dependency）的态度。比如，如果埃及神学被认为以相对纯洁的形式保存了原初智慧的各种要素，那么对他们的神学的任何改变当然都是糟糕的改变。如果一个民族继承了埃及的神学且对之加以彻底改变，那么他们的神学客观的、哲学的有效性就会在这个意义上受到损害。因此，对于批评亚历山大里亚的犹太人所采取的毫不妥协的立场，这里有一个新的基础。因为，如果犹太神学可被算作埃及神学的一种全盘腐化，那么其哲学的有效性就会与其所谓的先祖形成客观且不利的比较。[1]

正如我在上一章表明的，正是波西多尼俄斯的作品为晚期斯多亚学派思考文化史在重构原初智慧中的重要性奠定了基础。仅仅出于这个原因，尽管没有理由认为波西多尼俄斯本人构建了以他的作品为基础发展起来的理论，但不幸的是，他本人关于犹太种族地位的观点特别难以辨识。他肯定讨论过犹太人：约瑟夫斯告诉我们，他（和阿波罗尼乌斯·摩隆）为他自己的作品《驳阿庇安》（《驳阿庇安》2.79）的同名目标的作品提供了材料；但这则信息不可能让我们了解到他的观点的任何更具体细节。[2] 如果他与阿庇安有联系这个事实表明了波西多尼俄斯的反犹主

---

[1] 值得记住的是，早期希腊人将他们自己的神话和哲学传统（就像希罗多德和赫卡泰乌斯以各种方式做的），有时甚至是他们的种族起源（参考柏拉图，《蒂迈欧》21e 6—7；兰普萨库斯的阿那克西美尼［Anaximenes of Lampsacus］，72 残篇 20 Jacoby）追溯至埃及，但这不意味着他们因此就毁掉了希腊文化的有效性。只有在后来，这些模式（尽管仍在使用；参考或许晚至 6 世纪的阿德·卡拉克斯［Ad Charax］，103 残篇 39 Jacoby）才被认为对它们有潜在的损害，这就是说，因为它们或许表明希腊接受了一种在哲学上更低的神学传统。特别参考普鲁塔克对希罗多德的批评，因为希罗多德"恶意"（malicious）主张希腊神学来自埃及人（《论希罗多德的恶意》［On Herodotus'Malice］857C—F，进一步参见第 6 章）。

[2] 有两则出自阿庇安的反犹主义寓言有时会被追溯至波西多尼俄斯（约瑟夫斯，《驳阿庇安》2.79—96 = 波西多尼俄斯，残篇 278 EK）；但约瑟夫斯只告诉我们，波西多尼俄斯是阿庇安的来源之一，不是这些寓言的唯一来源（不论如何，第一个寓言与狄奥多洛斯，（转下页）

义倾向,那么它应该与斯特拉波(Strabo)对犹太人的论述采取的更积极的态度形成对照,而波西多尼俄斯也有可能是这种论述的来源。[1] 实际上,就我们而言(碰巧还有就约瑟夫斯本人而言),对犹太人的种族血统在反犹主义历史中的重要性的态度转变,其首要迹象就是公元前 1 世纪晚期出现了亚历山大里亚的语文学家和史家阿庇安本人的作品。[2] 约瑟夫斯在其关于犹太人古代性的作品中用了过多时间来反驳阿庇安的各项主张,在此背景下,这或许证实了(且解释了)阿庇安的重要性,[3]因此,这部作品被称为《驳阿庇安》。[4]

在阿庇安对犹太人的历史论述中,他的反犹主义倾向在他的历史先驱们看来很难说是意料之外的。但至少就约瑟夫斯而言,阿庇安的反犹

(接上页)《历史丛书》34/35.1.3 矛盾,其更有可能出自波西多尼俄斯)。进一步参见 Kidd (1988),第 948—951 页。

[1] 斯特拉波,《地理学》(*Geography*) 16.2.34—9:特别要注意的是,摩西在此被称为埃及祭司,但犹太人后来在宗教实践方面的创新(比如从埃及的多神教转向一神教)显然意在争取我们的尊重。假设波西多尼俄斯是该文段的一个(或者唯一)来源(参考 Heinemann 1919),那么该文段一定程度上确证了文化依附和文化低等之间的关联并不是由他生造的,哪怕这种关联是在他的作品基础上产生的。

[2] 阿庇安的年代大约从公元前 30—25 年到公元 50 年。关于阿庇安,一般参见 Cohn (1894);Motzo(1912—13);Jacobson(1977);Schürer,第 3 卷,第 604—607 页。阿庇安的一生和斯多亚学派的凯瑞蒙有些类似(进一步参见下文):他们都担任过亚历山大里亚学派的掌门;在觐见皇帝的使团中都反对犹太人的希腊关切——阿庇安在公元 39—40 年出使,使团中的犹太人代表是亚历山大里亚的斐洛(参见约瑟夫斯,《犹太古史记》18.257—60)。

[3] 约瑟夫斯用《驳阿庇安》第 2 卷的前 144 个段落来进行反驳。用 92 个段落和曼内托进行比较(1.72—105 + 227—287),用 16 个段落和吕西马库斯进行比较(1.304—320),用 15 个段落和凯瑞蒙进行比较(1.288—303)。

[4] 约瑟夫斯这部作品的最初标题似乎是《论犹太人的古代性》(*On the Antiquity of the Jews*) (Περὶ τῆς τῶν Ἰουδαίων ἀρχαιότητος;参考比如奥利金,《驳科尔苏斯》[*Against Celsus*] 1.16)。第一位提到这部作品"反对阿庇安"的作家似乎是哲罗姆(Jerome);参考《书简》70.3(duos libros scripsit [sc. Josephus] contra Apionem[反对阿庇安的两卷本作家]),对观 Schürer,第 1 卷,第 55 页。

主义重点可用如下事实来总结：他有意支持这样一种立场，即犹太人源于埃及人，只是在他们离开埃及(实际上是被驱逐)时才获得了新的民族身份。根据阿庇安(约瑟夫斯在《驳阿庇安》2.8—32 记录了他关于离开的论述)，犹太种族的起源可追溯到一群埃及逃亡者，他们被一位唤作摩西的赫利奥波利斯本地人带到荒野。

　　某个直接证据表明，阿庇安关注的是他发现的诸民族在古代性的比较关系——我们拥有的残篇指出，他关注于比如把希腊神学和罗马习俗与埃及智慧进行比较；还有证据表明，他写有一份民族志研究。[1] 此外，我们知道阿庇安熟悉并使用过斯多亚学派成员波西多尼俄斯的作品，而且不论如何都大概与他的时代活跃于亚历山大里亚的那些斯多亚学派成员有交往。[2] 在这个背景之下，他的新主张，即犹太种族是埃及血统的后裔，不可能被视为纯粹偶然的兴趣问题：似乎明显的是，阿庇安受到晚期斯多亚学派关于大多数最古老的文化传统拥有特许智识地位

---

[1] 在他的作品《论阿比斯》(*On Apis*)中，他认为女神阿芙罗狄忒在希腊传统中和阿托(Athor)在埃及神学中所代表的是一样的(参见《大词源》[*Etymologicum Magnum Auctum*]，26.7 = 阿庇安，616 残篇 20 Jacoby)；在别的地方，他将在左手无名指带戒指的古代希腊和罗马习俗同埃及医学发现的一些事实联系起来(参见奥卢斯·革利乌斯，《阿提卡之夜》10.10)。这份民族志研究是 Ἱστορία κατ᾽ ἔθνος，《苏达词典》认为是他所作(词条 Ἀπίων)——尽管 Cohn(1894，第 2804 页)认为这个标题无法体现与约瑟夫斯所引的《埃及研究》不同的研究(参考比如《驳阿庇安》2.10)。

[2] 关于波西多尼俄斯对阿庇安的影响，参见约瑟夫斯，《驳阿庇安》2.79。在阿庇安写作的时代，有些斯多亚学派哲学家活跃于亚历山大里亚——这与 3 世纪情形不同，由于当时那里没有斯多亚学派哲学家，这导致了托勒密邀请克勒安忒斯或者他的一位学生前往那里的宫廷(参见第欧根尼·拉尔修，《名哲言行录》7.185：克勒安忒斯和克吕西波都拒绝前往，斯斐若斯[Sphaerus]就替他们去了)。在 2 世纪，我们听说在亚历山大里亚有一位斯多亚学派成员，他是巴比伦的第欧根尼(Diogenes of Babylon)的学生，被称作克吕瑟谟斯(Chrysermos)，我们只是从《斯多亚学派索引》(*Index of Stoics*) col. 52.4—6 Dorandi 才知道他(但是，克吕瑟米[Chrysermi]至少从 3 世纪起就是亚历山大里亚的一个重要家族；参考比如 Staden 1989，第 523—528 页)。后来，亚历山大里亚的斯多亚学派成员包括公元前 1 世纪的阿里乌斯·狄底莫斯(Arius Didymus)和公元 1 世纪的凯瑞蒙。

的理论的影响，主张犹太民族的年轻性，以此来否定其神学的哲学有效性。根据阿庇安的看法，对于这种神学，最多只能说它是犹太人已经抛弃了的埃及文化的分支和腐化形式。约瑟夫斯告诉我们，在阿庇安对犹太人的批评中，有一些批评由"针对我们（犹太人）的神庙—仪式和我们的一般律法的指责"构成[1]，看起来他的指责的特殊性质必定在于，这些仪式和律法是埃及宗教堕落的衍生物（就是说我们应当理解为在哲学上毫无价值）。根据阿庇安的看法，摩西被认为在赫利奥波利斯竖起了巨大的神庙，这似乎意味着是对埃及人原作的拙劣模仿[2]：比如朝向东方，因为赫利奥波利斯就朝向东方（ὧδε γὰρ καὶ Ἡλίου κεῖται πόλις；《驳阿庇安》2.10—11）；但有着柱子而没有方尖碑（同上，这意味着是埃及建筑形式的蓄意腐化）。这些柱子被树立起来追逐太阳的轨迹——这个事实或许应当会让人想起埃及神话中阿图姆-瑞（Atum-Re）的至高无上，而且大概反映了这位赫利奥波利斯人与他有特别紧密的关联。阿庇安主张犹太人崇拜驴头（《驳阿庇安》2.80—8），这或许同样意在表明是对埃及人崇拜某些动物的拙劣模仿。和他的反犹主义先驱一样，阿庇安批评了他自己时代的犹太人的文化排他性，特别是生活在亚历山大里亚的犹太人拒绝崇拜埃及人的诸神（《驳阿庇安》2.65—67）。但对于阿庇安而言，犹太人的立场之所以让人恼怒，不只是因为他们的排他性。还有一个事实是，他们的宗教远非他们声称的哲学上优越的神学，实际上反而是一种

----

[1] 参见《驳阿庇安》2.6—7。约瑟夫斯告知，阿庇安对犹太人的批评可以分为三类，另外两类是他关于出离的历史和他对犹太人在当时的亚历山大里亚的地位的论述。

[2] 关于阿庇安在此提到的摩西受到引导的"祖传习俗"（《驳阿庇安》2.10；πατρίοις ἔθεσι），参考 Gager(1972)，第 123 页：他认为，这些习俗是"他祖传的埃及宗教实践，他将之作为耶路撒冷新崇拜的基础"。值得注意的是，Gager（同上）认为此处描述的神庙是在耶路撒冷而不是在赫利奥波利斯建立的。这也许是一种更有吸引力的可能性；但约瑟夫斯的文本没有暗示摩西在此时离开了他的祖国。

更古老、更纯洁先例的腐化形式，他们如今拒绝接受这个先例的合法性来作为其本土公民生活的基础。

于是，阿庇安在他对犹太人的历史论述中最重要的原创性主张，就在于他使用了他们的埃及血统这个假定事实来摧毁如下可能性：他们自己传统中的独特要素多少包含了（古代性并因此具有）哲学价值。我已经表明，这就是约瑟夫斯为何耗费如此多的时间来驳斥阿庇安的唯一最重要理由。正如我们看到的，在讨论早期希腊的犹太民族史家时，他似乎经常忽略他们的观点：特别是，他欣喜于他们"无法"证明犹太民族的年轻，而他们显然从未打算这样做。不过，这被证明是他自己更广泛策略的一部分：通过从后来的论辩的视角来讨论这些史家，约瑟夫斯希望孤立阿庇安的立场，希望通过表明他的先驱们已经尝试过但没能做到同一件事，从而削弱他关于犹太文化年轻的"证明"。约瑟夫斯清楚地知道与阿庇安争论的发展性质，特别是知道犹太人依附（并来自）埃及人的主张在他自己的理智世界中的重要性。

然而，人们或许会认为，在这种解释之外还有其他选择：约瑟夫斯如此详细地批评阿庇安，纯粹是因为阿庇安的反犹主义走了极端。然而，尽管阿庇安肯定是个反犹主义者，但在约瑟夫斯考察的史家中，他不是唯一的也不是最极端的反犹主义史家。吕西马库斯比阿庇安更尖锐和更会辱骂，但约瑟夫斯用于反驳他的时间却不及用于阿庇安的十分之一。另一方面，约瑟夫斯还至少激烈地批评了一位思想家，比较之下，这位思想家对犹太人的论述几乎是温和的。这就是阿庇安更年轻的同时代人、斯多亚学派哲学家凯瑞蒙的论述[1]——他的观点与本研究密切

---

[1] 凯瑞蒙可能出生在我们的纪元第一个十年，大概于公元 80 年前后去世（不论如何是在公元 96 年之前）。关于他生平和作品，一般来说，重点参见 Frede(1989)；还有 （转下页）

相关,一般来说这不仅因为他的学派归属,还因为我们知道他极其关注古代神学的寓意解释,关注本研究所依靠的古代性和传承问题。[1]

在政治生活中,凯瑞蒙并非亲犹主义者:除了别的方面,我们知道他在向皇帝克劳狄乌斯(Claudius)指控犹太人的使团中发挥了领导作用(正如早些时候阿庇安在向卡里古拉[Caligula]的陈述中发挥的作用)。[2]但在他的论述中,至少关于犹太人祖先道德品性的描述(再次被约瑟夫斯保存:见《驳阿庇安》1. 288—92 = 凯瑞蒙,残篇 1 van der Horst)是相当节制的,特别是当与他的前辈们的论述进行比较时。的确,他的说法包含了许多可见于阿庇安(与阿庇安的叙述有着共同的总体结构)、曼内托和吕西马库斯笔下的要素:他暗示,犹太人源自在祭司提西斯(Tisithen)(等同于摩西)和彼特西弗(Peterseph)(等同于约瑟夫[Joseph])领导下被逐出埃及的"被污染民族"(τῶν τοὺς μολυσμοὺς ἐχόντων)。但是,在现存的反犹主义史家中,只有凯瑞蒙没有宣称这些"被污染"民族

(接上页)Schwartz(1897)。位于《希腊史家残篇》618 的残篇;对观 Schwyzer(1932)以及最近 van der Horst(1987)的评注。亦参见 Stern,第 1 卷,第 417—421 页。Stern(第 1 卷,第421 页)倾向性地认为:"尽管约瑟夫斯……遣责凯瑞蒙含混不清,但他跟前并没有凯瑞蒙的原作,而只是些来自某位希腊化时期的犹太人收集的残篇,这是合理的。"

[1] 我已经注意到(见第 3 章),凯瑞蒙和科努图斯一起被置于波斐利的寓意解释者名单之首,奥利金使用过他们的作品(证词 9 van der Horst = 波斐利,《驳基督徒》,残篇 39. 30—35 Harnack)。关于凯瑞蒙对埃及传统中发现的寓言的解释,特别参见残篇 2,5,6,7,10,12 van der Horst;参考残篇 15D,17D,18D,19D,20D,25D,28D van der Horst;关于他对希腊神学和埃及神学的比较,参见证词 12 van der Horst;还有残篇 18D van der Horst。在残篇 2 van der Horst 中,凯瑞蒙直接处理了迦勒底人和埃及人的哲学传统之间相对的古代性这个难题。

[2] 关于后面这个陈述,我们了解不多,但它显然与"阿庇安在卡里古拉时代与犹太人进行的相同争吵"有关(因此,Schürer,第 3 卷,第 603 页)。关于凯瑞蒙参与此次出使,我们的证据取决于确定他就是"勒昂尼达斯(Leonidas)的儿子凯瑞蒙",在克劳狄乌斯的回信中被称作请愿者(= Tcherikover and Fuks 1957—1964;编号 153;凯瑞蒙的名字位于第 39 页,1. 17);凯瑞蒙,证词 5 van der Horst。关于这封信的讨论,参见比如 Jones(1926);Barclay(1996),第 55—60 页。

的出现是埃及产生各种困难的首要原因,他也没有对驱逐他们就能安抚诸神给予作者的支持,毋宁说这两个方面都相反。根据凯瑞蒙的看法,不是这些被污染者导致了冒犯诸神(吕西马库斯认为是),而是冒犯了国王阿蒙诺菲斯本人(《驳阿庇安》1.289)。不是诸神建议驱逐他们(吕西马库斯认为是,通过一位先知之口),而是祭司斐瑞托鲍特斯(Phritobautes)(同上)——他显然不是诸天意志完全准确的解释者,因为驱逐非但没有解决国王遇到的难题,反而直接导致了国王的最终灾难。在大批盟友的支持下,流亡者们大举返回埃及,阿蒙诺菲斯反而不得不逃离这个国家(《驳阿庇安》1.292)。

约瑟夫斯没有抓住这些要点:他没有像在不同的论战语境中可能对自己有利的那样强调,凯瑞蒙拒绝承认其先驱们在批评犹太人及其祖先的道德品性时的极端做法,哪怕即使凯瑞蒙在政治上同亚历山大里亚社会的规定对立。那么,约瑟夫斯为何要批评凯瑞蒙呢?因为凯瑞蒙的论述明确意指犹太文化——或许还有犹太种族——牢牢扎根于埃及。摩西和约瑟夫(提西斯和彼特西弗)被明确称作埃及人,而且我们似乎应当认为在他们领导下被逐出埃及的那些埃及人形成了犹太种族的基本种群。可以肯定的是,约瑟夫斯宣称凯瑞蒙的论述并未清楚说明犹太人是应该追溯至这些埃及人,还是追溯至那些和他们一起抗争的神秘盟友(《驳阿庇安》1.291,对观 297—302),而且他认为凯瑞蒙留下了一个未决的问题,即这些盟友是外国人还是埃及人自己。事实上,他说这种含混是凯瑞蒙的论述中"最令人惊讶的"(θαυμασώτατον;《驳阿庇安》1.302)。但捏造这个问题的是约瑟夫斯而非凯瑞蒙。或许凯瑞蒙的确没有说清楚这个问题,但他原本就没有必要证明作为一个整体的犹太人是埃及人的后裔,以表明犹太人的神学来自埃及。或许凯瑞蒙认为他的读者会明白,对犹太民族的文化发展具有决定性影响的是他们最初领导者的国籍:摩西和约瑟夫被他明确认定为埃及人(而且还是祭司)。或许他的这种看法也是正确的,而这就是约瑟夫斯耗费时间来批评他的原因。

在公元前1世纪晚期,异教反犹主义的焦点发生了转变。希腊史家们以赫卡泰乌斯、曼内托与吕西马库斯等人对厌世和文化孤立的指责为基础,也采用晚期斯多亚学派作品所提供的理论术语为攻击框架,开始了对犹太神学的批评,使之从属于(据说)更古老和更纯洁的思想传统,这些传统对原初智慧的保存可被用作哲学有效性的标准。如果他们能够表明犹太神学是埃及传统的一种演变,那么犹太神学的哲学地位就会被削弱,因为犹太神学不同于其保守的祖先。亚历山大里亚的犹太人就不会有理智基础来维持他们的祖传习俗,从而扛住遵守希腊—埃及规范的压力。但是犹太人自己已经准备好以牙还牙了;在下一章中,我们将看到他们的反驳如何追溯完全相同的理论发展。

第五章

犹太护教学中的古代性

1. 公元前 3 世纪和公元前 2 世纪的犹太史家

在第四章中，我认为在公元前 1 世纪，反犹主义剧目引入了新的主题，这就是从假定的犹太神学传统的年轻到其哲学上的低等的论证：我认为，这证明了对古代文化诸传统态度的转变，而这个转变由晚期斯多亚学派的诸理论所引入。但是，犹太人对理智上的反犹主义攻击的回应方式为这一发展提供了同样有趣和翔实的证据。或许犹太人是凭借着他们独特的文化和文学遗产来进行论争的；但与此同时，至少那些以希腊语写作反对希腊人的人，自然就熟悉他们对手的文化假设和文学形式。他们当然知道针对他们提出的那些论证的意义。这意味着我们还可以从他们自己关于自身和他们在埃及的地位的论述中收集证据，从而证明希腊人关于文化权威这个哲学问题的思考是如何发展的。

正如我所说的，犹太人从一个不同的背景进行论争；但他们对自己的文化传统的理解，或许已经让他们能够在事物表面上以更接近于诸如阿庇安这样的晚期希腊思想家采取的神学立场的术语来描述他们的神学遗产。只是在后来的米大示（Midrashic）传统中，犹太人才开始尝试通力宣称，比如编纂于摩西律法（Mosaic Law）中的实践已经在先祖（Patriarchs）

之中流行了[1]。尽管如此,他们在此之前早就认为摩西的祖先与上帝有着特许的关系,并且对上帝有着特许的理解——他们认为,在一个重要意义上,他们所继承的摩西宗教只不过以某些形式和实践表达了一种古老得多的神学传统,而这正是摩西宗教的核心。此外,这个更悠久的传统可以追溯到人类古代的一个时期(追溯至诺亚,如有必要,再追溯到亚当),所有民族都必定起源于这个时期,这个事实表明,异教神学必须被严格视作同这个起源后来发生偏离的结果。犹太人关于上帝的理解保存了最纯洁和最古老的神学:就任何别的宗教而言,或许最多可以说是这种神学的偏离发展。

如果从哲学上来说,犹太人能够按照这些思路进行论证的话,那么令人惊讶的是,犹太知识分子对希腊反犹主义宣传的回应从一开始就没有任何迹象表明他们是这样做的。正如我们看到的,犹太人在早期的确提出了如下论点,即整个非犹太人且特别是希腊人,他们自己在哲学和文化发展方面受惠于犹太人良多;[2];但他们甚至没有提出这一点来证明犹太人的古代性,或是断言如果按照他们提供的标准来衡量,那么希腊人是腐化的和年轻的。[3]之所以如此,必定是由于这种论证在这个时期对于希腊听众毫无意义或更糟糕。正如我表明的,因为希腊人自己尚不具有这样一种信念,即可以根据各文化传统被认为从原初古代那里

---

[1] 但是,参见比如《禧年书》(*The Book of Jubilees*),可能写于公元前 2 世纪的某个时候(参考 Schüere,第 3 卷,第 308—318 页,特别是第 311 页)。在这部作品中,有些犹太节日的起源被追溯到了摩西之前——就圣灵降临节(Pentecost)来说要早至诺亚(6. 17—22;并且参考 Schüere,第 3 卷,第 310 页,更多的例子,对观注释 4)。

[2] 比如欧珀勒摩斯(Eupolemus),723 残篇 1 Jacoby:摩西是第一位贤哲(σοφός),他发明了写作的技艺,腓尼基人从犹太人那里获得了这门技艺,然后是希腊人。阿塔帕努斯(Atapanus)和阿里斯托布洛斯提出了更慷慨的主张,更多讨论见下文。

[3] 后来的(特别是基督教的)作家可以以此目的而使用这些论证(参考比如尤西比乌斯,《教会史》[*Ecclesiastical History*]6. 13. 7),当然,这个事实不是对此的反证。

保存下来的任何哲学智慧来评价它们，而且也不会承认他们对犹太人的批评是基于这种信念的回应。当希腊人批评犹太人的哲学立场时，这是因为（正如我们在赫卡泰乌斯那里看到的）他们相信犹太人使自身隔绝于在非希腊民族中取得的进步，而不是因为他们认为犹太人被切断了原初的哲学根源。但是，他们对犹太文化的大多数批评甚至还未触及它可能或不可能包含的哲学智慧：曼内托、吕西马库斯以及他们的同类人对犹太文化的蔑视，毋宁说都以其所谓的厌世和颠覆性为基础；他们的论证意在引导听众从历史先例中推断出犹太人在他们的城邦中依旧会导致的政治危险。这就是犹太人必须应对的指控[1]——宣称他们的文化具有古代性对于回应这个指控无能为力。于是，不必惊讶，毕竟犹太种族的正直和智慧，以及其成员对文明史的有益贡献，才是 2 世纪的希腊—犹太文献的特点——反而根本不是对犹太古代性的证明。神谕被"发现"，它们证实了犹太人的历史重要性以及上帝对他们表现出的特殊恩惠；[2]存在着一个伪造异教文献的完整产业，从个别诗句[3]到专门

---

[1] 这并不是说下面提到的各种作品主要是为非犹太人听众而写的——无疑有些是，有些不是。不过，参考 Speyer(1971：157)，根据他的看法，"《旧约》的那些更晚出的书卷"，除了《以斯帖记》《朱迪斯记》《托比特书》《马加比三书》之外，甚至还有七十子译本，都是着眼于非犹太人听众的可能性而创作的。

[2] 关于伪造的《西比林神谕》(*Sibylline Oracles*)，参见 Speyer(1971)，第 165—166 页；Collins(1974)；Barclay(1996)，第 216—228 页。尽管这些神谕都标榜古代性，但它们的写作与其说是为了证明犹太种族的古代性，不如说是在"施加宗教说服"(Schürer，第 3 卷，第 617—618 页；参考 Barclay 1996：第 221 页)。特别参见保存在忒奥斐卢斯《致奥托吕科斯》2.36（论多神教）的残篇（出自《西比林神谕》第 2 卷或第 3 卷；参考 Schürer，第 3 卷，第 638—640 页）；或者还有《西比林神谕》3.213—247（对观 Schürer，第 3 卷，第 632—639 页：关于犹太人的社会和政治习俗）。

[3] Zeegers-Vander Vorst(1972：187—189)认为，有些实际上的犹太人"选集"对古典作家的（主要是伪造的）引用，都是为了这个目的而编纂的。关于犹太人伪造的整个问题，参见 Speyer(1971)，特别是第 150—168 页；同时参考 Schürer，第 3 卷，第 656—671 页。关于伪造的希腊语诗文汇编的英译本，参见 Charlesworth(1983—1985)，第 2 卷，第 821—830 页。

讨论犹太人的完整专著[1]，所有这些都是为了表明最智慧的希腊作家赞同犹太一神论，同时表明，诸如曼内托这样的智识和文化先驱，他们的写作对整个犹太民族以及个别犹太人的智慧和德性有着深厚的兴趣和敬意。在这些作品中，明显缺乏对犹太种族古代性的提及，这很不正常。比如，考虑一下被认为是公元前4世纪的史家赫卡泰乌斯所作的《论犹太人》，我在前一章考察过了他的《埃及研究》。《论犹太人》在语调上是亲犹的，比《埃及研究》中提到犹太人时让人期待的还要亲犹，这也是这部作品被认为可能是后来的犹太人伪造的主要原因。[2]但如果是这样的话，那么它的真正作者竟然对他笔下民族的早期起源一无所言，这就引人注目了：约瑟夫斯只能在其中找到犹太人作为一个种族在亚历山大

---

[1] 这类伪造中最重要者是托名阿里斯忒亚斯（ps. -Aristeas）的《致斐洛克拉忒斯》（Letter to Philocrates）（译文参见比如 Charlesworth 1983—1985；第2卷，第7—34页），这封书简声称描述了七十子译本的产生背景；Schürer（第3卷，第677页）在描述其目的时，称之为"关于犹太律法、犹太智慧和一般的犹太名字的颂词"。人们对见于托名阿里斯忒亚斯笔下的"寓意"解释做了大量研究，但这对犹太教的古代性没有任何作用，也与之无关，因此与本研究基本无关。不管如何，《致斐洛克拉忒斯》的寓言章节可能并非原作的一部分：参见 Février(1924)，特别是第22—30页和第55—68页，主要是根据这些章节没有包括在约瑟夫斯对此书简的转述中来进行争论。它们不是被约瑟夫斯忽视的唯一章节（参考 Fraser 1972：第2卷，第980页）。尽管如此，它们"与这部作品的剩余部分截然不同"（Schürer，第3卷，第679页），而且在整部作品的论证中似乎没有发挥重要作用。还应注意的是，托名阿里斯忒亚斯的年代根本就不确定：他通常被定在公元前2世纪，但已经被认为要迟至卡里古拉时代（Willrich 1900；第118—126页；1924；第86—91页）。进一步参见 Schürer，第3卷，第677—687页（特别是第682页注释285）。

[2] 公元2世纪的赫瑞尼乌斯·斐洛（Herennius Philo）就已经这样认为了（奥利金，《驳科尔苏斯》1.15）。最近的学术研究在这个问题上有各种不同意见。有人认为这部作品是真作，特别参考 Lewy(1932)；Gager(1969)。Elter(1893—1895；第248—254页)认为，这部作品是赫卡泰乌斯《埃及研究》的一部分。有人认为这部作品是伪作，参见 Walter(1964)，第189—194页；Schaller(1963)；Bar—Kochva(1996)。Wacholder(1974；第262—273页)认为这部作品是三重（triply）伪作——就是说，他在这部作品中找到了三位伪造者的手法。但其他人坚持中间路线，认为这部作品本质上是真作，但受到了亲犹者的修改：参考 Stern，第1卷，第23—24页；Schürer，第3卷，第671—673页。

时期兴盛的证据(参考《驳阿庇安》1.185)。托名赫卡泰乌斯(如果他是这样的话)证实了这样一个压倒性的印象:在公元前3世纪和2世纪,讨论犹太人时的论战语境都围绕着他们的宗教观点和政治道德之间的关系,而不是种族或文化起源问题。

这并不是要否定希腊化时代早期的护教文献与后来的作家提出的论证之间的所有连续性,这些作家,比如斐洛和约瑟夫斯,他们非常关注于证明他们的种族的古代性。有一个主题显然桥接了我试图勾勒的鸿沟,那就是希腊人实际上借用了犹太哲学,整个希腊文化在相对早期阶段受益于犹太人先前的活动。正如我们将看到的,这个论证的一种形式在后来关于犹太人优越的古代性的断言中发挥了重要作用,而且,通过将其纳入基督教护教学,这个论证的作用就有了一个漫长和丰富的历史(重点参见第九章)。但是它的最早表现则可以在更早的时期发现——正如我认为的,在这个时期,古代性问题并非论战议题。这之所以可能,原因很简单:我们不应被这个主题的连续性误导,从而认为这个主题的使用目的也是相同的。在公元前3世纪和2世纪,有些犹太人认为希腊—埃及文化依附于犹太传统,但没有证据表明他们使用这个所谓的事实来证明他们的种族古代性。此外,这个议题无关乎犹太教的年纪,而是关乎其对理智和社会生活贡献的价值。阿塔庞努斯(Artapanus)的作品充分表明了这一点,他是个鲜为人知的人,可能位于公元前2世纪,其作品残篇包含了一些最全面的主张,涉及在任何地方都可以找到的异教文化受惠于犹太人。[1] 在他的作品《论犹太人》中,他生动而富有想象

---

[1] 我们对阿塔庞努斯几乎一无所知——除了他的残篇标题(收于《希腊史家残篇》726)能告知的。参考 Schwartz(1896);Schürer,第3卷,第521—525页。Freudenthal(1874—1875:第2卷,第143—174页,特别是第166—167页)相当倾向于将阿塔庞努斯、托名阿里斯武亚斯和托名赫卡泰乌斯等同起来。

力地重述了圣经的部分历史，比如他说，亚伯拉罕向埃及人传授天文学（尤西比乌斯，《福音书的预备》9.18，420B），以及约瑟夫为划分土地创建了一个体系（尤西比乌斯，《福音书的预备》9.23，429C—D；参考或许《创世纪》47.18—26）。关于摩西的主张甚至更加夸张（尤西比乌斯，《福音书的预备》9.27，431D—436D）：他被认为将器械和工具引入埃及，从而促进了航海、战争、建造与引水的发展；他还（令人好奇地）创设了埃及宗教所采取的形式：仪式、诸神万神殿、动物的圣化；他创建了埃及政府的神权制度，这个制度以整个国家的 36 个区域划分为基础[1]；他发明了以象形文字为形式的书写，因此被称作"赫尔墨斯"（"赫尔墨斯"在希腊语中意味着解释）；他是俄尔甫斯的老师[2]，一句话，他创立了哲学（τὴν φιλοσοφίαν ἐξευρεῖν）。

关于埃及人受惠于犹太民族的大量主张，可能为阿塔庞努斯在犹太教的古代性及其相对于埃及文化的哲学优越性之间建立联系提供了重要基础。但是，尽管关于阿塔庞努斯的这部作品，我们的相关证据非常零散，但我们也有足够的证据可以看到，这不可能是他所做的。如果他想证明犹太文化本身的古代性和优越性，那么对他来说，重要的是关注

---

[1] 比较狄奥多洛斯，《历史丛书》1.54.3，他赞成阿塔庞努斯，将埃及划分为 36 个行政区（即"省"[nomes]）（亦参见斯特拉波，《地理学》17.1.3）。然而，有理由认为应当不止于此：参见 Gauthier(1935)，第 83—88 页。

[2] 作为这个特殊主张的背景，应当注意的是在希腊传统中，俄耳甫斯的老师是缪塞俄斯（Musaeus），这个名字很容易与摩西的名字混淆（参考努曼尼乌斯，残篇 9 des Places，此处给出的摩西的名字是 Μουσαῖος，对观 Freudenthal 1874—1875：第 2 卷，第 173 页，以及 Gager 1972:139）。还有一个传统是俄耳甫斯游历过埃及，特别是他根据埃及所学确立了希腊秘仪。参见狄奥多洛斯，《历史丛书》1.23.2，69.4，92.3，96.4—6。（关于更为一般的俄耳甫斯作为秘仪创建者，参考柏拉图，《普罗塔戈拉》316d；拉克坦提乌斯[Lactantius]，《神圣教规》[Divine Institutes]1.22；奥古斯丁，《上帝之城》18.14，等等。）阿里斯托布洛斯（Aristobulus）大约在此时能够宣称俄耳甫斯的神圣者观念依赖于犹太观念（位于尤西比乌斯，《福音书的预备》13.12，664C—665D）。

第五章　犹太护教学中的古代性 — ０８９

作为主要传承方式的口头和成文传统。然而,他却将自己的历史与这些传统割裂:他没有尝试将犹太人的善行清单固定在这些传统中,而且阿塔庞努斯还对他所使用的这些传统的某些方面敷衍了事。更重要的是,阿塔庞努斯从未宣称埃及神学体现了犹太思想的腐化——比如像阿庇安后来那样,宣称犹太神学是埃及神学的腐化。的确,根据阿塔庞努斯的看法,摩西本人是埃及宗教的实际创建者。一句话,显然阿塔庞努斯的动机更直截了当。他感兴趣的是抵制这个时期的反犹主义文献对犹太人作为厌世民族的描述,并且为希腊—埃及听众创造犹太英雄。阿塔庞努斯归于摩西的成就与埃及民族英雄的成就完全符合,这并非只是巧合:实际上,阿塔庞努斯的摩西"在一生中结合了政治、军事、宗教、哲学、技艺和文明的要素,从埃及—希腊的角度来看,这些要素是伊希斯、俄塞里斯、托忒-赫尔墨斯(Thot-Hermes)和民族英雄塞索斯忒里斯(Sesostris)这些神灵共有的"。[1] 在创造英雄时,阿塔庞努斯也创造了犹太人对他们的批评者的回应。比如,如果埃及人指责摩西煽动叛乱(正如曼内托所做的),阿塔庞努斯就会表明摩西实际上是个伟大的军事领袖和内政管理者;如果他们斥责他批评他们的宗教(正如曼内托和吕西马库斯所做的),阿塔庞努斯就会说摩西是该宗教的建立者;如果他们认为摩西及其追随者只适合于住在奥里斯(Auaris)的贫民区(ghetto)(同样如曼内托所做的),阿塔庞努斯就会说摩西创建了赫利奥波利斯。犹太种族的德性在他们的功业(deeds)史中显现——而不在于他们传统的年纪。

---

[1] M. Braun(1938),第 26 页(但是参见第 26—31 页全部)。亦参见 Willrich(1900),第 111—115 页;Lévy(1907);Runnalls(1938),特别是第 145 页;Collins(1983),第 32—38 页;还有 Rajak(1978),第 115 页,此外,关于特别将塞索斯忒里斯作为埃及人的英雄成就典范,参见 M. Braun(1938),第 41—43 页;Murray(1970)。

公元前 2 世纪的另一位犹太作家也如出一辙,他的作品中有大量关于希腊人受惠于他的文化的重要主张——哲学家阿里斯托布洛斯。同样,我们对此人知之甚少(有些学者质疑他的存在)[1],但我们知道他主张犹太圣经启发了毕达哥拉斯、俄尔甫斯、阿拉图斯、荷马、赫西俄德、里努斯(Linus),以及柏拉图,特别是亚里士多德和漫步学派的作品。[2]他的一则解释残篇存留于世,支持最后一种说法(源自尤西比乌斯,《福音书的预备》7.14,324A—B):

> 同样的事情也被视为(μεταφέροιτο δ' ἄν)智慧,因为所有的光都来自于此。因此,有些漫步学派成员说智慧就像一盏灯:因为那些持续不断地追随智慧的人将在整个一生中毫无烦恼。但是我们的祖先之一,即所罗门,更明智和更高贵地表达了这种智慧,他说智慧存在于天地之前。这与先前所说一致。

阿里斯托布洛斯显然致力于如下这个有趣的主张:保存在希伯来圣经中的犹太神学传统,包含了诸如摩西和所罗门这些受到启发的早期思想家

83

---

[1] 据报道,阿里斯托布洛斯写过一部献给托勒密六世斐洛迈忒(Ptolemy VI Philometor)的作品,并且尤西比乌斯告知,他的鼎盛年可以定在后者在位期间(《福音书的预备》7.13,323D),具体是在公元前 176 年(《编年史》[Chronicle]2.124)。参考 Schürer,第 3 卷,第579—580 页。人们质疑尤西比乌斯的见证,并且为阿里斯托布洛斯提出了一个较晚的时间:参考比如 Gercke(1896),第 919 页;反对的看法,见 Walter(1964),第 13—26 页。由于亚历山大里亚的克莱门(Clement of Alexandria)是最早保存阿里斯托布洛斯残篇的作家,所以它们的真实性遭到了质疑。关于整个问题的讨论以及对它们真实性的系统性辩护,参见 Walter(1964),第 35—123 页。

[2] 参考尤西比乌斯,《福音书的预备》13.12,663D—668D(参考 9.6,410D—411A = 克莱门,《杂篇》[Stromata],1.22.150),引自阿里斯托布洛斯《致斐洛迈忒》(To Philometor)第一卷。关于这位吕克昂成员(Lyceum)特别受惠于摩西和众先知,参见克莱门,《杂篇》5.14.97.7。

的深刻哲学智慧;而关于希腊人借用的宣称则表明,这种智慧被认为比任何异教哲学都更古老——因此更好。可以肯定的是,再加上他的解释方式,所有这些看起来非常接近于晚期斯多亚学派关于保存在古代传统中的哲学的有效性的主张,而不是我们目前所见的任何东西——在这个意义上也就更接近于以传统的古代性为基础来论证传统的权威,我认为这种论证不是在阿里斯托布洛斯死后整整一个世纪才提出的。问题是,在我们从阿里斯托布洛斯的残篇中提取出一个更普遍的理论,即犹太传统接受了一种完美的哲学(更别说该传统的完美是通过它的古代性来解释的),或者说所有的异教思想路线都是犹太传统的衍生分支之前,证据早就用完了。首先,我们不知道阿里斯托布洛斯在圣经中发现的"漫步学派"哲学的范围。阿里斯托布洛斯似乎并未(尽管二手文献中偶尔有支持他的主张)采用寓意解释法,让他能够把历史叙事转变成全盘的哲学阐述。可以肯定的是,他利用了解读圣经的"哲学的"(翻译 φυσικῶς)和"幼稚的"(μυθῶδες,亦即这样一种解读,从圣经中"制作出神话",认为圣经处于其叙事的基本层面上:尤西比乌斯,《福音书的预备》8.10,376A—378B,特别是376B)方法之间的区别;但是,我们用于说明这一点的例子看起来没有后来比如斐洛所尝试的那样令人兴奋。当讨论到圣经用拟人化的方式言说上帝这个问题时(祂运动或静止;祂有一张脸,一双手等),阿里斯托布洛斯只是说这些描述不能从字面上来理解。他说,上帝的"手"指的是祂的权能(就像我们说以"强力之手"[might hand]进行统治的强大国王);当上帝"静止"时,这指的是世界的稳定,等等。但这一切并不能让我们有理由认为,阿里斯托布洛斯引入了我们后来在斐洛和斯多亚学派成员笔下对"寓言"一词的使用背后发现的那些假设:比如就这位作家而言,他有隐藏知识的假定意图,或是有理解何种

84

智慧被隐藏了的具体专业方法。我们所举的例子看上去更像是隐喻（metaphor），不是寓言——上引文段的开场词（μεταφέροιτο）已经暗示了这一点，但也得到了阿里斯托布洛斯自己对其解释性区分的论述的支持，这个论述与漫步学派对隐喻的定义和论述紧密呼应。[1]

　　但有一个更重要的迹象表明，阿里斯托布洛斯并没有以预示晚期斯多亚学派成员工作的方式来构思他的计划，这就是说，无论阿里斯托布洛斯对希腊哲学受惠于犹太圣经有何看法，都没有暗示他对传统希腊或埃及神学有什么要说的。没有证据表明他以任何方式处理过神学，从而要么接受其中一些洞见的有效性（正如斐洛在后来所做的），要么拒绝它，因为它在哲学上无效（正如约瑟夫斯建议的）。这一点很重要，因为如果阿里斯托布洛斯觉得传统异教神学与他的目的无关，那么这就表明他的主要兴趣不在于证明犹太哲学的古代性优于整个非犹太传统。阿里斯托布洛斯所要做的，就是驳斥犹太人此时的对手们提出的假设，即犹太神学传统中根本没有任何哲学性的东西可以解释，为何一个人可以合理坚守它，而不是坚守当地的宗教习俗。阿里斯托布洛斯证明了他的宗教的哲学意义，表明它是被最伟大的希腊哲学权威认可和使用的。我

---

[1]　参考阿里斯托布洛斯，见尤西比乌斯，《福音书的预备》8.10,376B：“我们的立法者摩西常常通过谈论其他问题来表达他的想法——我的意思是在表面上谈论其他问题：[实际上]他是在讲述自然的安排和伟大事物的结构。”对此，比较如亚里士多德，《诗学》1457b6—9；关于将隐喻用于“伟大事物”，参考1458a31—34：“诸如方言词、隐喻词、装饰词以及上文提到的其他词类不会造成熟习和平平之感。”与斐洛的对比，从考虑他对上帝的拟人化描述中清楚地显现出来。比如在《论梦》（On Dreams）1.234—237，斐洛没有将描述上帝的这种方式解释为隐喻，解释为指称这位神圣者的一种有着恰当尊严的方式，而是解释为向那些除了通过拟人化之外就无法认识他的人表达上帝本性的唯一途径。这就是在哲学背景下所理解的寓言；这里的寓言并不是在主题似乎相符的情况下作为文学比喻（literary trope）来使用的，而是建构哲学阐述的方式，这样，尽管完整的真理得到了说明，但一个人所接触到的不会比他所能理解的更多。亦参见 Goulet（1994），第 380 页：“阿里斯托布洛斯在这些表达中只看到了与高雅（μεγαλεῖον）语言所使用的相同的‘隐喻’。”

们很可能会期许这样的结论,即在希腊人自己的神学传统中看不到类似水平的智慧;但是,没有任何论题可以解释这一点,犹太传统的相对古代性问题从未出现过。再一次,阿里斯托布洛斯的议题是犹太人对西方文明发展的贡献,而不是他们宗教的年纪。

2. 约瑟夫斯与犹太人的古代性

当然,在希腊化时期的埃及,犹太人对他们自己种族和文化的论述是由许多不同的文学影响形成的,是为了不同的目的而写的,并且针对不同的听众。尽管如此,犹太人对其种族的描述,以及他们为了向批评者或自己表明他们是值得尊重的民族和文化而诉诸的论证和历史证据的形式,正如我早前说过的,会自然地受到一种意识的左右,即人们会如何批评他们的立场。因此,如果我在确定希腊人在公元前1世纪晚期讨论犹太人的方式发生转变时是正确的,那么就应该有可能在希腊—犹太文献中看到相应的转变——再一次,这不是因为所有希腊—埃及文献都有护教作用,而只是因为犹太人必然会吸收如下基础性假设中的任何转变,即什么东西构成了对一个民族(特别是他们的民族)的正面描述。两位有作品存世的犹太作家代表了这个时期,在为公元前1世纪和公元1世纪的希腊听众写作的犹太作家中,他们的作品是迄今为止保存得最好的,而且似乎反映了这种转变:史家和护教者约瑟夫斯,以及哲学家亚历山大里亚的斐洛。我会在下文首先考察约瑟夫斯,因为尽管他是两人中的较年轻者(他出生在公元37/8年,当时的斐洛必定已经50多岁了)[1],

---

[1] 约瑟夫斯留下了一部自传,即《弗拉维乌斯·约瑟夫斯传》(*Life of Flavius Josephus*);关于他本人的更多信息见于他的《犹太战纪》(*The Jewish War*)。进一步参考 Schürer,第 1 卷,第 43—63 页,以及 Barclay(1996),第 346—368 页。

但他的作品以斐洛作品通常没有的方式同非犹太作家论争——还因为他的作品为反犹主义思想家提供了证据，否则我们在很大程度上就不知道他们的立场，因此他的作品是我迄今为止的讨论重心。

我们已经在第四章看到，约瑟夫斯在《驳阿庇安》中对他的种族批评者的回应，以主张犹太人的古代性为基础。这一点在他自己对这部作品的总结中得到了体现，见《驳阿庇安》2.288—289：

> 我已经表明我们的种族可追溯到古代，而我们的指控者则主张我们的种族相当年轻。我已经提供了大量的古代证人，在他们的作品中都提到过我们，他们却自信地宣称没有这样的证人。他们甚至认为我们的祖先是埃及人；然而我已经表明他们是从其他地方迁入埃及的。

希腊人的诽谤可以归纳为主张犹太种族"相当年轻"以及"犹太人的祖先是埃及人"，这种看法颇让人惊讶。就约瑟夫斯自己而言，唯一提出这个主张的作家是阿庇安，如果凯瑞蒙也相信类似的东西，那么约瑟夫斯反对他的论证就肯定是他（有些类似于他之前的吕希马库斯）没有说清楚（《驳阿庇安》1.298；301—2）。约瑟夫斯的《驳阿庇安》不能（仅仅）被视为试图纠正异教作家在描述犹太人时所犯的错误，这部作品的关键（crucially）是证明犹太人并不在文化上依附于别的民族。显然，约瑟夫斯完全意识到，在他的时代提议犹太种族——由此暗示还有犹太文化——没有自主根源是可以捞取好处的。如果犹太教是埃及神学的后裔，那么任一哲学家可能必须认真对待的主张都会被消灭在萌芽状态。

约瑟夫斯完全理解阿庇安及其追随者采取的立场，但是，如果他质疑他们的结论,那他就没有质疑他们的方法。恰恰相反,在建构他自己的哲学史时,他充分使用了晚期斯多亚学派成员的工作所表明的模式。正如阿塔旁努斯和他之前的阿里斯托布洛斯认为的,他认为希腊人和埃及人在哲学上的进步都要归功于犹太人——比如,柏拉图、毕达哥拉斯以及"希腊人中最智慧者"都相当普遍地借用了犹太圣经。[1] 但对于约瑟夫斯而言,这既是犹太人的相对古代性的证据,也是他们对文明生活的历史贡献的证明。与阿塔旁努斯和阿里斯托布洛斯不同,约瑟夫斯并不局限于考察古典希腊哲学家对犹太教的亏欠,他想更广泛地表明,异教传统根本就没有保存任何独立的哲学思想之光。论证犹太人有益于西方哲学的发展是一回事:但是约瑟夫斯进一步扭转了阿庇安的论证,并且主张任何异教传统,只要不是通过犹太教而被继承下来的传统,就甚至暗示不了与更古老的哲学有什么关联。比如在《驳阿庇安》2.255—6,约瑟夫斯明确拒绝任何表明(比如通过寓意解释法)希腊神话包含了古代哲学核心的尝试的有效性,他暗示柏拉图(记住,他本人受到犹太思想的影响)因为荷马的作品缺乏哲学内容而将之逐出其理想国,从而得出最后的结论:

> 希腊人的真正哲学家完全意识到我已经说过的一切——他们不是不知道做作地、似是而非地求助于寓意解释(τὰς ψυχρὰς προφάσεις τῶν

---

[1] 关于毕达哥拉斯使用犹太哲学,重点参考《驳阿庇安》1.162,关于希腊人采用摩西的上帝概念,参见2.168。柏拉图的政治观念似乎也是摩西的政治观念的弱化形式(参考《驳阿庇安》2.224,在此,柏拉图不敢完整说明的"关于上帝的真理"显然指上帝希望人类遵照而生活的法律)。在别处,亚伯拉罕据说从迦勒底亚(Chaldaea)获得了数学和天文学并将这些学科引入埃及;它们由此被希腊人接受(《犹太古史记》1.166—168;参考1.143—146,关于迦勒底人和犹太人共同的种族起源)。

ἀλληγοριϱῶν）。[1] 这就是为何他们正确地鄙视它们，而在形成真正的和恰当的上帝概念方面赞同我们。从这种立场出发，柏拉图主张不应让诗人进入城邦，甚至还礼貌地驱逐了荷马。

值得注意的是，约瑟夫斯并不认为寓意解释具有"做作"和"似是而非"的本性。这一点很清楚，因为他在别的地方说犹太圣经的确包含了寓言。[2] 那么，约瑟夫斯的主张就与波斐利后来对基督教作家奥利金的批评（《驳基督徒》，残篇 39 Harnack）完全对应。正如在波斐利看来，犹太教—基督教传统缺乏古代性方面的权威基础，从而寓意解释并不适用于它，同样，约瑟夫斯认为，希腊神学传统缺乏古代性方面的权威基础，从而寓意解释不可能产生任何具有客观哲学有效性的结果。

但是，约瑟夫斯笔下最能表明他吸收了斯多亚学派关于文化古代性的思考方式的文段，不是在《驳阿庇安》中，而是在《犹太古史记》解释归于某些更早的圣经人物的长寿的过程中。他是这样说的（《犹太古史记》1.105—106）：

不要让任何人比较古人的寿命和今人的短暂生命，并且认为关于他们的说法一定错误，或是推断出由于如今没有人活得如此

---

[1] 词语ψυχρός，字面意思是"冷淡的"（frigid），在古代文学批评中被用来指一种特殊的演说风格（比如德米特里乌斯[Demetrius]，《论风格》[On Style]114—127），在此就希腊的寓意解释者而言，这或许既表明了矫揉造作，也表明了（纯粹的）修辞。

[2] 《犹太古史记》1.24："实际上，此处说明的一切都和宇宙的本性一致。有些事情是立法者精明地暗示的，至于其他事情，他则通过庄严的寓言来说明。不过，一旦直白的说法更为可取，他就会绝对简单地表达自己的意思[πάντα γὰρ τῇ τῶν ὅλων φύσει σύμφωνον ἔχει τὴν διάθεσιν, τὰ μὲν αἰνιττομένου τοῦ νομοθέτου δεξιῶς, τὰ δ᾽ ἀλληγοροῦντος μετὰ σεμνότητος, ὅσα δ᾽ ἐξ εὐθείας λέγεσθαι συνέφερε ταῦτα ῥητῶς ἐμφανίζοντος]。"

长久,那他们也不可能活到如此年纪。总而言之,他们为上帝所爱——他们是上帝自己的儿子。他们的饮食也更有益于长寿,因此,认为他们活了这么久,这是唯一合理的。同样,也可以合理地认为上帝赋予他们更长的生命,是因为他们的德性,也因为他们的天文学和几何学发现是有用的——因为如果他们没有至少活过 600 岁的话,也就是大年的周期,那就不可能确定地预言任何事情。

读到这里,很难不会想到晚期斯多亚学派对原初之人哲学成就的解释。正如我在第三章中讨论过的,他们的论述可概要地说明如下:

(1)原初之人最接近于人类的神授起源(特别是参考科努图斯,《希腊神学导论》20)。

(2)原初之人在理智上比如今之人优越(塞克斯都·恩披里柯,《驳博学家》9.28)。由此导致:

(3)(至少有些)原初之人实践着专业的哲学,并因此获得对德性、神学和物理学(特别是天文学)的正确理解。

约瑟夫斯在上引文段中的论证可被简要勾勒如下:

(1)早期的先祖是"上帝的儿子"(ὑπ᾽ αὐτοῦ τοῦ θεοῦ γενόμενοι;参考塞涅卡的 a dis recentes),他们特别有德性并因此被上帝宠爱。这导致上帝促成:

(2)早期先祖活得很长,远非我们所知,于是:

(3)这些人能够发展天文学。

89

当然,斯多亚学派的论述与约瑟夫的论述存在差异,但这些差异并不能用一位相对正统的犹太人与一位斯多亚学派成员的差异来概括性地解释。而且无论如何,这些差异都不会破坏他们各自关于早期人类所拥有的独特哲学机遇的论证之间的核心相似性。比如,在人类发展出哲学的那个历史阶段中就有差异:斯多亚学派认为是原初之人;约瑟夫斯则认为是先祖。但这很容易被解释为斯多亚学派不愿意让神在最初形成自然世界—秩序之后直接进行干预:正如我们在第三章中看到的,对他们来说,哲学的直接供应对于第一代人类必不可少,但进一步的干预则不必要,而且或许(从哲学上来说)此后甚至是不受欢迎的。[1]另一方面,约瑟夫斯在其信仰体系中有更多的空间,允许上帝在认为合适的任何历史时刻进行干预。因此,如果对他来说,哲学在任何情况下都不起源于最初之人,那又怎样呢? 重点只在于,犹太人的祖先是最先发展了哲学的人。还有一个问题是这些人所达至的哲学范围:根据斯多亚学派的说法是德性、神学和物理学;根据约瑟夫斯的说法则是天文学和几何学。但同样,德性和神学对于斯多亚学派来说是专业哲学的一部分,可对约瑟夫斯并非如此:一个人可以不用成为哲学家就能像犹太人那样有德性,一个人可以不用成为神学家就能够通过上帝对自己的启示而充分知道上帝。如果约瑟夫斯想要说明犹太人是最初发展专业哲学的人,那么他最好聚焦于物理学——无论如何,天文学和几何学在异教世界中正是与最古老的哲学传统有着最常见关联的学科。

---

[1] 尽管即便可以通过再次参考科努图斯的《希腊神学导论》20,39.12—40.4 Lang 来限定这一点:但同样在此处,诸神在(稍微)后期的阶段介入,创造一代尤具哲学精神之人。

斯多亚学派的论证的一个重要部分是，他们可以表明最早的人类如何处于发展哲学的特许地位：从这一点可以推断出他们确实发展了哲学这个事实，从而可以推断出他们的智慧以某种形式保存在古代诸民族的传统中。约瑟夫斯需要做的是提供一种论证，表明在犹太教直接接受的传统中，也有一些早期人类拥有类似的特许地位——他们必定（因此）发展了哲学，而且他们的智慧被保存在犹太教圣经中。正是他为此而设计这个论证的方式，使得《犹太古史记》的这个文段如此令人惊讶。约瑟夫斯不能事先认为，天意必定已经在人类历史的任何时刻让人类成为哲学家了（他同意斯多亚学派的观点，即人需要被创造得能够有德性；但不会同意哲学是实现这一点的必要条件）。因此，他在此处所做的毋宁是事后论证，先祖们相对于后来人的长寿只不过是为了一个目的：让他们发现专业的哲学。正是隐含在这个目的背后的非同寻常的前提，最终让人们注意到了这个文段：天文学的发展需要许多世纪的研究。当然，在某种意义上，这显然是对的；但不对的是，资料的收集和分析需由一个个体（或一代人）来进行。假设这些观察经过了许多代人的收集，这是标准的，也是可信的。几乎很难理解约瑟夫斯的主张，除非他是在更广泛的范围内论证哲学首先是在犹太人的祖先中发展起来的这一立场：异教传统没有特许基础，相反，所有哲学智慧必定都源自先祖，特别是他们的神学以最纯洁的形式通过犹太传统保存下来。没有必要假设约瑟夫斯自觉吸收了斯多亚学派论证的确切前提和结构，但很难解释约瑟夫斯在此做了什么，除非他已经接受了斯多亚学派方法的总体要旨。斯多亚学派通过展示哲学在诸民族之间可被追溯的传承方式来设置议程；而约瑟夫斯更准确地表明，哲学的根基全在于他自己传统的先祖们。

3. 亚历山大里亚的斐洛

在约瑟夫斯之前一代,哲学家斐洛,一位出自亚历山大里亚主要的犹太家族之一的希腊化犹太人,对犹太教圣经进行了非凡而广泛的寓意阐释,我们如今主要是因为这些阐释而记住了他。[1] 融入这种阐释的希腊哲学学识被不同程度地分解为斯多亚学派的、柏拉图的或两者兼而有之的,他的解释方式也被不同程度地确定为受到希腊的和犹太教的影响。[2] 但就当前的目的而言,还有一个更重要的问题——不是斐洛使用了何种寓意化方法,而是他如何证明使用任何方法都是合理的。这是一个尚未得到追问的问题:人们已经充分思考过,认为作为一个基本事

---

[1] 虽然斐洛有大量作品保存,但令人惊讶的是我们对其生平几乎一无所知。我们知道他的兄弟担任过首席执政官(Alabarch)一职("即可能是尼罗河阿拉伯一侧的海关督管":Schürer,第 3 卷,第 136 页),非常富有(约瑟夫斯,《犹太古史记》18. 159—160;《犹太战纪》5. 205);他与皇室有联系(《犹太古史记》19. 276—267);他的侄子提贝里乌斯·尤里乌斯·亚历山大(Tiberius Julius Alexander)在其事业顶峰时担任过埃及总督(约瑟夫斯,《犹太战纪》2. 309;一般参考 Turner 1954)。斐洛本人也被推选出来代表犹太人的事业,参加公元 30—40 年觐见皇帝卡里古拉的使团(参见约瑟夫斯,《犹太古史记》18. 257—260;关于斐洛自己对此次出使的具体论述,参见斐洛的《出使盖乌斯》(*Embassy to Gaius*)。由于他提到自己在此次出使时已经是一位"老人"(《出使盖乌斯》1),因此可以假设他一定出生在公元前 20 年和公元前 10 年之间。进一步参见 Wolfson(1974),以及 Schürer,第 2 卷,第 809—889页(此外,该书还是一个重要的指南工具,能帮助读者了解关于斐洛的大量书目)。

[2] 如果倾向于犹太背景的话(比如 Bousset 1915,特别是第 43—83 页),那么还有一个问题:更具体地说,斐洛的方法源于巴勒斯坦的还是亚历山大里亚的学派传统。R. P. C. Hanson(1959,特别是第 48 页)支持前者;后者见于比如 Frankel(1851),特别是第 30—34 页;Nikiprowetzky(1973)。但是,关于斐洛之前的解释者的证据很少,这导致了这些证据有一定的可信度,而他的工作以希腊化时期的原型为基础的论证也不是没有道理。参见比如Bréhier(1925),第 60—61 页;Pépin(1958),第 231—242 页(特别是第 234 页);关于斐洛作品中某些显然异教的解释例子,还有 Dillon(1981),对观 Lamberton(1986),第 52—54 页。Wolfson(1947),第 1 卷,第 115—138 页,特别是第 131—138 页,采取了中间道路,认为尽管犹太传统允许(或者鼓励)对圣经进行非字面解读,甚至提出了斐洛所遵循的一些阐释形式,但他的解释机制本质上是希腊的。

实，斐洛相信圣经的权威，也相信希腊哲学的结果，因此他必须说明后者如何被包含在前者之中。[1] 但是，即便这在某种程度上作为对他的动机的心理学解释是正确的，真正的问题依旧存在：如果他是哲学家，那么神圣文本（sacred text）最虔诚的信徒就需要某些方法来解释（也有可能是"理性化"）他对那种文本的信仰。斐洛的哲学观显然深受斯多亚学派影响——不论他的解释方法是否也如此——因此似乎可以合理认为他可能考虑甚或吸收了他们关于某种传统的哲学有效性的论证。这就是我现在想要考虑的问题。遗憾的是，斐洛给我们留下的关于他的解释方法的明确评论很少，而他留下的关于犹太文化和异教文化各自起源的看法则更少。但我们依旧可以从他的作品中推断出许多，这似乎确认了他也是按照波西多尼俄斯的作品发展出的哲学模式来工作的。

斐洛根据晚期斯多亚学派提出的广泛说法来关注古代性和有效性问题，有可能说明这一点的方法之一是，斐洛（类似于约瑟夫斯，但不同于比如阿里斯托布洛斯）感兴趣的不只是希腊哲学家借用了犹太人——尽管他在这一点上有很多要说的，比如作为哲学家的毕达哥拉斯、赫拉克利特、亚里士多德和基提翁的芝诺受惠于犹太人[2]——他还感兴趣于传统希腊神学的地位。正如我说过的，斐洛和约瑟夫斯一样，也在相同的

----

[1] 比如 Barclay(1996)，第 169 页："斐洛的解释学以一个绝对主义的原理为基础：文本的每一个细节是而且必须被证明是理性的和有价值的。"——Barclay 的意思是，文本必须通过使用寓言被证明如此，而不是把寓言作为文本的前奏。

[2] 关于赫拉克利特，参见《律法的寓意解释》(Allegory of the Laws)1.108（同时参考《谁是神圣事物的继承者?》[Who is the Heir?]214）；关于毕达哥拉斯、亚里士多德以及一般的漫步学派成员：《〈创世纪〉问答》(Questions and Answers on Genesis)3.16；关于芝诺，《论每个好人都是自由的》(That Every Good Man is Free)5。斐洛还在《论特殊律法》(On the Special Laws)4.61 提到了希腊的伟大立法家们的亏欠。Chadwick(1970)认为，《论世界的永恒》18—19 表明斐洛将摩西式的影响归于赫西俄德——这可能是暗示，但该文段只说摩西比赫西俄德更早断言世界的创造这个事实。

思想框架内;但斐洛得到的结论与约瑟夫斯稍有不同。因为约瑟夫斯不假思索地拒斥希腊神话,认为它在哲学上无效,不在古代性的担保之列,而斐洛则准备承认希腊神话源于古代的哲学洞见。他甚至准备承认寓意解释在用于希腊神话时的有效性。于是,在《论世界的创造》(*On the Creation of the World*)133:

> 大地似乎也像一位母亲:这就是为何最初之人认为可以恰当地称她为"德墨忒尔"(Demeter),其结合了"母亲"(mētēr)和"大地"(gē)这些词。因为正如柏拉图所说(参考《墨涅克塞努斯》238a),大地并没有模仿女人,而是女人模仿大地。诗人们也相当正确地倾向于称大地是"万物之母""果实生产者"和"万物赋予者"。[1]

主张女神德墨忒尔可以追溯到对"最初之人"来说哲学上有效的洞见,然后暗示希腊诗人在他们赋予大地之神(Earth)的称号中保存了对大地本性的真正理解,这就是承认希腊神话传统有极大的重要性。斐洛对希腊神话的积极态度的例子不胜枚举,但有一两个例子特别值得一提。[2]比如在《出使盖乌斯》中,斐洛说希腊画像为诸神提供的装饰品具有象征意义(见98—113):这与约瑟夫斯的《驳阿庇安》2.252形成鲜明对比,其

93

---

[1] "潘多拉"(Pandora),亦参见《论世界的永恒》63:"诗人并非偶然地称她为'潘多拉'。"

[2] 关于一些清单,参考 Bréhier(1925),第38页;Pépin(1958),第232—237页;Lamberton(1986),第51—54页。注意,在整体上,斐洛所指的只是希腊智慧。一个可能的例外是在《论每个好人都是自由的》94,马其顿的亚历山大(Alexander of Macedon)试图向希腊人介绍印度智慧的一个例子,这个例子"就像原画的复制和摹仿"(καθάπερ ἀπ' ἀρχετύπου γραφῆς ἀπεικόνισμα καὶ μίμημα)——就是说,从语境来看,似乎印度智慧可能是最纯洁的德性的例子。但是,这些都没有试图将修行者的德性(或"智慧")与它所依赖的古老传统关联起来。一般而言,关于《论每个好人都是自由的》94,以及特别是"直接复制"的比喻,参考 Dörrie(1972),第160—161页。

中的希腊雕刻家和画家都因对诸神的创意描绘而受到批评。[1] 同样，我们已经看到，约瑟夫斯批评希腊神话的寓意化，他认为希腊神话字面上的不道德证明了它们毫无价值（《驳阿庇安》2.255）。另一方面，斐洛明确拒绝这种批评，他对希腊神学采用了与他在阐述圣经时相同的推理，认为这些神话中引发我们惊讶的东西向我们暗示，要从寓意的角度来理解它们。在《论天意》（*On Providence*）（2.40—41）的一段话中，斐洛对他的侄子亚历山大这样说[2]：

> 我跳过这个事实，即你（亚历山大）刚才谈到的诗歌中的神话要素并不包含对诸神的亵渎，而是表明了其中包含的寓意含义。诗歌的神秘之处不能向外行人暴露，但是，以某些人视作编造和虚构的一些事物为例，我要顺便向你证明，只要有可能就确立一个符合法律的论题，与此同时又可以尊重禁止向外行人揭示神秘之处的规定。[3] 如果你把赫淮斯托斯的神话故事用于火，把关于赫拉的说法用于气，把关于赫尔墨斯的说法用于理性，以相同的方式，按照顺序还有其他的神在关于他们的神学中的说法，那么实际上你就会变成你刚刚谴责过的诗人的赞美者，从而你会意识到，只有诗人才以恰

---

[1] 事实上，斐洛在此的立场更类似于后来金嘴狄翁的立场：参见《演说集》12。

[2] 斐洛的作品《论天意》仅存有亚美尼亚文本；参见 Aucher（1822）（对观拉丁语译本；关于 Aucher 的拉丁语译本的法译本，参考 Hadas-Lebel 1973）。当前文段的英译出自 Lamberton（1986），第 50 页。或许要注意的是，斐洛试图向他的侄子证明异教神话的合理性，这是相当讽刺的：亚历山大（关于此人，参见本书第 101 页注释 1）本人远比他的叔叔更愿意融入异教文化，而且"一些铭文证明了他必然会献身于罗马—埃及多神教"（Barclay 1996：第 105—106 页，特别是第 106 页）。

[3] 关于斐洛的希伯来圣经解释中使用入教（initiation）比喻，参考比如《论智天使》（*On the Cherubim*）48—9。

当的方式颂扬神圣者。一旦你不接受关于寓意或隐藏含义[1]的这些原理，那么发生在你身上的事情就像发生在那些男孩身上的一样，他们无知地路过阿派勒斯（Apelles）木板上的画，然后对印在小硬币上的图像恋恋不舍——他们欣赏可笑之物，蔑视值得普遍接受的东西。

所有这些都完全符合斯多亚学派关于古代智慧传承的模式，这个模式可以接受（甚至是欢迎）不止一种传统可以追溯到原初古代的事实。斐洛在很大程度上承认这一点，这似乎令人惊讶，尽管他的作品是解释性的，而不像约瑟夫斯的大部分作品那样是护教的或论战的。但是，这当然不妨碍斐洛认为犹太传统比希腊传统更优越和更纯洁。特别是，在使用一个显然根源于斯多亚学派理论的论证时，斐洛（正如后来的基督徒）说希腊人把物理实体视作神，因此就从真正的信仰堕入了多神教（《论摩西十诫》，52—58）。换句话说，他认为希腊人已经偏离了最纯洁的思想传统：他们保留的东西足以表明他们一度更接近真理（或许，他们一度分有真理），却将它歪曲到了比犹太传统差得多的程度。事实上，从这些来看，斐洛对希腊人的承认实际上支持了他的论证：通过表明希腊人的传统和犹太人的传统有着相同起源，希腊人对该起源的腐化只会变得更加明显。

于是，斐洛的解释并不位于真空。我们没有直接证据证明他本人为何认为更古老的哲学可能在哲学上更有效，或许他采用了某种类似于斯多亚学派理论的东西来解释这一点。他所做的当然是采用他那个时代的智识分子中日益增长的理解，这种理解源于晚期斯多亚学派的工作，

---

[1]　关于斐洛认为自己按照寓言的"规定"（κανόνες）展开工作，参考比如《论特殊律法》1.287。

即一种传统的古代性可以用来证明这种传统的有效性。对他来说，正是由于圣经在历史的基础上可以被证明比任何希腊哲学文献更古老，甚至比任何异教神话传统（这种传统可能最多是圣经的衍生和腐化）都更古老，所以斐洛才可以论证圣经保存了一种高级神学，从而证明他的寓意解释方案是合理的。但是，在斐洛对这个论证的使用和斯多亚学派最初提出这个论证之间，当然还有一个重要的不对称。因为斯多亚学派认为，从他们现有的传统中只能重建出古代智慧的碎片；另一方面，斐洛相信他已经通过圣经完全接触到了他的犹太传统古老的、特许的源泉。因此，在这个背景下，斐洛或许是第一次不必考虑后来堆积的可能性，从而能够对那些完整的寓言文本进行彻底解释。就此而言，正如我说的，他不同于斯多亚学派；但在斐洛之后一个世纪，也有一些希腊思想家认为在他们自己的传统中可以获得关于原初智慧的完整论述。就他们来说，尽管原初智慧是通过完美的重建而非不受限的传承来获得的，但这项发现也构成了从事西方哲学方式的革命。

第二部分

古代传统：后希腊化哲学

第六章

柏拉图的权威与原初智慧

作为一种历史现象,柏拉图主义的发展一直都是个非常有争议的讨 99
论领域:它的地点和时间无法准确确定,因为就我们所知,柏拉图主义没
有单一的奠基者(无论如何,柏拉图主义都不是作为常见于希腊化哲学
中的机构意义上的"学派"而开始的)。柏拉图主义的起源已经被定位于
后来的学园成员逐渐采取的学说论立场——特别是学园的最后两位掌
门拉里萨的斐洛(Philo of Larissa)[1]和阿斯卡隆的安提俄库斯
(Antiochus of Ascalon)[2];人们已经将他们追溯至斯多亚学派,这个学
派一直都在设定学说论的标准,在其晚期(特别是在帕奈提乌斯和波西
多尼俄斯的哲学中)回顾柏拉图,并在某种程度上根据柏拉图的观点来

[1] 比如参考 Tarrant(1980);(1985),第 13 页。关于斐洛的哲学发展,特别参考 Görler
    (1994);Brittain(1996)。
[2] 参考比如 Theiler(1930),第 51 页(同时参考第 39—40 页);Donini(1982),第 73 页。Dillon
    (1996;第 433 页;参考第 105 页,第 114 页)说他是柏拉图主义的"先驱"。关于如下风行
    一时的理论,即将安提俄库斯置于具体而言从阿里乌斯·狄底莫斯和盖乌斯到所谓"盖乌
    斯学派"的柏拉图主义传统之首,参见比如 Theiler(1930),第 37 页;Witt(1937),第 21—
    113 页;Moreschini(1978),第 57 页,第 61 页注释 28。这个特别的理论如今完全不可信
    (参见最近的 Göransson 1995;但是,对于使得安提俄库斯成为任何更一般意义上柏拉图主
    义的"创始人"的理论,学述的(除了的理论的之外)障碍参见 Dörrie(1994),第 22 页,第 25
    页;Glucker(1978),第 397 页;Tarrant(1980),第 110—111 页;还有 Dillon(1956),第 105—
    106 页;参考 Diels(1879),第 71—72 页。

重塑自身[1];人们已经在公元前 1 世纪出现在亚历山大里亚的各种思潮中(包括比如新毕达哥拉斯主义)看到了他们。欧多洛斯(Eudorus)和亚历山大里亚的斐洛显赫于此地[2],忒拉绪洛斯(Thrasyllus)和阿莫尼乌斯(Ammonius)或许也应在类似的背景下进行考虑。[3]确实,所有这

---

[1] 比如 Dillion(1996),第 112 页;Tarrant(1985),第 13 页(同时参考 Witt 1937:第 21—113 页;Dörrie 1976:第 24—27 页)。应当注意,不论波西多尼俄斯对柏拉图的使用有多么独特,他都不是第一个对柏拉图感兴趣的斯多亚学派成员。参考 Kidd(1971),第 213 页:"诚然,波西多尼俄斯十分崇敬柏拉图和亚里士多德,但其他斯多亚学派成员当然也是如此;比如克吕西波、安提帕忒和帕奈提乌斯;而且根据波西多尼俄斯的说法,还有芝诺和克兰忒斯。"安提帕忒重点说过,"根据柏拉图的看法,德性对于幸福是充足的";此外他还表明"柏拉图的许多学说都与斯多亚学派一致"。参见《早期斯多亚学派残篇》,第 3 卷,安提帕忒,残篇 56(= 克莱门,《杂篇》5. 14. 97. 6)。最后,参考 Reydams-Schils,他认为我们关于波西多尼俄斯的许多证据都"穿过了柏拉图主义的屏障"(1997:第 456 页),他无论如何都夸大了柏拉图式的学说在波西多尼俄斯的作品中的程度。

[2] 关于斐洛,参考 Zeller(1892,第 3 册第 2 卷,第 470 页;Dörrie(1967),第 48 页;(1976),第 39 页,第 40—42 页;Berchman(1984),第 23—53 页;亦参见 Runia(1995)。关于欧多洛斯,参见 Dörrie(1944);(1976),第 45 页;Dillon(1996),第 115—135 页;O'Meara(1989),第 9 页。

[3] 忒拉绪洛斯和阿莫尼乌斯比上述其他任何思想家都更接近严格意义上的柏拉图主义者。就他们而言,我们不知道他们是否自觉地归属于任何别的学派;阿莫尼乌斯是普鲁塔克的老师;波斐利将忒拉绪洛斯的学说和柏拉图主义者努曼尼乌斯、科诺尼乌斯(Cronius)和莫德拉托斯(Moderatus)的学说联系起来(《普罗提诺传》[Life of Plotinus]20. 71—76 和 21. 1—9 = 证词 19 a 和 b Tarrant;亦参见尤文纳(Juvenal),《讽刺诗集》(Satires)6. 576 的注解 = 证词 1a Tarrant,这里说忒拉绪洛斯"后来加入了柏拉图的学派"。但是,尽管他们与下一代追随他们的那些无可争议的柏拉图主义者之间的密切联系或许表明,我们应当把他们的作品(而非阿提库斯、普鲁塔克和努曼尼乌斯等所谓的中期柏拉图主义者的作品)视为真正"过渡性的",但是关于他们的观点,我们的有限证据并不能真正证明"柏拉图主义者"这个称呼是合理的——正如我在本章中关于这个术语的论述表明的。值得注意的是,数学在忒拉绪洛斯和阿莫尼乌斯(Ammonius)的作品中占据核心地位(关于阿莫尼乌斯,重点参见普鲁塔克,《论德尔斐神庙的 E》[On the E at Delphi]391E),但是,普鲁塔克本人的柏拉图主义明确拒绝了数学的这种作用。在《论德尔斐神庙的 E》387F(普鲁塔克说):"那时我热情投身于数学,尽管在加入学园之后,我很快就要在所有事情上尊荣'勿过度'这条格言。"Glucker 将阿莫尼乌斯解读为("中期")柏拉图主义者(1978:124—134),认为(在第 257—280 页)这个文段指出了普鲁塔克个人在生命后期采取了学园的怀疑主义。然而,我认为这个文段完全有可能向我们指出,普鲁塔克的发展中的柏拉图主义(转下页)

些哲学家对于在希腊化时期促进人们对柏拉图的关注都很重要——至少他们中的一些人肯定影响了柏拉图主义后来的学说发展（比如阿莫尼乌斯是柏拉图主义者普鲁塔克的老师）。但许多人其实是表面文章，只有少数人是热爱者：这无疑是因为有太多不同的人在一定时间内为了自己的目的而使用柏拉图，所以最终这些都不能就柏拉图主义的兴起告诉我们任何信息——就是说，不同于比如学园哲学或斯多亚主义的柏拉图主义。通过寻找特定的学说先例来考察柏拉图主义的起源，这或许很诱人，因为将哲学史看作观念史（history of ideas），这在任何情况下都很容易：追溯特定的学说，记录它们的发明、衰落、重现、组合和不同形式的重新组合的顺序。[1]但这是个无休止的（就此而言是毫无意义的）任务，除非我们对这些学说的发明者、反对者、复兴者和组织者是如何使用它们有一定的了解。比如，称波西多尼俄斯为柏拉图主义者就是一种误导，因为他的哲学中的"柏拉图"要素包含在一种自觉的斯多亚学派框架中；同样，认为斐洛、安提俄库斯或欧多洛斯是"柏拉图主义者"，这也是一种误导，因为他们对柏拉图的使用（就欧多洛斯而言，是对毕达哥拉斯的使用）内在于一种自觉的学园背景，而且古代在提到他们时就一直如此。[2]我们所掌握的证据并不能让我

（接上页）是为了（部分）回应阿莫尼乌斯越发狭隘的数学哲学。因为普鲁塔克相信（大概在他还是一位柏拉图主义者的时候）"学园自柏拉图以来的统一"（兰帕里阿斯目录[*Lamprias*]第 63 号），回顾起来，"成为学园成员"对他来说可能恰好意味着成为柏拉图主义者。关于阿莫尼乌斯，亦参 Dillon（1996），第 189—192 页；还有 Donini（1986），第 97—110 页（认为阿莫尼乌斯的认识论比 Glucker 承认的更是"学园的"）。关于忒拉绪洛斯，参见 Tarrant（1993）（第 215—249 页的证词）。

[1] 参考 Napolitano（1985），特别是第 29 页；Dillon（1996），第 115 页，提到了"我们称为中期柏拉图主义的学说混合体"。

[2] 这里可与普鲁塔克做一有用的对比，他为形式上显然是学园的论证提供了一个柏拉图主义的语境：特别参见 Boys—Stones（1997）。对于古代把欧多洛斯描述为学园成员，见斯多拜俄斯（Stobaeus）（他在拉里萨的斐洛的伦理学之后讨论了欧多洛斯的伦理学划 （转下页）

们称他们为"柏拉图主义者"。的确,这会让该术语成为一种历史胡扯。[1]

那么,什么是柏拉图主义？将之解释为希腊化时期诸学派的产物的失败尝试表明,我们不应从希腊化时期诸学派的角度来看待这个问题。根据柏拉图主义的学述来解释柏拉图主义的相关失败同样表明,我们不应指望根据柏拉图主义的学述来定义柏拉图主义。[2]特定的柏拉图主义者持有的特定学说(明显有关联,但实际上)是他们的附带内容：我想要论证的是,他们之所以持有那些学说,是因为他们是柏拉图主义者,而非相反。在我看来,柏拉图主义在根底上是这样的：相信柏拉图的哲学是学说论的和权威的。别的一切都源于此。

如果我的定义看起来有些微不足道,那只是因为评注家们倾向于

(接上页)分,并通过称两者为"学园哲学家"来确认这种关联：《牧歌》[*Eclogue*],第 2 卷,42. 7 Wachsmuth；辛普里丘(他的兴趣在于欧多洛斯的逻辑学和形而上学；《亚里士多德〈范畴篇〉评注》187. 10 Kalbfleisch；阿拉图斯(Aratus)《天象论》(*Phaenomena*)的佚名评注家(97. 2 Maas)。Dillon 在维护欧多洛斯的"柏拉图主义者"身份时不一致；在别的地方,他把欧多洛斯的哲学等同为安提俄库斯的哲学(尽管在 1996；第 115 页称之为"安提俄库斯式的柏拉图主义")；后来,他以相同的方式称欧多洛斯的哲学是"受斯多亚学派影响的毕达哥拉斯主义"(第 135 页)。Tarrant 更有力地论证欧多洛斯与拉里萨的斐洛之间的关联(1983；180—184)。在同一篇文章中,他注意到了普鲁塔克与欧多洛斯之间的争论,他是这么表述的："普鲁塔克主张,我们应当追问'柏拉图可能想说什么',而不是'情况可能是怎样的？'"然而,Tarrant 接着说这"强烈表明他们都是具有类似信念的学园成员,正在进行一场深奥的争论"(第 181—182 页)；然而我认为,他实际上已经相当清楚地解释了为什么尽管这两位思想家在学说上有类似之处,但普鲁塔克与欧多洛斯之间的争论肯定是一场柏拉图主义者和学园成员之间的典型争论。

[1] 关于 *Platonicus* 这个术语的历史,参见 Glucker(1978),第 206—225 页。他在第 206 页说,"只有当我们到达 2 世纪的时候,我们才会碰到一些在当时的资料来源——或出自它们的资料来源——中被描述为 *Platonici* 的哲学家"。

[2] 关于普罗提诺之前的柏拉图主义的流动(fluid)学述,参考 Donini(1994),第 50—56 页。关于特别是根据希腊化时期的资料来源来解释普鲁塔克的哲学观点的失败尝试,参考 Froidefond(1987),特别是第 230 页。

不认真对待柏拉图主义者归于柏拉图权威的力量或原创性。赛德利
（David Sedley）（1989）强调了这样一个事实，即对于希腊化时期的哲学
家来说，学派奠基者（或假定的奠基者）的权威在某种意义上是不言自
明的：尽管比如在斯多亚学派内部存在不同的观点，但几乎没有一位斯
多亚学派成员不认为或至少不主张他的学说与芝诺的学说一致；学派
内部的争论被表述为关于如何解释芝诺的争论，绝不会被表述为与他
的分歧。如果将这种分析用于柏拉图主义是正确的，或者更一般地说，
如果柏拉图主义者主张柏拉图的权威并因此主张他们的观点与柏拉图
一致是正确，那么我关于柏拉图主义的定义就将（would）是无益的琐
碎——它并不比"伊壁鸠鲁学派成员"属于伊壁鸠鲁创建的学派这个说
法更加充实。但是，将赛德利关于希腊化时期学派忠诚观的分析用于
后来的柏拉图主义问题时，就会有一些困难。首先，这种分析回避了问
题：它实际上告诉我们，柏拉图主义者之所以相信柏拉图的权威，是因
为他们属于一场声称柏拉图是他们的奠基者的运动。但这并未告知我
们想要知道的东西，即为何这场运动首先发生，或是那些与之相关的人
如何证明其存在。当然，也有可能柏拉图主义只是学园的一次简单演
化，本身根本不是一场独特的运动：在这种情况下，柏拉图的权威这个
假设就会与该学派的传统一起被继承下来。但是，作为对柏拉图主义
的一种历史论述，这最多是有倾向的，而且无论如何都会与另一种反对
看法冲突。因为主张柏拉图主义者的权威观念与希腊化时期各学派内
部运作的权威观念基本相同，这看起来并不正确：似乎柏拉图主义者在
诉诸柏拉图的权威时，他们所表达的意思要比例如斯多亚学派在诉诸
芝诺这个先例时所表达的意思更重要。斯多亚学派并不根据（from）芝
诺的主张来论证。他们可以（在必要的时候，尽管他们并不总是如此）

宣称他们的观点与芝诺一致；但就算如此，也没有证据表明他们这样做是为了论证芝诺观点中的真理。[1] 援引芝诺来支持某种学说，这似乎只与该学说被认为是合法的斯多亚学派观点的权利有关，而无关乎（至少是直接地）被认为是真实（true）的权利。这与柏拉图主义的实践形成了对比：由于柏拉图已经提出了一个命题，柏拉图主义者就能相信该命题的真实性（truth），而且甚至有可能就在他们自己理解该命题为何真实之前。柏拉图主义哲学所涉及的首先是推敲柏拉图的本意（meant），以此朝着知识前进：这种解释过程（比如在普鲁塔克的《柏拉图问题》中）可能导致的真正不确定性（uncertainties）表明，这个过程在概念上相当真诚，并非在不顾柏拉图的情况下，为了拟定的学说而虚伪地挪用柏拉图。有人或许会有益地将这种对待柏拉图权威的新方式视为与该运动一起出现的广泛评注传统的基础。[2] 在希腊化哲学诸学派的作品或表述中，没有任何真正类似的东西存在，甚至在伊壁鸠鲁学派中也是如此，他们对其"神圣"奠基者的表面尊敬让他们最接近柏拉图主义者的语言；当然，在斯多亚学派或学园中也是如

---

[1] 参考 Sedley(1989)，第 98 页注释 2 的例子——尽管此处几乎没有什么东西哪怕是远超出了解读芝诺时所要求的同情原则。我不敢说对这个学派的创始人的辩护只不过是比如修辞或者学派礼仪问题；但是从这些方面来考虑的话或许有助于解释为何塞涅卡能够更公开地反对芝诺(Sedley 1989：119)；他是一位斯多亚学派成员，但这不是因为他是斯多亚学派的成员（by virtue of being a member of the Stoa）。他并不受这个希腊化学派的规矩约束。

[2] Donini(1994)认为柏拉图主义者评注柏拉图的作品是"为了实现一个统一的柏拉图主义体系"（第 5068 页，特别提到了普鲁塔克），此外，Sedley(1997)认为柏拉图的文本特别需要语言方面的阐释（对此亦参 Dörrie 1976：20—24）。不过，虽然这些看法可能澄清了该传统的一些方面，但它们都没有真正解释该传统在其中得以发展的精神：Donini 假设一种对于柏拉图的权威的先在信念，但没有表明该信念可靠的哲学基础；Sedley 的看法对于早期的柏拉图主义作品几乎无话可说，比如普鲁塔克的《柏拉图问题》，或者他对《论〈蒂迈欧〉中灵魂的生成》(On the Procreation of the Soul in the Timaeus)的解释性讨论，这两者均没有预设在理解柏拉图的希腊语时有困难。

此。[1]"权威"可以意味着许多不同的东西,正如我们在某种程度上已经在本研究中看到的:比如,它可以意味着被严肃对待的权利(而且推而广之,还有追随权威的人本身被严肃对待的权利),但也意味着某种更强烈的东西——无可置疑地拥有真理。从表面看,将柏拉图主义者与希腊化哲学分开的,就是柏拉图主义者将后一种权威归于柏拉图。[2]

当然,这需要比表面更多的东西——否则,我所强调的差异可能会被修辞的转变解释,就如被哲学方法的转变解释那样简单。如果柏拉图主义确实将更强的权威观念归于柏拉图,而且如果根据这种归属来定义柏拉图主义确实有道理(不是无足轻重),那么最好是以论证作为基础。我希望表明确实如此,柏拉图主义的关键在于论证柏拉图对我们的哲学关注所具有的独特要求——更重要的是,这种论证独立于任何一位柏拉图主义者在解释柏拉图时归于柏拉图的特定学说。但是严格说来,这里有两个问题:首先,除了认为柏拉图的哲学是真实的(true),我所认为的

---

[1] 就像斯多亚学派将权威归于芝诺一样,伊壁鸠鲁学派将权威归于伊壁鸠鲁与柏拉图主义者将权威归于柏拉图并无明显不同(与 Sedley 1989 的看法不同,他可能过度强调了他的案例):参考比如卢克莱修,《物性论》3.15 关于伊壁鸠鲁的"神圣理智"(*divina mens*),以及 6.6 关于伊壁鸠鲁完全把握了真理(宣称在斯多亚主义中无人可比)。尽管如此,一个基本的差异还是存在于伊壁鸠鲁学派一方面是与斯多亚学派之间,另一个方面是与柏拉图主义者之间(还是与 Sedley 1989:117 的看法不同),这个差异的本质随着本章的展开会变得清晰。简而言之,伊壁鸠鲁学派的主张是基于伊壁鸠鲁非凡的天才地位来证明他的学说的真理性。另一方面,柏拉图主义者认为,柏拉图的学说来源必定使这些学说确实不会出错,而且甚至在我们证明或者可能理解他的思想之前就能知道这一点。

[2] 值得强调的是,这不是通过柏拉图的 *ipse dixit*[亲口所说]来规劝人们从事哲学——正如奥林匹奥多洛斯(Olympiodorus)讲述(并且赞扬)的一则关于柏拉图主义者阿莫尼乌斯的故事所阐明的(《柏拉图〈高尔吉亚〉评注》[*Commentary on the Gorgias*]41.9)。阿莫尼乌斯的一位学生试图通过宣称"柏拉图说过"(Πλάτων ἔφη)来使他的观点占上风。阿莫尼乌斯的回应首先(明显地)是柏拉图没说过;其次,即便他说过了,也还需要一个证明。实际上,阿莫尼乌斯和奥林匹奥多洛斯都没有挑战柏拉图的权威;但是他的权威为哲学(这涉及努力理解为什么他是正确的)提供了起点,而不是终点。

作为柏拉图主义特征的那种强意义的权威是如何被归于柏拉图的；其次，在证明柏拉图的哲学的确是有权威的这个进一步的论证的意义上，柏拉图主义者如何首先相信柏拉图的哲学是真实的。大体说来，这些问题各自对应于柏拉图哲学的特征究竟是什么，以及从哲学上来讲，这一运动为何会兴起（换一种说法，在当时有各种替代方案的背景下，如何能证明具有这种特征模式的哲学追求是合理的）。后一个问题是第七章的主题，但在本章的剩余部分，我将处理前者导致的一些问题，同时考察柏拉图主义者给出的论述，这些论述与其说和柏拉图哲学的真理有关，不如说与它的权威有关。因为正如我们将看到的，这些论述是通过柏拉图主义者对斯多亚学派的古代智慧理论（这是本研究到目前为止的主题）的采纳而提出的：柏拉图主义者认为，正是这种智慧形成了柏拉图哲学的基础。

1. 柏拉图主义和原初智慧

在公元 2 世纪时，柏拉图主义哲学家科尔苏斯（Celsus）发表了一篇名为《真实学说》(ὁ ἀληθὴς λόγος) 的反基督教论文——这是对那时开始受到西方知识分子关注甚至是支持的新宗教运动的最早哲学回应。这篇作品没有存世，但我们从奥利金写于一个世纪之后的长篇回应（《驳科尔苏斯》[*Against Celsus*]）中得到了大量关于它的信息[1]；我将在后

---

[1] 关于这整部作品的翻译、导论和注释，参见 Chadwick(1965)，关于尝试重构科尔苏斯的论著，参考 Hoffmann(1987)；关于科尔苏斯的哲学立场的讨论，特别参见 Frede(1994)。在《驳科尔苏斯》的前面部分（参考比如 1.8），奥利金似乎已经假设科尔苏斯是伊壁鸠鲁学派成员，并且他被认为是琉善(Lucian)（关于此人，参见琉善，《亚历山大》[*Alexander*]1)（转下页）

面的章节中回到奥利金对科尔苏斯的回应，但就目前而言，我感兴趣的是科尔苏斯笔下反映了他作为柏拉图主义者的立场的论证，因为科尔苏斯为我们提供了最清晰的证据，证明柏拉图主义思想倾力采纳斯多亚学派的古代智慧及其保存理论。因为科尔苏斯反基督教的论证——就是说，他的主要论证（得到了许多不同的指控的补充）——正是基督教因其基础的年轻而无效。特别是，科尔苏斯认为基督教是犹太教的偏离形式，而犹太民族及其宗教反过来又是埃及人的腐化子嗣。[1] 此处的论证很明显是后来希腊化时期的反犹史学家们针对犹太人而提出的论证的延伸：由于他们将犹太教传统污名化为某种更古老、更纯粹事物的腐化形式，所以科尔苏斯就可以认为基督教甚至更糟：是对古代诸民族的传统（异教）神学中保持着的最纯粹形式的来源之腐化的进一步腐化。

这个考察的简单结论是此处最重要的内容。如果科尔苏斯能准确地以后来希腊化作家们攻击犹太人时使用的术语来批评基督教，那么最自然的假设就是，他对原初智慧的传承也持有相同的观点——就是说，科尔苏斯采用的正是晚期斯多亚学派的理论。和斯多亚学派一样，他一定认为，在人类历史的最早时期，人就已经获得了哲学意在恢复的真理，而且这一真理就保存在最古老民族的传统之中，因此，任何远离这些古

（接上页）的一位伊壁鸠鲁学派朋友：Keim（1873：第 275—293 页）尤其如此认为。但在这部作品后面的部分，奥利金本人认识到，科尔苏斯的学说与伊壁鸠鲁主义不一致（参考 4.54）并且更类似于柏拉图主义（比如 4.83）。关于该问题的讨论，参见 Zeller（1892），第 3 册第 2 卷，第 231—234 页，Chadwick（1965），第 xxiv—xxvi 页，还有 Frede（1997），第 223—227 页，特别是（1994），第 5191—5192 页："既然我们更熟悉帝国早期的哲学，并且特别是该时期的柏拉图主义，那么科尔苏斯真正的归属就不再是有争议的问题了。他无疑是一位柏拉图主义者。"

[1] 参见奥利金，《驳科尔苏斯》3—5，关于科尔苏斯的论证性质和奥利金的回应，更多内容参见本书第 8 章和第 9 章。

代传统的思想分支必定在智识上要低于它们。但是我们没必要对此加以揣测：我们有科尔苏斯自己的说法（出自奥利金，《驳科尔苏斯》1.14）：

> 在认为这同一种学说统一了许多民族的思想时，科尔苏斯提到了所有采用这种教义作为起点的民族……听听科尔苏斯说了什么："有一个古老学说（ἀρχαῖος λόγος）已经流传下来，最智慧的民族、城邦和贤者一直都坚持该学说。"他不允许犹太人与埃及人、亚述人（Assyrians）、印度人、波斯人、奥德里西亚人（Odrysians）、萨摩忒拉斯（Samothracians）和厄流西斯人（Eleusinians）一样成为"最智慧的民族"的一分子。

与斯多亚学派的情形一样，重要的是强调这不是单纯的修辞：科尔苏斯的论证并不是通过给异教哲学披上可敬的古代外衣，从而诉诸返祖的感情。这个论证是科尔苏斯的论述核心——事实上，他的作品标题证明了其重要性：《真实学说》显然暗示了刚才引用的文段中提到的"古老学说"。[1] 科尔苏斯的抨击似乎不仅是对基督教的攻击，也是对异教神学有效性的积极肯定，这可以通过它与原初思想的关联得到证明——这正是以斯多亚学派提出的论证为模型的。

科尔苏斯并非唯一采纳该理论的人。诚然，关于早期的柏拉图主义，他的作品在许多方面都不是我们所掌握的证据典型——的确，正是在

---

[1] 参考 Wifstrand(1941—1942)，第 396—400 页。在第 399 页，Wifstrand 认为 ἀληθὴς λόγος 这个短语代表了一种源自柏拉图《美诺》81a 的古代神学传统；亦参 Frede(1997)，第 230 页。

这个意义上,学者们有时会怀疑科尔苏斯究竟是不是柏拉图主义者。[1] 人们或许会认为,《真实学说》明显的论战性质是一个薄弱的基础,无法推导出对柏拉图主义观点的更广泛概括。比如,人们可能会认为,科尔苏斯诉诸保存在异教文化传统中的"古代智慧",这应被解读为一种对基督徒通过挪用希伯来传统而声称的古代性(antiquity)的个人偏好(ad hominem)回应。但实际上几乎正好相反。我将在第八章表明,基督徒将希伯来传统用作证明他们自己的古代性的方式,这才是回应,尤其是对科尔苏斯等人所发起的攻击的回应。不论怎样,我们从科尔苏斯的同时代人那里得到的直接证据表明,他所采取的理论在他那个时代的柏拉图主义者中得到了更广泛的接受。

比如考虑一下普鲁塔克——在某种程度上是我们关于 2 世纪柏拉图主义的证据基准。在其佚作《论普拉忒亚神像节》(*On the Festival of Images at Platea*)中,普鲁塔克讨论了"古代自然哲学",他的措辞似乎与科尔苏斯的"真实学说"以及晚期斯多亚学派关于原初哲学的发展和传承的论述有明确联系。普鲁塔克的残篇 157.16—25 Sandbach(= 尤西比乌斯,《福音书的预备》,3.1.1,83C)如下:

> 在希腊人和野蛮人中,古代自然哲学(ἡ παλαιὰ φυσιολογία)采取的形式是隐藏在神话中的论述,它们大部分都掩盖于谜语和暗示中,或者比如在各种神秘仪式中发现的神学,对大多数人而言,其中说出的东西不比未说出的东西清楚,而未说出的东西又比说出的东西导致了更多的揣测。这可以从俄尔甫斯的诗歌与弗里吉亚人和埃及人提供的论述中看出。但是,没有什么东西会比具有

---

[1] 参见本书第 116 页注释 1。

象征意图的宗教仪式中进行的入教仪式和仪式行为更能揭示古人的想法。

在这个文段中，不仅是与科尔苏斯的类似之处，还有或许特别是与斯多亚学派的科努图斯的类似之处，都非常地明显。例如，比较一下科努图斯的《希腊神学导论》35.75.18—76.5（Lang）——我在第三章中讨论过这个文段。我们在那里还看到了这样的说法，即"看起来与诸神相关"的神话材料或许隐藏了关于自然的更深刻论述，以及特别是"古人并非普通人，而是能够理解宇宙的本性，并且倾向于在关于宇宙的哲学讨论中使用象征和谜语"。普鲁塔克在这里所表达的神话理论，无可否认是来自斯多亚学派的。

但如果普鲁塔克的神话理论本质上采纳自斯多亚学派，那么作为一个自然的推论，他运用于神话的解释也是如此。在残篇 157 中，普鲁塔克继续对赫拉（Hera）和狄奥尼索斯（Dionysus）的仪式、赫拉的神话、勒托（Leto）和赫拉的身份（这可能构成了波奥提亚[Boeotian]当地崇拜信仰的一部分）[1]进行了寓意式的论述，这些论述非常符合斯多亚学派的解释传统。当然，不是每个人都同意普鲁塔克本人赞成他在此处提供证据的方法：比如德卡麦（Decharme）认为，普鲁塔克将宙斯等同于火以及将赫拉等同于"潮湿和多风的本性"（残篇 157.115—18），这与他对神的超越性信仰不相容，结论是我们拥有的整个残篇可能因此反映的不是普鲁塔克，而是他作品中的对话者的观点。[2]但是他的论证非常薄弱：

---

[1] 参见 Hardie(1992)，第 4769 页，反驳 Decharme(1898)，第 115 页。

[2] 参见 Decharme(1898)。Decharme 引用《论德尔斐的神谕》(*Oracles at Delphi*)400D 作为他的案例的证明文本；普鲁塔克在此拒绝认为阿波罗就是太阳。然而，这个文段似乎与普鲁塔克在残篇 190(c)Sandbach 的看法矛盾；进一步参考 Babut(1969)，第 380—381 （转下页）

不论普鲁塔克关于神的观点是什么，这都与他把关于诸神的神话故事解释为自然哲学的寓言毫不冲突。超越的神与自然世界共存；而且完全没有理由认为，当"诸神"出现在被认为是寓言的神话中时，必定代表了一方面而非另一方面。不管怎样，我们在别的地方有明确的证据表明，普鲁塔克确实以该残篇所暗示的方法解读神话。在《论月面》（*On the Face in the Moon*）（938F）中，普鲁塔克认为，月亮之所以被称作阿尔忒弥斯（Artemis），"因为她是处女和不育的，但对于[生育时的]其他妇女是有益和有用的"。这个文段与《论普拉忒亚神像节》的残篇耐人寻味地相似，这主要是因为普鲁塔克将阿尔忒弥斯等同于月亮，并且认为这个等同有着严肃的哲学意义，而这些显然来自"古代的报告"（παλαιὰ φήμη）。[1]

有更多的说法可以支持普鲁塔克采纳了斯多亚学派的古代智慧理论。特别重要的是残篇 190.6—9（Sandbach），其中普鲁塔克批评了伊奥尼亚人（Ionians）将偶像崇拜引入希腊[2]：

（接上页）页；以及 Hardie（1992），第 4766—4770 页，他指出了普鲁塔克的其他文本，神话中的诸神在这些文本中被等同于诸天体（《筵席会饮》[*Table—talk*]3.10,658F—659A,以及《论月面》[*On the Face in the Moon*]938F）。Hardie（1992:4770）本人认为我们在残篇 157 看到的那种解释与普鲁塔克在《论德尔斐神庙的 E》388E—390C 的观点之间有相似之处，后者在这篇对话的后面部分被阿莫尼乌斯拒绝。但是，这个相似并不明显：阿莫尼乌斯在《论德尔斐神庙的 E》中拒绝普鲁塔克的论证的理由与比如残篇 157 的解释没有任何关联。我认为，残篇 157 和《论伊希斯与俄塞里斯》（*Isis and Osiris*）中毫无疑问的普鲁塔克式解释之间倒是有更直接和明显的相似。

[1] 或许并非偶然，普罗克洛也用这个特殊的短语来指通过各个民族传下来的"古代智慧"（比如《柏拉图神学》1.7,30.23；5.22,81.15 Saffrey and Westerink）。

[2] 下文引用的这则残篇的摘录 = 约翰·玛拉拉斯（John Malalas），《教会史》（*Chronographia*）56.3—5 Dindoff,概述于乔治·克德莱努斯（George Cedrenus），《诸史汇编》（*Compendium of Histories*）82.19—83.4 Bekker。

普鲁塔克以希腊人和外邦人都认可的古代哲学(ἡ παλαιὰ φιλοσοφία)来批评他们(指伊奥尼亚人),宣称他们中的一些人引入了对神像的错误使用。

这则残篇不仅证实了普鲁塔克所相信的"古代哲学"可与科尔苏斯的"真实学说"相提并论且就像后者一样被保留在了各民族的传统中,还表明了普鲁塔克(再一次和科尔苏斯一样,以及事实上和斯多亚学派一样)认为这种"古代哲学"是真正有权威的。普鲁塔克可以把它作为标准来批评伊奥尼亚人的偏离——正如后来希腊化时期的反犹史家之所以能批评犹太人,是因为犹太人(据说)偏离了埃及传统,此外也正如科尔苏斯能够批评基督徒偏离(因为他们偏离了)各民族的"真实学说"。

关于普鲁塔克的神学方法与斯多亚学派并无区别的说法,有些人表示反对,他们或许还会反驳说,普鲁塔克说存在着一种古代哲学,但他并没有承诺如下立场,即这种哲学是原初的——这是斯多亚学派确保神话中保存的智慧的权威的基本前提。普鲁塔克(反对者继续说)很可能尊重古代认可的智慧,但这无需比亚里士多德对埃及人的古代智慧的尊重更强烈或在理论上与之不同。可以说,这种哲学会因其持久力而被人们相信,却不会因其起源而有效。但是《论普拉忒亚神像节》的另一则残篇可以进行补救。普鲁塔克在此(残篇 126 Sandbach = 尤西比乌斯,《福音书的预备》3.8.1,99B—C)讨论了他自己关于恰当制作崇拜雕像的观点[1]:

---

[1] 应当立即注意的是,普鲁塔克在此并不与他在残篇 190 中对伊奥尼亚人的批评相矛盾:大概这里的意思是,简单的木制雕像在该传统传下来的寓意仪式中具有象征价值。另一方面,伊奥尼亚人在残篇 190 被批评引入了雕像崇拜,就好像这些雕像是诸神本身。事实上,我们很容易认为残篇 190 更接近残篇 158,同时认为在普鲁塔克看来,以贵重(转下页)

木制神像的制作似乎是一种早期的和古代的做法,如果木头是厄律西克通(Erysichthon)为德洛斯(Delos)的节庆而送到那里以纪念阿波罗的第一尊雕像的材料,也是原住民建立的珀利阿斯(Polias)雕像的材料,雅典人将这尊雕像保留至今。他们没有选择把石头砍成一尊既坚硬又别扭、还毫无生命的神像;他们认为金和银是腐化、贫瘠的土地上的疾病造成的色斑,或是外形损毁的赘生物,在火的鞭打之下会像伤口一样膨胀;至于象牙,他们有时会轻松地用它来使雕塑变得丰富多彩。

由此可见,正如我们在残篇 157 中看到的,普鲁塔克认为,作为古代哲学象征载体的仪式实践并不仅仅是古代的,它实际上也是原初的。显然,此处正是原住民(αὐτόχθονες:或许甚至是土生[earth‐born]之人)的实践赋予了崇拜传统合法性。换句话说,我们可以确信,普鲁塔克相信的也恰是晚期斯多亚学派所相信的智慧保存于神话中的说法,而且他也是出于相同的理由而相信。请注意,在这个文段中,金和银被描述为"腐

(接上页)金属制作雕像的做法与希腊宗教堕落为偶像崇拜有关。但不论这种看法有什么优点,有一个有利于它的证据应当被驳回,那就是 Sandbach 主张的"对神像的错误使用"(πλάνην ἀγαλμάτων:他译作"神像的欺骗")这个短语"来自"索福克勒斯(参考 1025 Nauck)。既然索福克勒斯的这则残篇涉及对石制、金制、象牙制和木制神像的批评,那么这似乎就为普鲁塔克的这两则残篇提供了一种坚固的主题关联。然而,尽管πλάνην ἀγαλμάτων可能被(有倾向地)认为是一种暗示,但它肯定不是索福克勒斯残篇的引文。Sandbach 或许受到如下事实的误导,即克德莱努斯引用了这则残篇(首次出现于克莱门笔下:参见《劝勉希腊人》7.74.2;《杂篇》5.14.113),然后紧接着总结玛拉斯关于普鲁塔克的报道。不论如何,索福克勒斯的这则残篇本身可能是犹太人或基督徒的伪造(参考 Charlesworth 1983—1985:第 2 卷,第 825—826 页);克德莱努斯或许是在要求我们对其进行相互参照,但普鲁塔克本人不可能这样做。

化、贫瘠的土地的色斑",还是大地上"外形损毁的赘生物,就像伤口一样"。这个描述显然暗含了人类道德随着文明的兴起而衰落的故事。金属的发现和使用通常是这类论述的重要驿站：[1]在这里,金属象征着（因为此时对金属的使用越来越多,实际上促成了）贪婪的出现,最终则是道德和哲学的普遍衰落。普鲁塔克提到了原初之人,将他们置于一个道德纯洁时期,这解释了源自他们的智慧的权威——正如斯多亚学派所解释的那样。[2]

于是,普鲁塔克就像科尔苏斯一样,也都和斯多亚学派一样,认为希腊和古代蛮族的崇拜实践与传统神学都源于一种有权威的哲学,而这种哲学本身又源自最早的几代人;普鲁塔克和科尔苏斯的证据为将这种理论归于当时的柏拉图主义者提供了相当合理的根据。即便我们在当时其他柏拉图主义者的残篇中找不到这种关于智慧传承自原初古代的理论的直接证据[3],但不管怎样,我们都可以从我们掌握的广泛证据中推断出该理论的渗透程度,这些证据表明,从古代诸民族的传统中重建哲学时,[柏拉图主义者]采纳了斯多亚学派的方法——就是说采纳了他们的寓意解释法。正如我在第三章中提到的,在波斐利列出的他之前的伟大柏拉图主义解释者名单中,起首的并非柏拉图主义者,而是斯多亚学

[1] 参考比如波西多尼俄斯,位于塞涅卡,《书简》90.12;残篇 240a EK;以及残篇 239 EK,关于普鲁塔克在刚才的引文中暗示过的一种理论,即金属是在一场毁灭性的森林大火之后被发现的,这场大火把金属带到了地表(对比进步主义的、伊壁鸠鲁学派的论述中关于同一现象相当诱人的描绘：卢克莱修,《物性论》5.1241—1261)。

[2] 比较普鲁塔克,《罗马问题》(*Roman Questions*)12,266E—F;"他们为何认为萨图恩(Saturn)是真理之父? 是不是……因为如果神话中讲述的克洛诺斯的时代是最正义的,那么就有可能最大限度地分有真理?"

[3] 实际上,在现存的柏拉图主义文献中,关于原初之人的状态的讨论非常少,甚至柏拉图讨论这个主题也往往被柏拉图主义者认为是道德的而非历史的寓言。但是,或许可以参考普罗克洛,《柏拉图神学》5.7,27.2—4 Saffrey and Westerink。

派的凯瑞蒙和科努图斯——我在那里认为,因为这两位作家是在斯多亚学派内部发展起来并被柏拉图主义者采纳的比较神话学的重要倡导者。波斐利当然是从凯瑞蒙那里找到对埃及神话和实践的寓意解释的——从伊希斯和俄塞里斯的故事到与埃及祭司的生活相关的仪式。[1] 有充分理由可以认为,波斐利对埃及象形文字背后的象征意义的论述(《毕达哥拉斯传》12)也源自凯瑞蒙。[2] 但是在波斐利的作品中,还有很多内容表明他采纳了斯多亚学派从比较神话的过程中重建古代智慧的理论模式。比如,他主张希腊人、罗马人、埃及人、叙利亚人和忒拉斯人(Thracians)的神都是相同的神(《反基督徒》,残篇 76 Harnack)——这个说法显然会让人将之与科尔苏斯声称通过柏拉图来接受一个统一的和古老的异教神学传统进行比较。波斐利还处理一个相关问题,即哪些民族有资格因拥有保存完好的古代智慧而有权位列名单。他的结论是,希腊人(可能是后来的希腊人)已经偏离了"通向诸神的道路"(残篇324F Smith)[3];但在没有偏离的民族中,最突出的是埃及人、腓尼基人

---

[1] 关于伊希斯和俄塞里斯,参见凯瑞蒙,残篇 5 van der Horst = 波斐利,《致阿奈博》(Letter to Anebo) 2.12—13;关于埃及祭司,参见凯瑞蒙,残篇 10 = 波斐利,《论节制》(On Abstinence) 4.6—8。波斐利笔下的一些其他解释性文段可能来自凯瑞蒙:波斐利,残篇 360F Smith = 凯瑞蒙,残篇 14D van der Horst;《论节制》4.9 = 残篇 21D van der Horst。

[2] 比较波斐利,《毕达哥拉斯传》(Life of Pythagoras) 12,对观凯瑞蒙,残篇 20D van der Horst (以及他的注释 1 和注释 2;还有那里引用的 Vergote 1939)。还要注意,在《杂篇》5.5.31,在这则残篇所引自的文段后面的章节中,克莱门谈到挂在埃及神庙前的斯芬克斯(sphinxes),以表明他们的神学的神秘和象征本质——这种说法最早见于凯瑞蒙,残篇 2 van der Host。波斐利是否直接凭靠凯瑞蒙的问题很复杂,因为一般认为,至少《毕达哥拉斯传》第 10—14 节的资料来源是安东尼·第欧根尼(Antonius Diogenes)的《终极远境的奇迹》(Wonders from Ultima Thule)(弗提乌斯《书藏》166 描述过):参见比如 Jäger (1919),第 34—40 页,以及 Reyhl (1969),第 21—23 页。但这些部分整体上依赖于第欧根尼,这并不排除在象形文字问题上具体参考凯瑞蒙。

[3] 比较扬布利柯(Iamblichus),《论埃及秘仪》(On the Mysteries of Egypt) 7.5, 259.9—19 Parthey;希腊人都喜欢新奇,于是就偏离了蛮族人一致忠信的真理。很明显,波(转下页)

（Phoenicians）、迦勒底人（Chaldeans）、吕底亚人（Lydians）以及（至少在这个细节上与科尔苏斯的看法不同）希伯来人（见残篇 323F，324F Smith）。[1]

在比波斐利更早的柏拉图主义者中可以发现相同的方法。在他的老师普罗提诺的传记中，波斐利告诉我们，在他的哲学教育的某个时刻，普罗提诺感到有必要通过研习波斯和印度哲学来增强他的研究（波斐利，《普罗提诺传》3.13—17）——这表明普罗提诺认为更高的哲学成就需要更广泛的古代神学知识（可能是他当时的老师、柏拉图主义者阿莫尼乌斯·萨卡斯［Ammonius Saccas］鼓励他这样做的）。还有更早的时候，"斯多亚学派"的解释方法也得到了努曼尼乌斯的支持（他是波斐利笔下与科努图斯和凯瑞蒙的解释方法有关的思想家之一），他认为神学研究应当围绕着柏拉图和毕达哥拉斯的学说来进行，但应当包括对婆罗门（Brahmans）、犹太人、玛吉和埃及人的比较研究（残篇 1a des Places）。在他之前的普鲁塔克的作品中，我们再一次发现了对埃及神话——伊希斯与俄塞里斯的神话——的相当广泛的寓意论述，这种论述的组织基础正好是我们看到的科努图斯笔下使用过的。比如，普鲁塔克认为俄塞里

（接上页）斐利和扬布利柯都不认为希腊神学缺乏古代根基；他们必定认为希腊人自己的做法有问题。或许他们会赞成普鲁塔克，残篇 190 的观点：普鲁塔克批评伊奥尼亚人，不是因为他们在仪式中使用雕像（这是一种非常古老的做法），而是因为引入了雕像崇拜（又参见本书第 122 页注释 1）。在这种情况下，可能需要注意的是，与普鲁塔克，残篇 190 的思路一致，约翰·玛拉拉斯说波斐利赞扬普鲁塔克（《教会史》56.10—11 Dindorff；参考波斐利，199T Smith）：这里的意思或许是他对雕像崇拜的批评是波斐利赞扬的事情之一。

[1] 波斐利将希伯来人纳入他的古代诸民族名单之中，这并不完全是特例：参考努曼尼乌斯，残篇 1a des Places。但科尔苏斯忽视希伯来人就不是特例；或许可以参考普鲁塔克，《论伊希斯与俄塞里斯》363D。顺带注意一下，波斐利与基督徒的论辩依旧非常类似于科尔苏斯与基督徒的论辩——即基督徒背弃了古代传统，这次是由犹太人直接体现的。参见《普罗提诺传》16.1—9（还有 345F，345aF，345cF Smith，关于如下有趣的说法，即正是基督徒而非耶稣自己犯了错误）。

斯与狄奥尼索斯是同一位神,因为和他们每位神相关的传统仪式十分类似(364E—365B),他还进行了更广泛的比较考察,利用埃及、波斯、迦勒底和希腊神话来支持宇宙的二元论理论,他说这一理论是伊希斯和俄塞里斯神话的根源(见369B—371C)。当然,对于这种研究来说,重要的是能够确定所采用的传统的古代性,在普鲁塔克的《论赫西俄德的恶意》(*On Herodotus' Malice*)中,有一个很好的例子说明了他对此问题的关注。普鲁塔克在希罗多德那里确定的一个恶意主张是断言希腊神学比埃及宗教年轻,并且埃及的神是真正的神灵(real deities),而希腊的神只是对死者的回忆(857C—E;参考希罗多德,《历史》2.4,50)。对希腊宗教的这种解释遭到了普鲁塔克的猛烈抨击[1],人们可以通过诉诸比如他的民族自豪感,甚至是诉诸他的宗教义务(毕竟,他是这种宗教的祭司)来解释他对此问题的关注。但他的兴趣还有着严肃的哲学层面。如果要通过神学的比较研究来寻求智慧,那么知道希腊人提供了可用的材料就自然很重要。

2. 从斯多亚主义到柏拉图主义

我已经论证过,斯多亚学派的古代智慧及其保存在神话中的理论从公元1世纪晚期开始就被柏拉图主义全盘采纳。但在本章开始,我认为,对该理论的采纳要比学述影响的例子更为深刻:它在某种程度上可以被用来解释柏拉图对于柏拉图主义者的学说性权威(Dogmatic authority),从而在柏拉图主义的定义中发挥作用。到目前为止,我所考

115

---

[1] 关于对古代宗教的神话即历史的(Euhemeristic)解释的一般批评,参见《论伊希斯与俄塞里斯》360A—B。

察过的证据都没有表明怎么会如此：正因为（正如我认为的）古代智慧理论全盘采纳自斯多亚学派，所以似乎不太可能用它来解释柏拉图主义的特殊性质。然而，在不改变这个他们从斯多亚学派那里继承的理论的情况下，柏拉图主义者增加了一个单一的前提，就使一切都变得完全不同。和斯多亚学派一样，柏拉图主义者认为古代智慧的碎片可以（could）通过解释古代传统来恢复，但他们还认为，古代智慧已经被（had been）柏拉图完整地重建了。他们认为，柏拉图的哲学实际上就是古代智慧的教科书，经过了重建、汇编和解释。[1] 而且，既然古代智慧（正如我们在第三章看到的）因其起源而有效，那么柏拉图的哲学也同样必定为真。

有人会反对说，柏拉图主义者实际上不太可能认为柏拉图重建了各民族的古代智慧。毕竟，如果这是真的，而且古代智慧就现存于柏拉图的文本中，那他们自己大概就不会感到有必要进行比较性重建了。但事实上，我们很快就会看到情形恰好相反：柏拉图主义者自己对重建的追求本身充分证明了他们认为柏拉图已经实现了重建。首先，这里当然是没有矛盾的，因为独立地重建古代智慧的各个要素，可以作为柏拉图的成就的一部分证明而发挥作用。认为柏拉图作品中的真理的可用性（availability）使得他的追随者不需要进行研究，这无论如何都是错误的，原因很简单，阅读并不等于理解。正如柏拉图主义者相信柏拉图的权威与他们为了阐明柏拉图的哲学而需要撰写评注绝不冲突——事实上，撰写评注反而以相信权威为前提——因此，柏拉图通过重建原初真理而获得他的思想的事实，并不排除柏拉图主义者也需要顺着这条路向前走。恰恰相反：如果柏拉图主义者确实相信柏拉图的思想源于古代传统，那

---

[1] 柏拉图自己的作品中的一个可能的证据文本是《治邦者》272c，暗指克洛诺斯时代的人类当中可能存在着一个"共同的智慧宝库"。柏拉图认为我们有一些证据能证明它的存在：各种故事（大概是传统的神话故事），他认为它们起源于这个时代的宴会讨论。

么理解柏拉图哲学的最佳方式就是考察他的哲学来源。因此（还是）努曼尼乌斯，残篇 1a des Place：

> 关于这一点［神的本性］，在陈述并从柏拉图的证据中得出结论之后，有必要回到毕达哥拉斯，并将之与他的学说结合起来；然后要呼唤那些受尊重的民族，比较婆罗门、犹太人、玛吉和埃及人等规定的神秘仪式、学说和制度，正如与柏拉图一致的做法那样。

柏拉图是探究的起点：但要正确理解柏拉图，至少在某种程度上就是要理解他的哲学是古代智慧的精髓（essence）。柏拉图主义者从事传统神学研究的事实，实际上是由他们相信柏拉图本人已经完善了这项研究来解释的。人们还可以注意到，如果柏拉图主义者认为斯多亚学派提供了从传统神学重建一种特许哲学的方法（我已经表明他们确实这样做了），那么他们认为柏拉图具有权威性就毫无意义，除非柏拉图本人也这样做而且成功做到了。柏拉图主义者不会是"柏拉图主义者"——他们不会认为重要的是恢复柏拉图的思想——如果对原初哲学的重建提供了一条通向真理的更安全路径的话。他们不得不相信柏拉图主要权威的唯一理由就是认为柏拉图本人提供了关于这些传统中保存的真理的论述。

　　在柏拉图主义者自己对柏拉图哲学教育的论述中，也有关于这个问题的另一种证据。因为，尽管他们有时把柏拉图对真理的洞见归于神圣的"灵感"，但我们不应认为他们的意思是柏拉图不需要他自己的教育或研究。事实上，似乎柏拉图的"神圣灵感"更准确地说是构成了他进行这种研究的能力，而非取代之。正如柏拉图的解释者（就是说他们中的佼佼者）因其"神圣灵感"而受到后来者赞美——尽管整个问题的关键在于他们的智慧来自柏拉图——同样,柏拉图反过来也在他自己对可用来源的理解中受到"启发"。[1]这不仅符合,同时有助于解释柏拉图主义者的柏拉图传记的一个最典型特征,即他们都认为他显然是为了寻求古代智慧才大量游历异国。柏拉图与毕达哥拉斯(或至少是与毕达哥拉斯学派)的关联在早期就确立起来了,可能是基于柏拉图自己的作品[2],但是柏拉图主义者认为他去过的地方要比他的对话向普通读者暗示的广泛得多。比如,除了他与毕达哥拉斯学派在一起的时间外,他们还描述了他如何受教于埃及人、印度人、索罗亚斯德派(Zoroastrians)和玛吉。在6世纪,奥林匹奥多洛斯甚至还不厌其烦地解释当时的政治环境如何表明柏拉图必定在腓尼基遇到过后者。[3]显然,我们应当明白,柏拉图

[1] 关于柏拉图作为"神圣者"或者受到神圣的启发,参考比如阿普列乌斯(Apuleius),《论柏拉图及其学说》1.2;科尔苏斯,位于奥利金,《驳科尔苏斯》7.28(参考41)。在柏拉图的解释者中,神圣启示也被归于比如普罗提诺(波斐利,《普罗提诺传》23.18—21;但是关于普罗提诺拒绝原创性,参考16.1.12;还有普罗提诺本人,位于《九章集》5.1.8.10—14);绪里阿努斯(Syrianus)(普罗克洛,《柏拉图的神学》4.23,69.8—12 Saffrey and Westerink);阿莫尼乌斯(希耶罗克勒斯[Hierocles],位于弗提乌斯,《书藏》214,172a2—9)。普罗克洛概括了这样一个原则,即神学研究必须开始于诸神并由诸神在灵魂中激发(《柏拉图的神学》101,7.11—21 Saffrey and Westerink),但他显然将这种启示与对柏拉图的解释联系起来了(比如《柏拉图的神学》1.1,8.7—10 Saffrey and Westerink)。一般参考 Bieler(1935—1936),第1卷,第17页(参考波斐利,《论节制》2.45),第73—76页;Dodds(1960)。

[2] 西塞罗,《论共和国》1.16(关于他更广泛的游历,亦参见《图斯库鲁姆论辩集》4.44;《论目的》[On Ends] 5.50,87);昆体良(Quintilian),《雄辩术原理》(Institutes of Oratory)1.12.15。欧多洛斯谈到了苏格拉底和柏拉图在德性问题上同意毕达哥拉斯:斯多拜俄斯,《牧歌》,第2卷,49.8—12 Wachsmuth。

[3] 埃及人:普鲁塔克,《论伊希斯与俄塞里斯》354D—E;第欧根尼·拉尔修,《名哲言行录》3.6;阿普列乌斯,《论柏拉图及其学说》1.3;佚名,《柏拉图哲学导论》(Prolegomena)4。印度人和玛吉:阿普列乌斯,《论柏拉图及其学说》1.3。琐罗亚斯德教徒(Zoroastrians);佚名,《柏拉图哲学导论》4(注意,波斐利努力证明,琐罗亚斯德的任何真正作品都不能使柏拉图的哲学受到质疑:《普罗提诺传》16);奥林匹奥多洛斯,《柏拉图〔阿尔喀比亚德前篇〕评注》[Commentary on Alcibiades I],第2卷,138—143 Westerink。关于柏拉图与最重要的"前苏格拉底哲学"学派的联系,参考第欧根尼·拉尔修,《名哲言行录》3.6,佚名,《柏拉图哲学导论》4。最后,鉴于柏拉图熟悉毕达哥拉斯,我们可以认为他间接地从毕(转下页)

哲学的原材料正是从这些古代民族(当然还有希腊人)那里收集而来的。[1] 换句话说,对他的解释者而言,柏拉图的天才不在于他的体系的新奇:它恰恰在于他对科尔苏斯所谓的"真实学说"的重建取得了无与伦比的成功。这也就是为什么后来在对柏拉图的插入式感叹的赞美中,普罗克洛能够以在其他语境下可能显得讽刺或矛盾的措辞说,"我惊叹于柏拉图那受启发的理智,惊叹于它有能力[向那些追随他脚步的人]表明同一些事情",就像俄尔甫斯、"神学家"和"野蛮人"一样(《柏拉图的神学》5.10,33.21—34.2 Saffrey and Westerink)。[2]

于是,柏拉图被认为重建了人类古老的、原初的、(从而是)特许的智慧。但应当注意的是,柏拉图不是唯一被认为实现了对古代智慧的理解的思想家:实际上,他只是站在希腊哲学的古典传统顶峰的许多思想家之一,而不是第一个,他们的哲学被认为奠基于对"真实学说"的理解。这一点从普罗克洛在刚才引用的文段中提到俄尔甫斯就可以立即看出[3]。但对毕达哥拉斯也是如此。柏拉图主义者对毕达哥拉斯的尊重绝不仅限于所谓的"新毕达哥拉斯主义者",比如伽德斯的莫德拉托斯(Moderatus of Gades)和努曼尼乌斯。他被柏拉图主义者更普遍地采纳,他们撰写的毕达哥拉斯传记包含了许多与他们对柏拉图生平的描述类似的内容。或许最重要的是,人们普遍认为毕达哥拉斯也游历了野蛮

(接上页)达哥拉斯本人也曾广泛接触过的古代传统中受益:进一步参见下文。关于这个主题,一般参见 Dörrie and Baltes(1990),第166—191页。

[1] Frede(1997:220页;参考1994:5198—5199)认为,对于一般的柏拉图主义者,特别是对于科尔苏斯而言,"柏拉图不是真理的发现者,而是最后一位仍然把握整全真理的古人"(参考第230页,提到了奥利金,《驳科尔苏斯》6.10)。柏拉图的哲学不是新的,这当然是正确的;但这不意味着真理不受污染地传给了柏拉图。

[2] 这种对我们可能认为的柏拉图缺乏原创性的崇拜表达也不是唯一的:参考《柏拉图的神学》1.7,30.22—24;5.35,127.8—11 Saffrey and Westerink。

[3] 关于俄尔甫斯熟知埃及人的宗教,以及他奠定了希腊宗教,参考本书第89页注释2。

之地以寻求在他们的传统中保存的古代智慧之流（streams）。毕达哥拉斯与埃及人有过接触，这是一种早期的信念（比如伊索克拉底，《布西里斯》[*Busiris*] 28；参考西塞罗，《论目的》5.87，在此他还造访了波斯的玛吉）；但波斐利说他也造访过腓尼基人和迦勒底人（《毕达哥拉斯传》6—7；参考11，那里的名单包括了埃及人、阿拉伯人、迦勒底人和希伯来人）；扬布里柯（Iamblichus）说他去过腓尼基、埃及和巴比伦（他在这里碰到了玛吉：《论毕达哥拉斯的生平》4.19）。阿普列乌斯说他受教于索罗亚斯德本人（《繁盛》[*Florida*]15；也许参考普鲁塔克，《论〈蒂迈欧〉中灵魂的生成》1012E）。关于他的哲学也可以得到相同的结论：它是对原初智慧的一种受启发的重建，这就是柏拉图主义者认真对待它的原因。

重建古代智慧的希腊思想家的名单并未止于毕达哥拉斯：科尔苏斯还提到了里努斯（Linus）、缪塞俄斯（Musaeus）、斐瑞居德斯（Pherecydes）、索罗亚斯德、荷马、赫拉克利特，还有毕达哥拉斯、俄尔甫斯和柏拉图，认为他们全都是理解了"真实学说"的人（奥利金，《驳科尔苏斯》1.16 和 6.42）。[1] 与斯多亚学派相比，名单中最引人注目的成员是荷马：柏拉图主义者认为他也获得了这种非凡的洞见，而且，如果说斯多亚学派认为荷马在很大程度上"只是"一位诗人，在不知不觉的情况下

---

[1] 值得注意的是，这里没有提到大多数被我们称为"前苏格拉底哲学家"的思想家：赫拉克利特在科尔苏斯的名单中是个例外。这些"物理学家"在佚名的《柏拉图哲学导论》8 被提及——并且因为他们的物质主义（materialism）和缺乏对因果关系的理解而受到批评。巴门尼德（柏拉图跟随他的一位学生学习过：《柏拉图哲学导论》4；参考第欧根尼·拉尔修，《名哲言行录》3.6）同样因为认为"存在"（Being）是事物之所是的第一原理而受到批评（柏拉图继续表明，一先于存在）。这里的看法是——尽管并不清楚可以在多大程度上进行概括——这些思想家在整体上并不是完全错误的，而是他们的哲学并不像柏拉图的哲学那样完整。似乎他们是将古代智慧转换成"哲学"类型的早期尝试，尽管没有完全成功。前苏格拉底哲学家在柏拉图主义者的作品中都保有这种相当模糊的地位；关于特别是普罗提诺的看法，参见 Gelzer（1982）。

传承了古代智慧的碎片,那么柏拉图主义者在某种意义上回到了更早的关于荷马在哲学史中地位的前苏格拉底观点,认为荷马是一位有着极高成就的哲学家——但这一次是因为他们在他的诗中看到了对极高哲学真理(就是说,与毕达哥拉斯与柏拉图所恢复的相同的哲学真理)的深思熟虑的寓意阐释。[1] 当柏拉图主义者撰写关于荷马的评注,认为他的作品具有深刻而彻底的哲学内容时,他们不是在寻找偶然陷入诗歌中的原初传统碎片,而是在寻找荷马对那个传统的深思熟虑的重建。[2] 同样,他们不认为荷马能够通过灵感直接接触到真理(这是某些与第二次智术师运动相关的思想家给出的解释,包括推罗的马克西姆斯等柏拉图化的思想家,这个事实不应诱使我们认为他们的确如此认为)。[3] 柏拉图主义者采纳了荷马的传记,强调荷马与古代各民族有联系,正如他们对柏拉图和毕达哥拉斯所做的那样:比如,普鲁塔克说荷马受教于埃及人(《论伊希斯与俄塞里斯》364C—D),亚历山大里亚的克莱门可能利用了一些异教文本,实际上宣称荷马本人是埃及人(正如"大多数人认为的":《杂篇》1.15.66.1;参考后来的卡尔基狄乌斯[Calcidius],《柏拉图

---

[1] 佚名的《柏拉图哲学导论》(7)谈到了"诗歌学派"((ποιητικὴ αἵρεσις),包括俄尔甫斯、荷马、缪塞俄斯以及赫西俄德,是柏拉图之前的一个重要的哲学学派。

[2] 关于对荷马诗歌的寓意解释,参见最著名的波斐利的《水泽女仙的洞穴》(*Cave of the Nymphs*)(对观 Edwards 1990,关于他受益于努曼尼乌斯);参考波斐利的作品《论斯提克斯河》(*On the Styx*)残篇(372F—380F Smith)。波斐利写过许多关于作为哲学家的荷马的作品,包括一篇《论荷马的哲学》(*On the Philosophy of Homer*)(371T Smith)。他的佚作《哲学史》(*History of Philosophy*)第一卷似乎包括了对荷马的讨论(特别参考 201F 和 204F Smith)。我们拥有另一篇佚作的标题,即《论荷马之于国王的用处》(*On the Usefulness of Homer for Kings*)(370T Smith),以及一些源自波斐利关于荷马诗歌的寓意解释的重要残篇,包括他的《荷马诸问题》(*Homeric Questions*)(参见 Schrader 和 Sodano 的编本,后者编辑的部分被译于 Schlunk 1993;还有残篇 381F—406F Smith)。进一步参见 Pépin(1966)。

[3] 参考推罗的马克西姆斯,《论文集》38.1Trapp,对观 Kindstrand(1973),特别是第 163—168 页(同时参考第 115—124 页和第 194—198 页,关于普鲁萨的狄翁[Dio of Prusa]和埃里乌斯·阿里斯提德[Aelius Aristides]笔下荷马的神圣启示)。

〈蒂迈欧〉评注》［*Commentary on Plato's Timaeus*］126）。[1]在这个背景下，也许可以把琉善关于荷马是巴比伦人的看法（《真实历史》，2.20），看作对埃及哲学传统和巴比伦哲学传统的相对古代性争论的古怪反映。

显然，柏拉图是许多有着特殊能力的人之一，他们的工作确立了古典希腊的智识传统，而且他们做到这一点，凭的不是发明真理或个人对真理的顿悟，而是通过理解和阐释世界上的古代智慧传统来发现真正的哲学。那么，为什么柏拉图主义者是"柏拉图主义者"——"而不是比如说'俄尔甫斯派成员'或'荷马主义者'？在某种意义上（正如他们自己所看到的），他们可能是这些当中的任何一个——而且他们中的一些人事实上（努曼尼乌斯就是其中之一）特别专注于毕达哥拉斯，以至于他们实际上也被称为"毕达哥拉斯主义者"。[2]但或许问题在于，柏拉图发展了一种专属于哲学本身的更易懂的阐释体裁：诸如俄尔甫斯这样的"神学家"利用宗教仪式的神秘象征主义来传达古代智慧；毕达哥拉斯主义者也用象征主义来承载他们的智慧，他们的"格言"（ἀκούσματα）是他们

[1] 然而，荷马与埃及有某种联系的说法并不是柏拉图主义者的原创；参考比如狄奥多洛斯（《历史丛书》1.69.4，96.2，97.7—9）；或许希罗多德已经提出了这种看法（《历史》2.50，对观53；希腊神学源自埃及，但荷马和赫西俄德赋予它希腊的原始形式，这个事实暗示了这种联系）。关于荷马是埃及人的看法，亦参赫利奥多洛斯（Heliodorus），《埃塞俄比亚志》（*Aethiopica*）3.13.3—14.4。

[2] 这主要是程度问题：大多数柏拉图主义者认为，毕达哥拉斯的模糊性使得他实际上只有次要用途（secondary use）。努曼尼乌斯显然认为，可以对毕达哥拉斯进行更主要的使用（more primary use），尽管他认为柏拉图在表明毕达哥拉斯的思想和苏格拉底的思想如何协调方面贡献更多（参考残篇24.57—59，73—79 des Places，对观我在第7章中对努曼尼乌斯的讨论）。在另一个极端，一位思想家可以首先是一位毕达哥拉斯主义者（可能包括了伽德斯的莫德拉托斯，但是参见 O'Meara 1989：第11页，对观注释8）——不是因为他认为柏拉图的哲学必然低于毕达哥拉斯，而是因为他认为柏拉图已经不能对毕达哥拉斯关于原初智慧的论述增添什么（参考波斐利，《毕达哥拉斯传》53）。

用来为被选者(the elect)保存这种智慧的手段之一；此外，荷马还利用诗歌的技巧并在复杂的寓意叙述中表达"真实学说"。然而，柏拉图更容易接近：他找到的表达这种智慧的方式是目前为止是最清晰的。如果柏拉图是所有人中最清晰的(或许可以参考普罗克洛，《柏拉图的神学》，1.4. 20.1—25 Saffrey and Westerink)，那么他很可能为后来的解释者提供了最安全的路径来追求他们全都共有的智慧。奥林匹奥多洛斯的一位学生所写的柏拉图作品佚名《导论》无疑认为，柏拉图相对于他之前的哲学家的优越性主要在于他的清晰性，以及他提供了精心设计的证明[1]；再注意一下普罗克洛在上文引用的《柏拉图神学》5.10 的赞美：尽管他在那里的观点是柏拉图和俄尔甫斯都持有关于神的相同信念，但柏拉图阐释的清晰性，引导他人通向真理的能力，才是他赞美的直接对象。当然，评注传统可以认为自己扩展了始于柏拉图的过程，即通过尽可能减少对古代智慧实际内容的质疑来保护古代智慧。[2]

斯多亚学派关于通过各民族神学传统来传承原初的、特许的智慧的理论，是在重建这种智慧的基础上发展哲学的重要一步。但斯多亚学派认为，这种重建对于哲学所需的主要方法而言本质上是辅助性的：他们向着真理挺进，回顾神话只是为了检查(并证明)他们的方向是否正确。柏拉图主义者停下脚步，转过身来：他们相信，希腊独特的哲学传统已经在一系列古典和前古典时期杰出思想家的成就基础上建立起来了，这些

[1] 参见佚名，《柏拉图哲学导论》7—8：柏拉图论证的呈现比诗人们的更无可置疑和更高雅：它们比"物理学家们"(我们一般称他们是"前苏格拉底哲学家")的论证更无可置疑和神圣；比毕达哥拉斯学派的论证更清晰和更无可置疑。

[2] 参考普罗克洛，《柏拉图的神学》1.2,20—22 Saffrey and Westerink："在任何事情上，我们都更喜欢清晰、明确和简单，而不是它们的反面[ἐν ἅπασι δὲ τὸ σαφὲς καὶ διηρθρωμένον καὶ ἀπ λοῦν προθησόμεν τῶν ἐναντίων]。"关于亚里士多德的评注家，或许可以比较 Barnes(1992)，第 267—274 页。

思想家已经成功重建了原初真理的全部内容，因此，通向真理的最短路径就是借助他们返回那里。这不仅给了他们自己方法（以寻求柏拉图笔下的真理），也让他们有正当理由相信自己的事业具有独一无二的正确性。

第七章

偏离与分歧：柏拉图主义取代怀疑主义

作为罗马帝国晚期的主流学派，而且由于深刻影响了基督教神学，123
柏拉图主义对后来的西方哲学产生了决定性的影响。关于其影响的性
质的任何说法，最终都必须要返回柏拉图主义者根据上一章阐述过的
定义将权威归于柏拉图而为哲学研究引入的革命性新模式上来。认为
哲学的目的是理解一种已经存在的真理（而不是努力重新发现那个真
理），由此引发的对古代的首要关注，以及从这个过程产生的学说体系
本身，都必须根据柏拉图主义者归于柏拉图的前所未有的权威概念来
看待。但是上一章概述的论证只说明了问题的一半。因为虽然它们解
释了柏拉图的绝对权威，但严格来说，它们只能成功地向那些认为柏拉
图首先是正确的（right）人进行解释。按照他们的意思，柏拉图主义运
动的特色就是相信他们奠基者的权威，但是只有对柏拉图哲学的真理
大为折服的人，或者是被柏拉图主义者给出的解释吸引的人，才会觉得
有必要追问他是如何获得真理的。因此，虽然我迄今为止的论述对柏
拉图主义是什么说出了一些重点，但还不能回答柏拉图主义为什么会出
现——在一直认真对待柏拉图的悠久哲学传统的背景下，为什么突然有
一群人认为柏拉图的哲学包含了对真理如此彻底的论述，以至于柏拉图 124
主义的起源只能按照一种使得柏拉图哲学真正具有权威性的方式来
解释。

有一个简单的方法可以回答这个问题：在某个时刻，某个人以一种特殊的方式阅读柏拉图，然后被他在那里看到的学说说服，相信柏拉图对一切都有答案（而且是真实的答案），这位初始柏拉图主义者（Ur-Platonist）接过柏拉图的事业，成功地为他对柏拉图的解读以及由此产生的学说的有效性进行了辩护，以至于别人很快就加入了他，他或他们一起意识到，这样一个完整、完美的哲学体系只能按照我在前一章中提出的方式来解释，他们相信柏拉图总是正确的，这逐渐转变为相信柏拉图是有权威的——即柏拉图不仅总是而且必然是正确的。于是，柏拉图主义就产生了。

经过适当的改进，这样的故事就有可能成为真的——但如果它就是全部真相，如果柏拉图主义的起源可以简化为这样一个本质上传记式的事件，那就很令人失望。这就好比我们在解释斯多亚主义的起源时，将这个新体系的愿景归于基提翁的芝诺，却只字不提他对更早思想体系的不满和接触。由于柏拉图一直被阅读，而且正如我所说的，一直被认真对待：于是，对于柏拉图主义为何表现为一场运动这个问题，更重要的是考虑到有人可以为发展出一种解读他的作品的方式提供合理理由，以便证明它们都是真实的。这一点对于柏拉图主义尤为紧迫，它发现依赖于柏拉图学说的"明显"真理是不够的。因为通过回到柏拉图的文本，柏拉图主义者表面上拒绝了柏拉图之后 400 年左右的哲学研究。一个人可能会发现柏拉图的学说很有吸引力，但是为了让这样的人准备好相信他在柏拉图那里所发现的东西，为了改变他关于柏拉图的哲学已经被后来传统中的各学派取代的假设，为了确保他不会被诱使，误认为柏拉图的学说只不过是后来根据它们而发展出来的不同但至少同样可信的思想体系的合理前身，柏拉图主义者首先必须为他提供理由，让他认为通过研究柏拉图来追求真理是有意义的。只有当他被引导着去期待柏拉图的哲学可能优于后来出现的思想体系时,他对柏拉图学说的喜爱才会被期待着固化成一种信念,即柏拉图的学说是正确的。在本章中,我认为柏拉图主义者为他们的哲学提供了一种支持这一期许的合理理由。特别是,我会论证,如果我们认为柏拉图主义的理论起源于某个时刻的洞见,甚至是洞见到柏拉图是正确的,那我们就严重误解了柏拉图主义、它的成功和它的影响。相信柏拉图的哲学是普遍真实的,这显然至关重要(没有它就没有柏拉图主义)。但是作为只有柏拉图才能为我们指明通向真理之路这个原始期许的结果和确认,它本身属于哲学故事的后期阶段。

1. 分歧论证

柏拉图主义者自然可以且确实认为,他们从柏拉图那里引用的学说应当以某种方式得到我们的同意(assent):比如,当尝试与其他学派进行比较时,他们断言更有能力理解我们现有的证据。同样毫无疑问的是,有许多人会相信这些论证并因此而转去研究柏拉图。但也有许多人根本不相信这些论证。此外,对于柏拉图主义者为支持自己的学说而提出的每一种论证,他们都会遭到来自对手学派的反驳——对于从外部来看这场争论的人来说,这些反驳弱点可能并不明显。事实上,概括地说,除了可以针对个别学说而提出的任何反对之外,复兴后的学说论柏拉图主义体系(system of Dogmatic Platonism)只会促成学说式哲学家之间在观点上明显不可调和的分歧,而这种分歧形成了怀疑论者质疑真理是否已经被或能够被发现的起点之一——分歧(διαφωνία)论证(the

Argument from Disagreement）。[1]

　　分歧论证要求我们把自己从我们可能碰巧持有的任何观点中抽离出来，并从这个角度考虑我们会有什么理由倾向于任何学说式论证的一方而非所有反对者提出的主张。该论证表明我们会发现没有任何理由。这是个严格的分离论证（separate argument），即学说论者（Dogmatists）在某处为相信他们自己的体系所给出的理由，往往是一些在别处依赖于他们体系的真理的理由——简而言之，由于他们都在乞题（beg the question），所以没有任何学说性主张可以构成客观理由来假设它被包含于其中的体系是真实的。根据这个立场（就目前而言，它可以有效地反对学说论共识提出的真理主张），分歧论证说，鉴于有多个对立体系，甚至没有理由认为一个学派比任何别的学派更能找到真理，或者比任何别的学派更有可能找到真理（不论该学派实际上是否已经或将要找到真理）。情形有可能是，在考察这个领域时，在我看来一个学派比另一个学派更有希望；但即便这样，我也不得不承认对于许多人而言并非如此。除非我能向自己证明我的倾向是合理的——就是说，这些倾向基于充分的客观理由，而这些理由并不是我自己的倾向独有的，也不预设该学派本身所做出的学说性主张的真理——于是，唯一合理的结论就是，我的

———————

[1]　关于这个论证在学园中的使用，特别是卡尔涅德斯（Carneades），参见比如西塞罗，《论学园》（*Academica*）2.117—147。它出现在皮浪主义（Pyrrhonism）之中，是五个"阿格里帕式"（Modes of Agrippa）的第一个（参见塞克斯都·恩披里柯，《皮浪学说概要》1.165），也出现在塞克斯都描述"十式"（Ten Modes）第二式的过程中（塞克斯都·恩披里柯，《皮浪学说概要》1.88—89，塞克斯都在此也不屑于通过诉诸多数人的观点来回应这个论证，正如我在下文表明的，安提俄库斯可能已经这样尝试过了）。应当注意的是，我在下文对该论证的论述，更多是为了提供一个背景，从而可以探究柏拉图主义者对他们的学说论（Dogmatism）给出的证明，而不是为了说明怀疑主义者对这个论证的使用。关于对至少出现在塞克斯都·恩披里柯笔下的这个论证的一个更仔细和不那么片面的解读，参见Barnes(1990)，第1—35页。

倾向缺乏真正的客观性并在此遏制住我的同意。分歧论证本身会说，严肃而理智的哲学家之间存在的争论本身就提供了足够理由来怀疑任何一种学说论学派事实上比其他任何学派更可取，不论它们的学说给我造成了怎样的印象。

这正是柏拉图主义者希望否认的——他们的否认触及了将柏拉图主义视为一种方法而不是学说集合（正如我在前一章论证的）之所以如此重要的核心。分歧论证的力量来自它假设一个人成为比如斯多亚学派成员而不是伊壁鸠鲁学派成员的唯一理由，是他相信斯多亚学派学说的真理（或更高的可能性）。针对这一信念的合理理由所可能提出的任何怀疑——不论是通过直接批评学说本身，还是通过分歧论证提供的证明，即它们让其他许多同样理智的人觉得是错误的——此外还会排除在斯多亚学派内追求哲学的合理理由。除非你能确信这些学说，否则没有理由加入这个学派。但柏拉图主义者提出，或许有别的理由倾向于一个学派而不是另一个——就是说，一些（至少是首先）并不依赖于被这个学派的学说性立场吸引的理由。他们的目的，实际上是向某个已经研究过所有学说选项并因此对所有学说的真理悬置判断的人提供成为柏拉图主义者（而非比如斯多亚学派成员）的客观理由。他们宣称，对柏拉图学说真理的最初信念只是成为柏拉图主义者的一个理由：然而，这不是他们依赖的理由——他们意识到这么做就等于承认了怀疑论者的立场。借助于将哲学方法及其特定学说结果分开，他们就能够说，只要后者不能被真正证明为错误的，研究柏拉图依旧是向真理追求者开放的唯一合理途径。

一种哲学可以有不止一种方式来尝试这样的策略，并在独立于它所支持的特定学说的情况下，为遵守自己学派的方法进行辩护。比如，我们可以据此考察斯多亚学派的如下主张，即他们的哲学是对世界的唯一一致的（consistent）哲学论述，对一位真正的"客观观察者"而言，其他哲学明显会陷入自相矛盾的困境，因此他们的学派是唯一提供了关于世界的可行论述的学派。比如西塞罗的《论学园》2.23就尝试了这种方法——这个文段特别提到了安提俄库斯的体系，但他的前提全都是与斯多亚学派共有的，他可能被认为从斯多亚学派那里得到了这个论证（以及他的体系本身中的大部分内容）。[1]于是，在这个文段中，这个体系被证明能够根据其内部一致性而对世界做出充分的论述；它被证明是唯一能做到这一点的体系，这是因为它独特的一致性（从它与替代模式的分歧中取消了等价性）；最后，由于知识的可能性被列为促成该体系的一致性的要素之一，它让我们无法怀疑（甚至在我们同意斯多亚学派的特定学说之前）这个体系是唯一提供了任何希望的体系，能够指引我们获得关于世界的知识。

但是，对怀疑论者的这种回应的直接问题在于，斯多亚学派并不是唯一声称他们自己的替代体系矛盾——事实上，他们反过来也被指控为自我矛盾（正如我们将进一步看到的）。这会破坏斯多亚主义的一致性（更别说独特的一致性了）是客观上明确的这一主张。这种方法非但没有让客观观察者摆脱困惑，反而会让他重新陷入无法判断的境地。简而言之，斯多亚学派的回答只是另一种断言斯多亚学派方式（Stoical way）优越性的方法，但很难成为让怀疑论者转而追随它的手段。

于是，第二种更加大胆的策略就可能是首先否认哲学分歧的严重程度，从而取消分歧论证发挥作用的基础。这可能是安提俄库斯的另

---

[1] 参考西塞罗，《论目的》3.74，斯多亚学派在此以个人的名义声称，他们的学说体系有着一种只与自然（Nature）共有的独特的一致性层次。

一个更独特的论证背后的策略。因为安提俄库斯认为，柏拉图、旧学园、斯多亚学派和吕克昂学园都持有本质上完全相同的观点——他说这只是被他们使用的术语不同这一事实掩盖了（比如《论目的》5.88—92）。这个理论的种子似乎是他早年作为卡尔涅德斯式怀疑论者时播下的（《论学园》2.63,69），因为卡尔涅德斯和之前的阿尔凯西劳（Arcesilaus）早就开始指责斯多亚学派正是在新术语的幌子下持有漫步学派的伦理理论的（比如《论目的》3.41;《论学园》2.16 的阿尔凯西劳）。但是安提俄库斯的扩展的融合主义（syncretism），特别是柏拉图与斯多亚学派一致的主张，大概至少不是他作为学园怀疑论者所能持有的：新学园成员（不论可能对他们进行怎样的指责）绝对不会认为自己背叛了奠基者。因此，安提俄库斯关于大多数学说论学派本质上一致的理论必定与他自己思想的学说论阶段有特别的关联，这种理论的要点可能是这样的：尽管怀疑论者言过其实，但唯一位于哲学共识之外的主要的学说论学派是伊壁鸠鲁学派，在没有伊壁鸠鲁学派的情况下所形成的共识，其分量（weight）可被用来孤立并边缘化伊壁鸠鲁学派的立场，以至于他们的立场甚至根本算不上"严肃的"替代立场。[1]这一切都不能证明安提俄库斯的共识实际上是正确的（它甚至没有声称要证明某种共识的提出不可避免）。[2]但至少这种理论会获得修辞上

129

---

[1] 不论如何，伊壁鸠鲁学派的快乐主义（hedonism）很容易被夸张，使之从一开始就无法被接受：参考西塞罗，《论学园》2.140，更值得注意的是，可以比较斯多亚学派孤立伊壁鸠鲁学派立场的策略，Algra(1997)，第 109—118 页有讨论。

[2] 尽管可以比较安提俄库斯对 *divisio Carneadea*［卡尔涅德斯的划分］的使用（比如西塞罗，《论目的》5.16—23），他或许希望借此表明在伦理学中能够采取的可能立场数量十分有限。（安提俄库斯的学生瓦罗列举的可能的伦理学学派数量是 288 个；但他认为它们都只以三种本质上不同的立场为基础：参见奥古斯丁，《上帝之城》19.1—2。）不论如何，这也是克吕西波在提出他的伦理学 *divisio*［划分］时的意图（西塞罗，《论学园》2.138）。关于这些不同的 *divisiones*［划分］及它们的使用，参见 Algra(1997)。顺带说一下，安提俄 （转下页）

的优势,并为客观观察者提供某种理由,使其认为支配着这种普遍同意(general assent)的学说要比它们的那些所谓不受欢迎的替代者更值得考察。

然而不幸的是,安提俄库斯的那些一致性主张本身就有偏见且本质上是主观的:至少,它们肯定不会得到比如斯多亚学派的赞成。他的主张所依据的一致程度究竟是否存在,这在客观上首先就不明确。

针对这个问题,我认为柏拉图主义者采取了第三种方法——与斯多亚学派和安提俄库斯相比,这种方法的优势恰恰在于它依赖于他们的对手已经承认的前提。因为柏拉图主义者同意,哲学实际上被不可调和的多样性弄得四分五裂,但他们还是继续论证,怀疑论的结论绝非唯一的甚至是最合理的回应。正如我们将看到的,他们提出了一种替代模式来解释这种多样性,认为这种模式为特别是通过研究柏拉图来寻求真理提供了客观的合理理由。

2. 柏拉图主义哲学史中的柏拉图

130　　从后来几个世纪的视角来看,柏拉图在哲学史中拥有一种独一无二的地位,作为最新的哲学家,他的作品在某种意义上形成了后来传统中出现的各种学派的共同参考点。当然,柏拉图在世时就有对手:既有对话所反对的早期思想残余,也有和他一样起源于对苏格拉底的解释的替代运动。然而,从直接的历史影响来看,以及从后来希腊化时期的后见之明(hindsight)的视角来看,柏拉图的直接对手的贡献可被认为是极小

(接上页)库斯专门用卡尔涅德斯的划分而非克吕西波的来展开工作,这表明他希望借此对怀疑主义者进行某种形式的回应。

的。在后柏拉图哲学中,诸如犬儒学派或居勒尼学派(Cyrenaics)(尽管犬儒运动至少还后继有人)这样的学派不被认为是重要的(mattered);重要的学派是(按照建立顺序)学园、吕克昂学园、花园派和斯多亚学派。这一点很重要,因为如果哲学争论的客观观察者因学说论者不能达成一致的事实就悬置判断的话,这并不是因为学说论者之间有时会存在分歧,甚至也不是因为他们无法让每个人都在当下取得一致。长期搁置的替代选项的以往存在根本不会招致任何困难[1]。学说论可以愉快地与怪人或智术师共存,他们的孤立可能证明了他们没能理解主流立场,或者只是不愿意这么去做。单单是希腊化诸学派所涉及的人数就确保了他们必须被认真对待,但同样地,这些学派之外的各种运动所争取到的相对微不足道的追随者以及他们在争论中的边缘地位,很可能导致客观观察者认为他们不重要,是实际上的无关者。以最持久"边缘的"苏格拉底式运动为例,犬儒学派本身远未能对当时的主流争论有所贡献,他们完全拒绝处理(逻辑学和物理学方面)的许多论证,而这些论证是斯多亚学派和伊壁鸠鲁学派的学说论主张的核心。假如怀疑论者要让他们的论证在修辞上有效,要让学说论哲学家对他们的学说论感到不适,要让客观观察者保持在合理的悬置判断状态,那他们就必须能够表明,这四个学派(他们形塑了发展中的争论,并且有大量哲学家被他们不同程度地吸引)之间存在重大分歧。学说论可以容纳边缘异议,但在人们期望找到最聪慧思想家的地方却存在分歧,这应当让人驻足深思。如果安提俄库斯对老学园、斯多亚学派和吕克昂学园的修正主义合并是为了回应怀疑论者的话,那么无论如何,他肯定已经这样思考

131

---

[1] 比较西塞罗对皮浪、赫里努斯(Herillus)和阿里斯托(Aristo)"被弃已久的"体系的潦草处理(特别是《论目的》2.43,5.23;《论义务》1.6)。

过了。

于是，如果我们看一下哲学史，它只包括了那些从我们正处理的问题的角度来看很重要的运动，那么很明显，柏拉图实际上就是所有后续哲学的唯一参考点。他的对手中没有一个激发了存活下来从而构成希腊化时期"严肃"争论的一部分的学派或运动[1]；然而，在这四个重要的学派中，总共有三个可以将他们的发展直接回溯到柏拉图。当然，柏拉图建立了学园，而他最著名的学生亚里士多德则建立了吕克昂学园。似乎真实的是，早期斯多亚学派自视为尝试从柏拉图的形而上学荒谬中拯救苏格拉底遗产的一部分，因此他们绕开柏拉图，通过克拉忒斯和犬儒学派来回溯他们的统绪[2]；但另一种历史建构也是可能的，因为斯多亚主义的创建者芝诺不仅是犬儒学派克拉忒斯的学生，也是柏拉图的继承者波勒漠（Polemo）的学生（第欧根尼·拉尔修，《名哲言行录》7.1）。换句话说，斯多亚主义也可以被视作柏拉图的后裔，当然，在柏拉图主义者写作时，这正是斯多亚主义者的观点。斯多亚学派因其犬儒学派根源而变得越来越尴尬，因此在相对早期的阶段就接受了柏拉图的遗产，而芝诺与波勒漠的关联则允许他们这样做。[3] 实际上，唯一

132

----

[1] 应当强调的是，我并不赞同这种看法，即与柏拉图对立的苏格拉底学派——包括麦加拉学派、居勒尼学派和犬儒学派——在希腊化思想中几乎没有影响。犬儒学派和居勒尼学派可能分别影响了芝诺和伊壁鸠鲁，不论他们后来的追随者怎么认为；麦加拉学派在逻辑学的发展方面十分重要，并且通过逻辑学影响了哲学的其他领域。但是，重要的当然是柏拉图主义者和柏拉图主义者希望诉诸的那些人如何看待他们。

[2] 参考比如 Long(1988)，第 161—162 页。

[3] 参考第 110 页注释 1。斯多亚学派还试图与芝诺的一些作品（重点是他的《理想国》）中明显的犬儒学派学说保持距离，例如，他们声称这些作品尝试让自己远离可见于芝诺的某些作品中明显的犬儒学派学说（特别是他的《理想国》，比如他们主张这些作品是早期作品，可以追溯到他结识波勒莫(Polemo)之前，因此它们不能真正代表斯多亚主义；参考第欧根尼·拉尔修，《名哲言行录》7.4，特别是斐洛德莫斯(Philodemus)，《论斯多亚学派》（转下页）

不能将自己的发展回溯至柏拉图的希腊化学派是伊壁鸠鲁的花园派，而且，尽管它受惠于德谟克利特（甚至于有可能认为，通过居勒尼学派而受惠于苏格拉底）[1]，但它本质上是一次新的创建，不是柏拉图的任何先辈或对手的延续。同样重要的是，至少伊壁鸠鲁学派就是这样看待自己的。[2]

这段提要式的哲学史，以及柏拉图主义者所有重要对手在其中承认的柏拉图的独特地位，让柏拉图主义者有了机会。这使得他们能够说，希腊化时期出现的分歧必须被视为（甚至有可能琐碎地描述为）大多数或所有不同学派的发展有意拒绝柏拉图的结果。同样，没有一个柏拉图主义者的对手会认真反对这种说法。事实上，他们可能会表示欢迎，因为这种说法对于柏拉图主义者本身而言似乎是致命的：它似乎论证了普遍一致的看法，即柏拉图毕竟是需要改进的。但是，如果我们认为所有这些后来的学派都在认真地尝试发现真理，而且他们都可以夸耀有强大的智识帮助自己，那么这种回应所不能做到的就是解释问题的真正症结：为什么他们存在如此多的分歧。客观观察者至少知道一件事情，那就是这些学派中最多只有一个是正确的，所以大多数学派甚至可能全部学派都是错误的。那么，我们如何解释至少大多数甚至可能所有严肃的哲学家都失败得如此彻底呢？只有三种可能的解释，它们为客观观察的两种可能回应提供了合理理由。

（接上页）(*On the Stoic*)，第 IX 栏，2. 1—2 Dorandi。这些说法或许告诉了我们更多关于芝诺继承者的态度，而不是这个案例的历史事实：斐洛德莫斯已经怀疑他们是否正确（参考《论斯多亚学派》，第 XIV 栏，4. 4—5 Dorandi)，同时参考最近的 Erskine(1990)，第 9—15 页。

[1]　参考西塞罗，《论目的》1. 26，对观《论演说家》3. 62。

[2]　参考比如卢克莱修，《物性论》1. 62—79，关于伊壁鸠鲁的原创性（注意不断重复的 *primum. . . primusque. . . primus*)。关于学园中对苏格拉底相当负面的看法，参见 Kleve (1983)，对观 Long(1988)，第 155—156 页。

一种解释是,在这场争论中,没人拥有真理,甚至柏拉图也没有。既然每个人都是错误的,那么后续争论的范围自然就十分广泛了。

第二种解释是,柏拉图是错误的,而柏拉图之后的某个学派是正确的(或者至少是朝着正确的方向前进)。但在这种情况下(通过分歧论证),在他们那个时代不断涌现的分歧中,没有任何客观标准可以用来辨识他们的改进。从客观的角度来看,这就像他们真的错了一样无用。

这两种解释都加强了怀疑论者的立场:分歧论证的存在表明,要么没有人拥有真理,要么真理是不可辨识的,而且不管怎样,我们都没有理由倾向于一个学派而不是另一个学派。然而,有件事情是这两种可能性都无法做到的,那就是为所确认的分歧的历时传播提供解释——特别是解释为什么所确定的严重分歧只出现在柏拉图之后。如果柏拉图本人显然是错误的,为什么他在自己的时代没有重要对手,而这些对手的哲学被证明同样是后来思想传统的富有成效的起点?要解释这一点,就需要开启第三种可能性。因为分歧论证所引用的证据也符合柏拉图是正确的这一假设,而后来那些背离他的思想的学派在这么做时确实过于草率了。事实上,它不仅符合这个假设,还能被这个假设更充分地解释:根据柏拉图是正确的这个假设,那么我们就会理解为什么在希腊化时代,没有任何通过绕过柏拉图的路线来追溯起源的严肃哲学传统存在,以及为什么在柏拉图去世后出现了分歧——这当然是因为,如果柏拉图确实拥有真理,那么自然就会得出,为回应他的哲学而建立的学派会发现自己造成了严重的麻烦。[1]

---

[1] 关于偏离真理的人都陷入彼此争论这个原则的更清晰说明,参考扬布利柯,《论秘仪》(*On the Mysteries*)9.4,277.8—13 Parthey;普罗克洛,《柏拉图〈阿尔喀比亚德前篇〉评注》(*Commentary on the First Alcibiades*)310.3—311.7 Segonds。后者是对《阿尔喀 (转下页)

由此导致的断裂虽然细小却十分重要,因为它让柏拉图主义者可以说,对怀疑论者诉诸的分歧的恰当描述(一种考虑到了历史维度的描述),会让我们得出与怀疑论者提供的结论非常不同的结论。如果恰当描述的话,分歧论证的结论是下面这些选项:要么柏拉图是正确的,要么柏拉图是错误的,从而我们不可能知道希腊化诸学派中是否有任何一个是正确的。虽然这没有为我们就柏拉图事实上是正确的提供任何论证,但它所做的是论证,柏拉图的正确性是我们在寻找真理时可能拥有的唯一希望。此外,柏拉图是正确的这个假设的出众解释力让我们有了一个真正的理由来进一步检验该假设。从分歧论证出发,柏拉图主义者能够为真正寻求真理的人——甚至怀疑论者也宣称寻求真理(参考比如塞克斯都·恩披里柯,《皮浪学说概要》1.7)——提供一个在柏拉图那里寻求真理的理由。这不是论证特定学说的真理性,而是论证追求哲学的方法——事实上是独特的柏拉图主义方法,我在上一章中认为应当根据这种方法来看待这场运动。

为了维持这一举措背后的势头,为了表明这确实(事实上)导致了对真理进而是对柏拉图的权威的信念,柏拉图主义者自然可以说得更多;我将在后面回到这一点。到目前为止概述的哲学史还有一些细节需要补充。因为柏拉图主义者的看法并不是说所有学说论的希腊化学派都是错误的——只是说从客观的角度来看,没有一个学派就其自身而言被认为是正确的。但是,如果柏拉图主义者成功地引导我们相信柏拉图的权威,我们就可以继续考察是否有任何希腊化学派是正确的,只要我们

(接上页)比亚德前篇》111a—e的评注,它为这个原则提供了柏拉图式的基础(苏格拉底:"难道有知识的人不会同意彼此且没有分歧?"阿尔喀比亚德:"是的。""一旦他们关于什么东西有分歧,你会说他们知道这个东西吗?""不会。")。参考苏格拉底在《斐德若》237c非常类似的说法。

追问是否有任何学派仍然忠实于柏拉图。当我们要弄清楚柏拉图相信什么时，这个问题将具有重大的实践意义，因为人们关于柏拉图的解释将会受到影响，这取决于人们是否相信比如亚里士多德依旧忠实于柏拉图——正如普鲁塔克和阿普列乌斯等柏拉图主义者，更不要说普罗提诺和后来的柏拉图主义传统在很大程度上认为的；或者是否相信亚里士多德同样偏离了他的老师。阿提库斯当然认为亚里士多德已经偏离了[1]；甚至是那些对亚里士多德普遍有好感的早期柏拉图主义者也打算认为，至少在伦理学问题上，斯多亚学派更忠实地代表了柏拉图。[2]同样，新学园对于柏拉图学说的忠诚度问题依旧是个棘手的难题：举个最极端的例子，努曼尼乌斯激烈地主张阿尔凯西劳已经脱离了柏拉图；但是其他人，特别是普鲁塔克，则找到了调和阿尔凯西劳的意图与学派创

---

[1] 参见他的作品《驳通过亚里士多德的学说来解释柏拉图的学说者》(*Against Those Who Undertake to Interpret Plato's Doctrines through Those of Aristotle*)的残篇(1—9 des Places)，下文会进一步讨论；同时参考卡尔维努斯·陶儒斯(Calvenus Taurus)，他写了一篇名为《论柏拉图与亚里士多德的学说差异》(*On the Difference between the Doctrines of Plato and Aristotle*)的作品(《苏达词典》，词条Ταῦρος)。当然，所有这些都有一个程度问题，认为亚里士多德本质上忠实于柏拉图，同时又有自己的创新，这并无矛盾。比如普鲁塔克一般都会承认亚里士多德的"柏拉图主义者"资格，但依旧与亚里士多德有分歧(正如《论神谕的衰微》[*On the Neglect of Oracles*]414A—C；参考《论德尔斐神庙的 E》389F)。后来，波斐利写了一篇作品《论柏拉图的学派和亚里士多德的学派之间的统一》(*On the Unity of the Platonic and Aristotelian School*)和另一篇作品《论柏拉图和亚里士多德的分歧》(*On the Disagreement of Plato and Aristotle*)(分别见于 239T 和 238T Smith)。晚至 6世纪，我们在佚名的《柏拉图哲学导论》中发现了某种含混之处：这篇作品开始于引用"神圣的亚里士多德"，但在第 9 节却用了部分内容来讨论漫步学派思想的劣势。关于一般的原则，也许可以比较努曼尼乌斯对柏拉图的直接继承者的评论：他说他们偏离了柏拉图的哲学，但不值得严厉谴责，因为他们"保留了他的学说精神(ethos)"(残篇24.5—10 de Places)。

[2] 当然，参考阿提库斯(比如残篇 2.9—17 de Places)；但亦参阿尔吉努斯，《柏拉图主义指南》(*Didaskalikos*)180.39—41 Hermann(同时参考第欧根尼·拉尔修，《名哲言行录》3.78)。

建者的意图的方法。[1] 然而,就算是这些问题也不太有理论上的重要性。我所概述过的论证集中于柏拉图,而且只能让我们有理由更认真地对待他,因为他具有独特的历史地位,而个别希腊化学派的有效性严格来说只是次要问题。

我已经证明,柏拉图主义者诉诸哲学史,目的是向我们提供希望至少是通过研究柏拉图来发现真理的合理理由,也是为了根据柏拉图拥有真理的假设来理解后柏拉图哲学的本质。如果我是正确的,那就解释了柏拉图主义在修辞和论战中的一些更普遍和典型的主题。因为柏拉图主义者不仅异常关注于指出对手(尽管他们自然也这样做)哲学的自相矛盾和明显荒谬,还有他们彼此引发的分歧。理解这些主题的关键似乎是下面这个最典型且(从哲学的角度来看)看似最无关的主题;这些学派的创建相对年轻。当我们把这些主题放在一起时,似乎柏拉图主义者确实希望我们理解,后柏拉图学派之间涌现的争论以及他们各自的哲学缺陷,都是为了支持柏拉图是正确的这个假设,也就是说,如果这个假设成立的话,它们就可以在某种程度上被理解为必然的结果。普鲁塔克就是个很好的例子,他有许多针对希腊化时期的学说论学派的论战作品存

---

[1] 普鲁塔克作品的古代目录包括了一篇作品的标题,即《论自柏拉图以来学园的统一》(*On the Unity of the Academy since Plato*)(兰帕里阿斯目录第 63 号:περὶ τοῦ Μίαν εἶναι τὴν ἀπὸ τοῦ Πλάτωνος Ἀκαδήμειαν)。关于普鲁塔克本人调和学园和柏拉图主义的方法,特别参见 Brittain(1996),第 208—220 页(第 218—220 页,关于阿尔凯西劳);同时参考 Boys-Stones(1997)。关于处理这个问题的另一种方法,参见比如《柏拉图〈泰阿泰德〉佚名评注》(*Anonymous Commentary on Plato's Theaetetus*)70. 12—26,其认为学园怀疑主义是针对个人(*ad hominem*)(也就是针对斯多亚学派)而形成的。另一种理论,即学园在其怀疑主义论证背后积极地坚持一种秘密的学说传统,被归于一位可能早至公元前 3 世纪的尼多斯的狄奥克勒斯(Diocles of Cnidus)。参见努曼尼乌斯,残篇 25. 75—82 des Places(参考 27. 56—59),对观 Flammand(1994);进一步参见塞克斯都·恩披里柯,《皮浪学说概要》1. 234;奥古斯丁,《驳学园》(*Against the Academics*)3. 37—43,以及《书简》118,对观 Brittain(1996),第 233—237 页。

世。比如考察一下他反伊壁鸠鲁学派的论文《驳科洛忒》(*Against Colotes*)(科洛忒是伊壁鸠鲁的学生)的开头几行。因为在这篇攻击以新颖性为荣的哲学的作品开头,普鲁塔克安排了一段给朋友(大概是一位柏拉图主义朋友)的献词,此人是"美和古老的爱者"(φιλόκαλον καὶ φιλάρχαιον),而且认为"只要情况允许,回忆并掌握古人的教诲(τοὺς λόγους τῶν παλαιῶν)是最高贵的事业"(《驳科洛忒》1.1107E)。普鲁塔克并不是一个会详细说明他的听众自己可能会被期待着推断出什么的人,但这个关于伊壁鸠鲁哲学学说困难和荒谬之处的序言,一定是为了给我们提供温和的指导,让我们得出结论,认为这些困难在某种程度上是这个体系本身的新颖性的结果。

同样的教益也重复出现在普鲁塔克现存的两篇反斯多亚学派的作品中:《论斯多亚学派的矛盾》和《论共同概念》(其中记载了斯多亚学派的各种学说,它们违反了我们关于似乎真实事物的自然理解)。这两篇作品都没有明显的历史基调,但都是由试图根据斯多亚学派对特别是柏拉图的创新来解释斯多亚主义的困难而形成和引导的。我已经在别的地方论证过(Boys-Stones 1997),普鲁塔克在斯多亚学派哲学中列出的矛盾,正是出现在他认为斯多亚学派偏离柏拉图之处的矛盾。他在这样做的时候支持的结论是,根本不可能在不同于柏拉图的同时保持一种一致的哲学。或者至少,保持一致也许是可能的,但那样的话就只能以明显的荒谬为代价:当然,这是《论共同概念》的教益。[1] 在这两种情况下,正是柏拉图的正确性这个假设才能在某种程度上解释斯多亚学派后来

---

[1] 亦比较普鲁塔克,《论斯多亚学派的话比诗人更荒谬》(*That the Stoic Talk More Paradoxically than the Poets*)(兰帕里阿斯目录第 79 号),这篇作品只有提要存留(1057C—1058E)。

的体系中明显的荒谬之处。假如柏拉图是错误的,那么斯多亚学派的偏离可能导致改进,但如果柏拉图是正确的,那么斯多亚学派的偏离就必然会导致各种被确认了的困难。我们将会看到,普鲁塔克使用整个柏拉图主义论战中常见的语言认为,如果我们假设斯多亚学派不是严重反对柏拉图的产物,而是幼稚或诡辩尝试的产物,目的是在柏拉图实际上已经征服的领域获得一些荣誉(παιδιὰν καὶ εὑρησιλογίαν ἕνεκα δόξης:《论斯多亚学派的矛盾》1.1033B)的产物,那我们就能理解斯多亚学派的存在。

　　普鲁塔克还写过一篇《论伊壁鸠鲁学派的矛盾》(*On the Self-contradictions of the Epicureans*)(兰帕里阿斯目录第 129 号)的作品,尽管这篇作品不幸失传,但我们可以合理认为这篇作品与关于斯多亚学派的对应作品的主题类似:普鲁塔克在这篇作品中表明,伊壁鸠鲁学派在他们学说的每一点上都自相矛盾,因为他们的新体系与柏拉图对立——这就让我们认识到,一定是因为它与柏拉图对立才导致了困难。[1] 普鲁塔克绝非唯一以这些说法进行论证的柏拉图主义者。比如和他几乎同时代的阿提库斯就写过一篇攻击亚里士多德的作品——《驳通过亚里士多德的学说来解释柏拉图的学说者》(Πρός τοὺς διὰ τῶν Ἀριστοτέλους τὰ Πλάτωνος ὑπισχνουμένους)。在我们掌握的关于这篇作品的残篇中,我们可以看到他也认为不仅亚里士多德是错误的,而且更准确地说,我们可以根据亚里士多德的创新来理解亚里士多德的错误(残篇 5.9—15 des Places):

　　　　亚里士多德似乎希望,如果他提出了一种多余的质料性实体,

---

[1]　第 152 页注释 1 中提到的作品同样有一个姊妹篇,即兰帕里阿斯目录第 143 号,《论伊壁鸠鲁学派的话比诗人更荒谬》(*That the Epicureans Talk More Paradoxically than the Poets*)。

他看起来就会在理智上优越一些，所以他在显然存在的四种元素之上又算上了第五个。这是一种非常慷慨大方的行为；但是他没有看到，自然的研究者被认为是研究自然，而不是为自然立法。

第五元素的"发明"导致了亚里士多德（至少此处）自相矛盾，但同样糟糕的是，导致了亚里士多德与显然真实的东西矛盾（这一点在上引文段的后续部分得到了阐明，见 5.15—38，这里进一步讨论了亚里士多德的荒谬，并与柏拉图的立场进行了对比）。再一次，除了假设亚里士多德由于自负或爱争论而肆意引入创新，没有办法解释亚里士多德的哲学（见刚才引用的残篇 5.9—15；还有 6.72—73：φιλονικῶν［喜好争论］；参考 7.34—39：φιλονικῶν［喜好争论］）。当然，如果柏拉图一开始不是正确的，那么亚里士多德的创新也没有改善这种状况。

但是，关于这个主题最引人关注的讨论，或许可以在另一位 2 世纪的柏拉图主义者阿帕米亚的努曼尼乌斯的作品《论学园对柏拉图的背离》（*On the Academics' Dissension from Plato*）中找到，这篇作品的现存残篇广泛处理了亚里士多德和斯多亚学派，以及怀疑论学园的偏离。[1] 同样，对于努曼尼乌斯而言，希腊化诸学派之间的哲学缺陷通常可以用他们偏离了柏拉图来解释（总是基于柏拉图是正确的假设）。

努曼尼乌斯以一种特别引人注目的方式——自相矛盾地把伊壁鸠鲁学派作为应当如何做哲学的典范——论证这样一个一般原则，即偏离真理会导致哲学上的困难。在"伊壁鸠鲁主义"是一个被柏拉图主义者、

---

[1] 这部作品的残篇是 24—28 des Places，出自尤西比乌斯，《福音书的预备》14.4.16—9.4（727A—739D）。关于努曼尼乌斯的生平和哲学，更一般地说，特别参考 Frede(1987)（第 1040—1450 页，关于学园成员的分歧）。

斯多亚学派和亚里士多德主义者（至少安提俄库斯在这一点上是正确的）共同谴责的术语的时代，努曼尼乌斯实际上在这里发现了该学派有某种可以赞美的东西。这肯定不是因为他要比他们自己学派之外的任何人都对他们的学说更有好感，而是因为他认为伊壁鸠鲁学派与柏拉图主义者对创新（καινοτομία）的危险有着共同的理解——努曼尼乌斯说，这是一种他们认为非法的东西，他们珍视彼此的一致（ὁμοδοξία）和不改变创建者的学说（参见残篇 24.22—36 des Places 全部内容）。恰恰错误的是，他们相信伊壁鸠鲁的"神圣"权威；但相当正确的是，他们从这个所谓的事实中推断出，不偏离伊壁鸠鲁就是进步。努曼尼乌斯大概认为伊壁鸠鲁的学说是创新的（即就柏拉图而言）；他对伊壁鸠鲁学派忠实性的赞美令人惊讶，这不仅是因为他的听众也会意识到这一点。但这种惊讶是为了强调如下基本理论点：如果你的来源是正确的，那么不偏离它就是一种进步。在努曼尼乌斯关于学园的著作的语境下，这个对伊壁鸠鲁学派进行赞美的打破旧习的文段，其目的一定是这样的：学园（以及斯多亚学派和亚里士多德）要比后来的伊壁鸠鲁学派更差，因为他们的确进行了创新，而且是对柏拉图的学说进行创新。至少，伊壁鸠鲁是错误的——或不管如何被表明是希腊化时期分歧的原因之一，这种分歧导致无法在当时的各个学派之间完全辨识出真理。改变他的哲学并不会使问题变得比原来的更糟。但是对柏拉图的创新却首先导致了分歧加剧。如果假设柏拉图一直都是正确的，我们就能最充分地理解这一灾难性的后果。或许是出于相同的原因，努曼尼乌斯与普鲁塔克和阿提库斯一样，强调后柏拉图诸学派所面临明显困难，特别是他们的自相矛盾和他们之间不可避免地涌现的分歧。比如，斯多亚主义从一开始就遭遇了派别活动（或"内战"：ἐστασίσται），一直延续至今（残篇 24.37—38 des

139

Places);阿尔凯西劳被比作自残的九头蛇(Hydra),有着一种以自相矛盾为工具的哲学(参考残篇 25.49—50);阿尔凯西劳的继承者拉居德(Lacydes)是学园的掌门,他被迫承认在他的哲学与生活之间实际上存在不可调和的矛盾(残篇 26.96—8)。[1] 对困难的涌现的解释并不是不能发现真理(正如怀疑派认为的:但请注意,怀疑派本身如今也是努曼尼乌斯在哲学上所确认的多样化问题的一部分)。不如说原因在于,这些学派从发现真理的地方出发,却阻止了自己发现真理的尝试。与普鲁塔克和阿提库斯一样,努曼尼乌斯也以爱争论(φιλονεικία:关于阿尔凯西劳,见残篇 25.62—63)或爱荣誉(φιλοτιμία:关于阿尔凯西劳和芝诺,见残篇 25.10—11;在有限的意义上甚至还有关于柏拉图的直接继承人,见残篇 24.14:斯彪西波[Speusippus]、克塞诺克拉底[Xenocrates]和波勒漠)来解释对柏拉图的灾难性拒绝。如果伊壁鸠鲁的继承者讽刺地例证了一种关键的哲学德性,那么柏拉图本人则为努曼尼乌斯提供了究竟应当如何做哲学的模式:根据努曼尼乌斯的说法,柏拉图在哲学上走的是一条建设性的道路,他将人们已经达成共识的那些真理,特别是在苏格拉底和毕达哥拉斯思想中体现的真理结合起来(残篇 24.57—59,73—79;参考 24.18—22)。然而,他的继承人的创新却把他的哲学撕得粉碎(参考 24.67—73):[2]

---

[1] 参考普鲁塔克,他指出,斯多亚学派在生活和学说之间的不一致是他们自相矛盾的哲学的内容之一:参见《论斯多亚学派的自相矛盾》1—4,1033A—1034A,对观 Boys-Stones(1997),第 47—49 页。

[2] 这种哲学上的暴行在苏格拉底的直接继承者对待苏格拉底的方式中有所预示(努曼尼乌斯提到了阿里斯提普斯[Aristippus],安提斯泰尼[Antisthenes],麦加拉学派和埃瑞忒里亚学派[Eretrians];参见残篇 24.47—56 des Places(就在引用此处讨论的彭透斯比喻之前)。努曼尼乌斯表明,正是由于只有柏拉图把握住了苏格拉底的真正意思(特别参考 24.57—59),才使事情在这个阶段不至于失控。

正如在一开始我们提议将[柏拉图]与亚里士多德和芝诺分开一样,现在,如果神愿意的话,我们也将把他与学园分开,将他分开,让他现在成为他自己,一位毕达哥拉斯主义者。事实上,他被东拉西扯,受到比彭透斯(Pentheus)遭受的还要粗暴的对待,他遭到了肢解;但整体上看,他的整体性从未改变或变换。[1]

努曼尼乌斯这个最生动、最著名的比喻为他的整个论证设定了方案:它解释了柏拉图之后的那些各自都自相矛盾且荒谬的学派之间为什么会爆发激烈而持久的分歧。当然,彭透斯(被酒神狂女[Maenads]肢解)的形象是希腊化诸学派的奠基者盲目和自私动机的鲜明比喻,但这个形象更深刻地解释了客观观察者发现他们所面临的根深蒂固的困难,论证了他们不可能是正确的,同时支持了柏拉图体现真理的假设。需要解释的是为什么希腊化学派之间的争论会越来越多,而对努曼尼乌斯来说,解释的关键就在于他们各自哲学的部分(但也只是部分)与柏拉图共有的表面相似之处。当然,正确的结论不是说柏拉图的哲学在核心处包含了不一致,以至于各个希腊学派的分歧只阐明了这些矛盾。相反,正如努曼尼乌斯认为的,假设柏拉图的哲学在原初状态下是一致的——事

141

---

[1] ... ὡς νῦν μανικώτερον ἢ Πενθεῖ τινι πρπσῆκε διεκόμενος πάσχει μὲν κατὰ μέλη, ὅλος [des Places;Gaisford 改为 ὅλως] δ᾽ ἐξ ἑαυτοῦ μετατίθεταί τε ἀντιμετατίθεται οὐδαμῶς. 希腊文很紧凑,更难的是努曼尼乌斯通过故意的含混不清来维持他的彭透斯比喻,但他的意思足够清晰(参见下文关于文本的讨论)。努曼尼乌斯在此把他的工作表现为一种手段,将四肢重新收集起来,恢复柏拉图的整体。(为什么不直接前往柏拉图那里,正如努曼尼乌斯,残篇1a des Places 那样?一个原因可能正是,通过对希腊化诸学派的反向研究,通过看到这些学派如何因为不同于柏拉图而全都陷入困境,人们就会额外获得柏拉图是正确的证明。)阿提库斯用类似于努曼尼乌斯这里的说法描述了柏拉图自己的哲学方法(并且使用了同样的神话比喻:参见残篇 1.19—23)。关于在大致相同时期并且使用相同的比喻,亦参见克莱门论异教哲学(参见第九章,对观第 217 页注释 1)。

实上是真实的，那么就可以更好地解释这些分歧。在这种情况下，我们很容易理解为什么后来分别基于柏拉图哲学各种"肢体"的哲学必然会陷入分歧。毕竟，拥有彭透斯的一条腿不等于拥有彭透斯，他的腿只不过提示了他的死亡。事实上，人们完全可以认为（用亚里士多德的术语来说），只拥有彭透斯的腿，就肯定甚至他的腿也无法拥有，因为一旦与彭透斯这个活体分离，这个东西可能只是在同音异义的意义上才被认为是一条"腿"，无法为它的新主人实现它曾为彭透斯实现过的功能。简而言之：如果柏拉图体现了真理，那么只基于他的部分体系的哲学就必然不是正确的。

那么，这就是陪审团必须决定的事情。希腊化诸学派犯有谋杀柏拉图的罪，这是毋庸置疑的。问题是他们是否因这一行为而牵涉谋杀真理：那么，柏拉图是否体现了真理。所提供的法庭证据与哲学进步的故事不符——没有证据表明对柏拉图的谋杀使任何人更接近真理。证据也不是矛盾的（比如导致陪审团陷入僵局，因此暂停对问题做出判断）。证据虽然不是证明性的，但还是与柏拉图确实体现了真理的假设一致，希腊化诸学派谋杀柏拉图的同时谋杀了真理，并从谋杀的地方出发，无望地试图在某个地方找到活的真理。正如我说的，针对他们的指控不可证实，但是法庭完全有理由要求对柏拉图的尸体进行复原和审查，只要在复原的柏拉图那里找不到任何可以让人质疑他等同于真理的东西，那希腊化诸学派无罪释放的机会就越发渺茫。

在所有这些之中，有些主题让人想起了在希腊化时期的学园中发现的论证：但同样，我们应该警惕将主题的相似性作为目的统一性的充分证据。比如，学园关注哲学史和学说论诸学派之间的分裂，但是出于不同的目的,特别是怀疑论的目的。[1] 关于新(怀疑论的)学园是否忠于柏拉图这个问题,安提俄库斯和斐洛有过一次争论,普鲁塔克(他相信新学园忠于柏拉图,见兰帕里阿斯目录第 63 号:《论柏拉图以来学园派的统一》[*On the Unity of the Academy since Plato*])和努曼尼乌斯(正如我们所见,他认为没有)的作品往往被解读为此次争论的简单延伸。[2] 安提俄库斯和斐洛互相辱骂,而这种辱骂正是后来的柏拉图主义者所利用的:安提俄库斯似乎认为新学园起源于阿尔凯西劳顽固地拒绝接受显然真实的东西,或是他在争论中对胜利的渴望(根据《论学园》1.44 的辩护词来看);而斐洛则暗示,安提俄库斯本人退出新学园,部分原因是希望他的追随者被称为"安提俄库斯派成员"(Antiocheans)(《论学园》2.70)。但如果安提俄库斯和斐洛把他们的信念回溯至柏拉图的话,他们中的任何一个人说的话都不能表明他们关于学园连续性的论证是关于柏拉图的权威的论证的一部分。[3] 比如,斐洛的学园统一论与其说是关于柏拉图的地位的,不如说是关于他的信念的地位的:斐洛希望解释为什么

[1] 参考西塞罗,《论演说家》3.62—68(还有《图斯库鲁姆论辩集》5.11)。这里的讨论看起来就像 *diviso Carneadea*[卡尔涅德斯的划分]的历史化版本,是克拉苏斯(Crassus)用来对所有哲学学派提供的可能性进行摘要式概括说明的一种方式。当我说这个过程是怀疑的(Sceptical),我并不是说它的结论必然是否定的(negative)。这个过程应当导致人们在*知识*本身的可能性方面悬置判断,但按照卡尔涅德斯自己的看法,这个过程也可能允许人们去考察可能的哲学信念,以便确定哪种信念看起来最可信(不论人们可能采用哪种关于"可信"的定义:关于卡尔涅德斯的学生在此问题上的分歧,参见 Frede 1984)。然而,卡尔涅德斯和他的继承者侧重于学说本身的主观可信性,就好像这种可信性可能从对各种学说的考察中出现(特别参见 Allen 1994,进一步参见第 163 页注释 1),而且不认为(就像柏拉图主义者至关重要地认为的)哲学的历史进程为特定哲学家是正确的可能性提供客观的、学说之外的支持。

[2] 因此,比如 Dillon(1988),第 106 页:"斐洛陈述了一个立场,但正是安提俄库斯对此立场的激烈反应才真正开启了争议,一个由《柏拉图〈泰阿泰德〉佚名评注》的作者……普鲁塔克……和努曼尼乌斯进行下去的争议。"

[3] 参考 Glucker(1997),第 59 页,将这个争论描述成"'学园'这个'商标'的权利"问题。

他那些显然创新的信念与学园传统一致，而不是为回到柏拉图以作为进一步学说研究的基础提供理由。在安提俄库斯极力宣扬的回到老学园中，也没有任何迹象表明这样的主张。毫无疑问，安提俄库斯认为柏拉图是最伟大的哲学家（*princies philosophorum*：参考西塞罗，《论目的》5. 7），是他所确定的学说论共识的奠基者：但他感兴趣的是这种共识，而非柏拉图在共识创建本身中的作用。[1] 他更强调自己与漫步学派和波勒漠等老学园哲学家（西塞罗，《论学园》2.131）而不是与柏拉图本人的亲密关系[2]，他甚至认为柏拉图需要进行改革。[3] 如果把安提俄库对学派历史的融合主义论述解读为哲学论证是正确的，那就是一种源自（from）柏拉图所确立的那些共识的论证，而不是为了（to）柏拉图的权威的论证。然而，柏拉图主义者对这种论证的发展，肯定是打算将之作为支持柏拉图本人的真理的策略的一部分。实际上，柏拉图主义者表明，自柏拉图以来的哲学史让学说论诸学派的客观观察者有更多理由认为，可以通过研究柏拉图来发现知识，而不是认为可以在他的学说论继承者中发现知识。这样一来，他们就破坏了分歧论证的结论，这个论证从学说论者的学说的客观均势出发，得出的结论是，唯一合理的做法是对在哪里可以找到真理悬置判断。

我到目前为止所考察的柏拉图主义中的历史论证当然远非故事的结局：重复一遍，它提供的不是柏拉图是正确的证明，而是追求某种寻求真理的方法（即研究柏拉图的学说）的客观理由。这种方法很有可能会

---

[1] 参考 Dörrie(1976)，第14—15页。

[2] 同时参考西塞罗，《论目的》5.14，对观 Barnes(1989)，第78页。

[3] 参考《论学园》1.35—42，以及特别是43："我认为这是真的，正如我们的朋友安提俄库斯惯于认为的，即[斯多亚主义]应当被认为是对老学园的纠正（*correctio*），而不是一种新的体系。"

被证明是徒劳的,而且一旦回到柏拉图,我们很有可能会迅速发现他的学说可能不正确(不论这些学说多么一致),他的继承者因此有理由远离他的思想(不论他们被证明多么不成功)。但是,只要对柏拉图主义者而言仍有可能捍卫柏拉图的作品,只要他们能够以一种产生自身可辩护的学说的方式解释这些作品,并且这些作品至少像希腊化诸学派的作品一样善于解释世界,那么一种良性循环就建立起来了,柏拉图等同于真理的假设就会在其中获得越来越多的可信性——最终趋于肯定性。柏拉图主义者接近柏拉图,首先是期待能在那里找到真理,当然,他们找到的是一些可以用来抵抗后来的学说论发展的学说,因此,要理解为什么会出现这些发展就变得更难了(它们要么应该是决定性的,但显然不是,要么是比柏拉图更合理的尝试,但结果也不是),这反过来支持了最初的假设,即柏拉图是正确的,分歧是非哲学的。这反过来又使我们值得更加努力研究柏拉图的对话,以便获得越来越令人满意的答案,等等。我们(回到法庭的比喻)始于外表上有着柏拉图血统的诸学派间的冲突这个事实,而最能解释这个冲突的假设是柏拉图体现了真理,他们首先就是为了这个真理而谋杀了柏拉图:这血是真理之血。随着对这种可能性的考察的进行,越来越多与该假设一致的证据被发现。而且,尽管没有一个证据本身对于柏拉图与真理的等同是决定性的,但全部的证据就使得这越来越可能。正如昆体良在讨论这种源自"迹象"(indications)(*sigma*;希腊语 σημεῖα,字面义是"迹象")的论证在法庭上的使用时所说的[1]:

衣服可以被献祭或鼻血中的血染上,因此不是每个穿着血染衣

---

[1] 《雄辩术原理》5.9.9—10;参考比如西塞罗,《论发明》(*On Invention*)1.48。

服的人都犯了谋杀罪。尽管这本身并不充分，但在有其他迹象的时候可被用作证据——比如，如果嫌疑人是谋杀的受害者的敌人，以前曾威胁过他，曾出现在同一个地方。当加上这些迹象时，那就可以确定，以前只被怀疑的事情似乎是确定的。

145　柏拉图主义者的问题是：真理是否随着柏拉图一起被谋杀了。我们目前所看到的主要"迹象"，是柏拉图的谋杀者们彼此争吵（正如他们在没有真理的时候会争吵一样），是可以论述他们谋杀柏拉图的动机（比如包括渴望荣誉），而这种论述与他们对真理的蔑视一致，是在柏拉图尸体的解剖中没有任何东西可以破坏他等同于真理。但还有一个迹象需要考虑。在本章中，我几乎没有说到上一章考察过的柏拉图的权威理论。正如我说的，这样做的原因是对柏拉图的权威的论述严格来说有待于相信柏拉图首先是正确的。但既然我们正着手确立这种信念的理由，那么关于他如何可能正确的论述本身也会进入关于他是正确的"迹象"的积累之中。如果通过希腊哲学的任何学派都能发现真理的话，那么只有通过研究柏拉图才能发现真理，由此证明出发，大量不同的迹象——所有本身是暗示性而非证明性的迹象——迅速形成了一个不断加强的框架来支持追求这些迹象的个体相信柏拉图毕竟是正确的。柏拉图主义道路上的每一步都会让人有更多的理由继续走下去。

　　然而，可能有人会反对，这一切都不能证明柏拉图在任何严格的逻辑意义上是正确的——当然是这样的，否则我们现在都会是柏拉图主义者了。但它所做的就是以不断增加的最终通向彻底相信的可信性来撬动怀疑论者均衡的秤盘。它使人们在现有证据中有理由不首先相信特定的学说（关于柏拉图本人说了和表达了什么，这仍然是柏拉图主义者之间漫长争论的问题），而是在任何情况下都追求某种方法，在柏拉图那里寻找真理。此外，柏拉图主义者还可以宣称，根据他们最难对付的对手怀疑论者的要求，这样做是合理的，更不用说可以合理地（通过分歧论证）反对任何学说论的竞争者了。关于柏拉图体现了真理的"迹象"累积转移了举证责任：现在，柏拉图主义者有理由不放弃他们的哲学，直到找到一个能破坏他们的假设的证明，或者至少找到一个可以解释这些现象的更好的（甚至是等价的）假设。在那之前，即便是对于真正的"怀疑论者"——一个真正寻求真理的人——来说，唯一合理的途径就是作为一个柏拉图主义者而开始工作。一旦他这么做了，他不久之后就会发现（柏拉图主义者自信地认为），对柏拉图哲学的信念会开始增长。[1]

最后可以补充的是，这种论证相当成功：或许并非偶然，当柏拉图主义者在 3 世纪达到顶峰时，古代怀疑主义就在我们的资料来源中消失了。[2]

146

----

[1] 值得注意的是，我在此根据法庭背景中出现的"迹象"的积累而描述的这个过程，很容易按照卡尔涅德斯为检测"可信的"（πιθανός）印象而提出的说法来重新描述。对于卡尔涅德斯而言，当一个印象被更仔细地从不同角度检测，并且没有冲突的出现来破坏它要求我们同意时，它就变得更加可信。特别参见塞克斯都·恩披里柯，《皮浪学说概要》1.227—229，以及《驳博学家》7.166—189，对观 Allen（1994）。我已经在注释 21[即第 161 页注释 1]中指出了我归于柏拉图主义者的方法和卡尔涅德斯的"或然论"（probabilism）之间的关键区别：卡尔涅德斯探究特定学说立场中的主观可信性（并且否认一个人对这些立场的可信性的理解等同于知识）；另一方面，柏拉图主义者认为他们已经找到了客观的（学说之外的）理由，使得柏拉图的正确是可信的——不管事实上他是怎么想的。此外，他们认为考察这种可能性的过程迟早会让考察者获得知识。尽管如此，我希望这个对比确实增加了我的案例的某种历史可信性——不仅通过为我描述柏拉图主义者的论证所依据的一般方法提供哲学先例，而且通过提供来自柏拉图主义者特别关注的一个学派的哲学先例，因为这形成了他们自己和他们老师之间的某种连续性（即便不是在目的上，也是在名义上）。

[2] 最后一位"主流的"古代怀疑主义者，其名字据记载叫萨图尔尼乌斯（Saturnius），是塞克斯都·恩披里柯的学生（第欧根尼·拉尔修，《名哲言行录》9.116）：因此，当普罗提诺在世时他必定已经去世了。

第七章　偏离与分歧：柏拉图主义取代怀疑主义 ━ 1 6 3

3. 附言:这个论证的影响

到目前为止,我只讨论了 1 世纪和 2 世纪晚期的柏拉图主义哲学家,因为正是在这里(就我们的证据而言),柏拉图主义哲学史以及与之一起的柏拉图主义才被建立起来。[1] 在这一点上,现代评注认为柏拉图主义在普罗提诺及其追随者的工作中有一个新的起点,它被称为"新柏拉图主义"。这个区分确实有一定道理:普罗提诺的工作本身的意义毋庸置疑,而且历史地讲,他为确立一个更为统一的柏拉图主义思想学派以及其所遵循的学说纲领做了大量工作。但重要的是弄明白普罗提诺的哲学方法,还有他的继承者的哲学方法。他们的哲学方法与我已经提到的柏拉图主义者一样:古代的柏拉图主义者之所以是统一的并且被如此界定,既是因为他们关于柏拉图的来源和方法的主张(在上一章讨论过),也是因为他们关于后来的哲学的看法和他们通过研究柏拉图的

---

[1] 严格意义上的柏拉图主义活动的唯一证据是《柏拉图〈泰阿泰德〉佚名评注》(这份评注还提到了作者写的其他关于柏拉图的评注),这可能表明这场运动起源时间更早。至少,人们已经尝试确定这部作品的时代要早至公元前 1 世纪:分别参考 Tarrant(1983);Bastianini and Sedley(1995),第 254 页(同时参考 Sedley 1997:117—118)。但没有一种尝试是决定性的;事实上,Tarrant(他认为佚名者就是学园的欧多洛斯,尽管佚名者自己有反学园的立场,这特别表现在 54.38—55.13)的推理无疑是错误的;参见 Mansfield(1991),第 543—544 页;Bastianini and Sedley(1995),第 251—254 页。对 Sedley 本人(反而更有建设性)的论证的批评,参见 Brittain(1996),第 226—232 页。关于支持更晚时间的词汇考虑,亦参见 Opsomer(1998),第 35—36 页。我们轻易就会认为,将佚名者的时间定得比证据所能可靠保证的更早的努力,部分是为了支持该领域的大多数学术研究提出的柏拉图主义与希腊化诸学派之间的更紧密联系(尽管哲学的"希腊化"传统一直延续到历史学所定义的希腊化时代结束之后,并且超出了雅典诸学派的界限——特别是被科努图斯和凯瑞蒙等思想家延续,他们生活在公元 1 世纪下半叶)。然而,人们会发现,对于我的论证而言,任何具有最终重要性的东西都不会以这种或那种方式取决于这个问题:正如我认为的,构成柏拉图主义出现的基础的斯多亚学派的理论,正如我们已经看到的那样,必定已经在公元前 1 世纪最后几十年确立起来了,这使得柏拉图主义最早出现在这个时期成为可能。

作品来寻求真理的理由。在普罗提诺本人的工作中，我们确实发现了对我们在早期柏拉图主义者那里看到的"古人"的尊敬，尽管"古人"一词在这个时期可能适用于柏拉图（比如《九章集》3.7.1.13—16，7.10—17；5.1.8.10—14），适用于柏拉图利用的各种更古老传统，但当然也包括他们在内（比如《九章集》，3.5.8.17—23，6.19.25—41）。[1]事实上，柏拉图本人作为权威人物的地位似乎是建立在他与这些传统的一致之上的——正如《九章集》3.5.2.1—6宣称柏拉图关于爱的观点与"神学家"一致。[2]但普罗提诺同样认为，柏拉图的权威之所以可靠，不仅因为他与真正古老的传统一致[3]，还因为那些对他进行创新的人所面临的困难——比如，《九章集》5.1.9的亚里士多德。[4]特别有趣的是普罗提诺在《九章集》2.9.6对"灵知派"（Gnostics）的批评。[5]灵知派似乎从古代希腊传统（尤其是从柏拉图）那里偷到了他们的学说，却以一种新的语言（2.9.6.5的καινολογούντων）装扮它们。然而，他们误解了柏拉图所说的话（2.9.6.19—24），因此贬低了柏拉图的思想，进而谴责他（和其

[1]　实际上，柏拉图主义者一般在两种意义上使用"古老的"（παλαιός）这个词——绝对的和相对的。它绝对是指原初古代的思想家，但也可以指希腊传统中"古老的"思想家，比如荷马或柏拉图（参考科尔苏斯，位于奥利金，《驳克尔苏斯》7.28），相对于他们所创建的希腊哲学传统而言，他们是古老的。这个词在后一种意义上或许最接近我们使用的"古典的"一词。这两个群体的相似之处（这样他们都可以被称作"古老的"）就在于如下事实，即他们都位于一种不断恶化的哲学传统之首；但他们之间也有差异，这就是前一个群体的古代性实际上以某种方式解释了他们对真理的特许把握，这是后一个群体的古代性所没有的。

[2]　这是一个后来在普罗克洛笔下才得到大量表述的主题：参考《柏拉图的神学》，位于比如1.7，30.22—24；3.3，11.17—22；5.35，127.8—15 Saffrey and Westerink。

[3]　与Éon(1970)的看法不同，他的看法相反，即柏拉图作为一位更古老传统解释者的地位以某种方式限制了他在普罗提诺思想中的权威地位。

[4]　比较Éon(1970)，第267—268页。关于普罗提诺对哲学在柏拉图之后的衰落的看法，更为一般地参考 Charrue(1978)，第20—21页。

[5]　至少，人们通常就是这样称他们为"灵知派"的。对此，参考比如 Igal(1981)，特别是第138—139页。

148

他"有福的哲学家")缺乏理解力(2.9.6.24—8)。于是,他们的创新让他们(我们现在知道是不可避免的)与真理分离(2.9.6.10—13):"总的来说,他们的一些学说来自柏拉图,但其余的——那些他们进行创新(ὅσα καινοτομοῦσιν)的学说,目的是建立他们自己的哲学——都是在真理之外被发现的。"灵知派创新的动机应当已经足够清楚了:他们显然很想被认为发现了一种新的、更好的哲学。普罗提诺说他们以粗俗和非哲学的方式说话(2.9.6.43—52)——与希腊人进行对比,后者的哲学表现得"毫不浮夸"(ἀτύφως;2.9.6.8)。所有这些都自然地增强了普罗提诺自己的哲学方法:支持了他的如下信念,即应该寻求真理,但不是在创新中,或是基于过往,而是重新恢复古人接受然后通过柏拉图的工作传递下去的智慧。

我不打算通过晚期柏拉图主义存世的浩如烟海的作品来探讨这个问题,这个过程可能会极大延长本研究,却不会为其结论增加任何实质性的内容。但值得注意的是,柏拉图主义者为证明柏拉图的真理和解释柏拉图的权威而提出的各种论证(或至少是论证的各种形式),其作用和影响很快就从"主流"柏拉图主义中扩散开来,以各种形式被吸收进多种多样的受柏拉图主义本身的任何一种影响的思想体系。比如,推罗的柏拉图化的马克西姆斯和第二次智术师运动中的其他许多思想家一样,认为荷马是希腊哲学权威的最高表达,但有趣的是,他描述柏拉图在理解和保存荷马思想方面的成就时,使用的正是更"正统的"柏拉图主义圈子在谈论柏拉图理解并保存原初智慧时的说法。[1] 在盖伦那里也可以发

149

---

[1] 特别参见《论文集》26.2—3 Trapp:荷马的大多数前辈[注:原文是 predecessors]错误地认为他只是一位诗人,于是他们的哲学就陷入毁灭性的状态,沦为各种相互诡辩和无益的争斗:柏拉图理解了荷马,因此毫无污染地保存了荷马的思想。

现一种惊人类似的论证模式——他对柏拉图的尊敬可与他对希波克拉底的尊敬媲美。盖伦并不像柏拉图主义者那样把柏拉图（或希波克拉底）的权威作为起点：两位作家都赢得了他的尊敬，而且他能够纠正他认为他们的错误之处。[1]尽管如此，他还是用παλαιός（"古人"）这个称谓来尊崇两者[2]，并以我考察过的那些说法来批评与他们有分歧的敌人（参考盖伦，《论柏拉图与希波克拉底的学说》4.7,288.13—14 De Lacy；4.4,258.19—25 De Lacy）。比如根据盖伦说法，正是爱争论和爱荣誉（φιλονεικία和φιλοτιμία）导致了斯多亚学派成员与这些"古人"有分歧[3]，他们的必然结果就是争吵和自相矛盾。[4]

---

[1] 盖伦不认为柏拉图或者希波克拉底的权威来自以前的传统，这最清楚地见于如下事实，即盖伦不承认比他们更早的哲学权威，甚至不承认毕达哥拉斯的权威。盖伦有时候会提到波西多尼俄斯传下来的关于毕达哥拉斯学派学说的报道，但他知道这些说法存在一些历史性的难题：(他说)毕达哥拉斯自己没有一部作品存世，我们只能根据他的学生进行推论（参见《论柏拉图与希波克拉底的学说》[*Placita Hippocratis et Platonis*]5.6,334.30—33 De Lacy）。即便有理由认为毕达哥拉斯是第一个提出某种重要学说的人，但盖伦依旧相信柏拉图已经使之臻于完美(4.7,290.1—55 De Lacy)。（同时参考 Kidd 1971：213。）

[2] 关于这个词的使用，再次参见[第165页注释1]。盖伦碰巧没有时间思考更古老的智慧这个观念，正如我们已经看到的。所以他把柏拉图和希波克拉底，甚至还有亚里士多德和他同时代的医生卡瑞斯图斯的狄奥克勒斯(Diocles of Carystus)都称作"古人"（参考比如《论柏拉图与希波克拉底的学说》4.7,288.32—290.2 De Lacy；关于狄奥克勒斯，参考9.5,564.28—30 De Lacy）。

[3] 关于克吕西波的辩护者背后的这个动机(ὑπὸ φιλονεικίας τῆς τοὺς παλαιοὺς)，参考《论柏拉图与希波克拉底的学说》5.1.9,294.11—12 De Lacy。关于克吕西波追求荣誉，参见2.1,102.12—14 De Lacy："所有这些观念都是由那些人大胆提出的，他们受到爱荣誉的激发，要推翻古人的全部杰出学说，以便创建他们自己更新的学派(ἀποτετόλμηται γὰρ ἅπαντα τὰ τοιαῦτα πρὸς ἀνθρώπων ἀνατρέψαι φιλονεικούντων ὅσα καλῶς εἴρηται τοῖς παλαιοῖς, ὑπὲρ τοῦ νεωτέραν αἵρεσιν ἰδίαν συστήσασθαι)。"

[4] 注意，盖伦在《论柏拉图与希波克拉底的学说》中的计划至少是考察柏拉图与希波克拉底之间的一致：参见《论柏拉图与希波克拉底的学说》1,残篇1,64.5—14 De Lacy；同时参考5.6,334.33—336.2 De Lacy。克吕西波在《论柏拉图与希波克拉底的学说》中受到盖伦的批评，正如波西多尼俄斯以及（偶尔还有）物理学家马里努斯(Marinus)是表扬的（转下页）

　　于是，在受到柏拉图主义影响的各种思想领域中，这种论证模式似乎一直在沿用。但柏拉图主义发挥了可能是其最大影响的领域是基督教哲学的发展，这个宗教与异教智识生活的接触很快就使它需要论证，以便在这种情况下建立自己的内部一致性和外部可信性。在接下来的几章中（本书的剩余部分），我将表明柏拉图主义的论证模式如何真正决定性地影响了 2 世纪的基督教"正统"发展其自我形象，以及宣称它相对于异教徒和异端分子两者的哲学优越性的方式。基督教"正统"表明，它才是那种比异教徒自诩的任何智慧都更纯粹、更古老的智慧的真正捍卫者。

（接上页）对象；正如他们因为与柏拉图一致而受到表扬（参考马里努斯，位于 8.1，480.28—29 De Lacy），克吕西波也因为他同古人的争论而受到批评。我们再次发现，他与古代学说的争论被视为他的哲学引起的进一步争论且特别是自相矛盾的原因。在 4.3，246.36—248.3 De Lacy（参考 280.9—12），这种陷入自相矛盾显然与偏离"古人"有关："由于这一点[即偏离]，克吕西波与芝诺、他本人以及许多斯多亚学派的其他人自相矛盾[καὶ γὰρ Ζήνων κατά γε τοῦτο καὶ ἑαυτῷ καὶ πολλοῖς ἄλλοις μάχεται τῶν Στωικῶν]。"盖伦经常指责克吕西波自相矛盾（比如 140.17—18；152.17—19；154.16—18；156.21；248.14—19；314.15—17 De Lacy），并且他通过报道波西多尼俄斯确定的自相矛盾来进行补充（258.19—25；328.8—18 De Lacy）。盖伦甚至说他打算就此问题写一部著作（4.4，250.3—5 De Lacy）。

第八章

希伯来—基督教正统的发明

我在前面几章中试图指出，我们倾向于把"中期"柏拉图主义说成希腊化诸学派和普罗提诺及其追随者的哲学（即"新柏拉图主义"）之间的学说过渡时期，这从根本上说是一种误导：专注于学说演变，这在许多方面都忽视了更重要的东西，即作为柏拉图主义运动特征的哲学方法的转变。这种新的方法及其涉及的对古代和传统的看法，对于西方哲学的未来发展而言，远比在它提供的框架内形成的任何特定信念更具决定性和影响。正如我希望表明的，这尤其是因为基督教会（Christian Church）也采纳这种方法，将之作为一种把自己（从哲学的角度来说）从耶路撒冷传播至雅典的手段。

2世纪的基督教依旧处于形成过程中，在这个宗教内部，关于它要去向哪里、它到底是什么，存在着各种各样的竞争观点。因此，一旦基督教开始让自己在西方哲学的舞台上崭露头角，柏拉图主义者就能不失时机地攻击它，因为它的支持者们表现出了观点的多样性。实际上，柏拉图主义者调用了一个我们在上一章中熟悉的主题，认为由于缺乏内在一致，所以真理即使恰好在基督教哲学中，也无法被辨识出来。对柏拉图主义者来说，这种内在分歧表明，作为一个整体的基督教对于哲学家而言，并不比希腊化思想中的不同学派更加有用。事实上，柏拉图主义者能够提出更有力的主张，即基督教根本不可能拥有真理，只要他们的分歧恰好可以被纳入最初用来解释希腊化诸学派的涌现的假设。根据柏拉图主义者的看法，基督教可以说一开始就走错了，它的派性（factionalism）是它偏离的必然结果——或许不是偏离柏拉图本人，但至少是偏离最纯粹的古代传统，这些传统保存了柏拉图所重建的哲学的各个要素。比如亚历山大里亚的克莱门报告说，异教徒反对基督教："你们不应相信基督教，因为它的各个教派间有分歧：如果不同的人教授不同的学说，那么谁拥有真理呢？"（《杂篇》7.15.89.2—3）我们知道，和克莱门几乎同时代的柏拉图主义者科尔苏斯在其作品《驳基督徒》中"谴责基督教的宗派主义"，他批评他们，因为"既然他们已经人数众多，他们就会分裂和撕裂"（见奥利金，《驳科尔苏斯》3.12）。

为了回应这种攻击，基督徒只有一个选择：他们需要反击柏拉图主义者，为基督教去做柏拉图主义已经为自己做过的事情。首先，作为最起码的防御措施，他们需要表明基督教本质上没有因为分歧而分裂，真正的基督教传统是可以被客观地确定的，这样希腊人就会发现，如果真理存在于基督教中的话，那么真理就可以在那里被辨识出来。但是这个论证本身只能起到部分作用。不论内在是否一致，柏拉图主义者依然可以认为基督教是对早期传统的偏离，它以这种偏离产生了新的分歧，而且就其本身而言，它并未特别要求客观观察者注意它与异教徒的争论。特别是，柏拉图主义者认为基督教是犹太教的分支，而且他们还不时地（正如我们在第六章中看到的科尔苏斯的情形）认为犹太教又是埃及神学传统的分支。因此，基督徒需要进一步证明这种更宽泛的历史观是错误的，为了做到这一点，他们提出了双重论题（double thesis）：首先（或许是最直接的），希伯来传统是最古老的；其次，基督教传统根本就不应被视为与希伯来思想不同。换句话说，他们认为基督教正统代表了一种在哲学上统一的希伯来—基督教传统，这是所有传统中最古老的传统——

因此,所有其他传统(包括所有异教传统)都可以被正确地视为后来与该传统的偏离。这表明了通向这样一种论证的重大进步,这种论证的结论是,如果在任何传统中都能辨识出真理,那也只能是在这个单一的、原初的希伯来—基督教传统之中。

然而,基督徒还面临着一个额外的困难。因为如果基督徒能合理地论证异教的神学和文化传统是原初的"基督教"真理的分支,他们仍然需要解释异教哲学在古典时期的突然出现,比如在柏拉图的作品中体现的。既然异教的各种思想传统在基督徒的哲学史中被视作分支,那么只要它们有所发展,只能延续它们的衰落过程。然而,古典哲学的出现(特别是比如柏拉图的神学,这要比希腊神话更接近基督教真理)似乎代表了一种能让整个模式陷入混乱的逆转。这里有一种危险,即客观观察者可能会认为希腊人已经开始改进,或者他们已经建立了一种新的、独立的思想传统,这种传统无法根据基督教的哲学史来解释,更别说反驳了。在后一种情况下,客观观察者将再次没有(客观的)基础来假设一个传统可能优于另一个,并被迫再次对这两个传统的主张悬置判断。为了断言基督教仍然是真理追求者的唯一合理选择,基督徒需要找到一种解释希腊哲学的方法,根据这种方法将之与他们的传统历史地联系起来,同时表明希腊哲学注定要失败。于是,他们认为希腊哲学是通过与基督教真理的接触——比如可能是通过与希伯来圣经的接触——才以这种或那种方式存在的。通过诉诸希腊哲学后来在希腊化时代的衰退,以表明导致希腊人首先偏离真理的这同一个特征同样阻碍他们完善其偷来的哲学,基督徒就既能解释异教哲学中看起来的优点,也能(重要的是)表明为什么异教哲学不可能包含通向真理之路。最终,即使是异教哲学的积极方面,也被用来证明它所源发的基督教传统的力量。

总结一下,基督徒对他们的柏拉图主义批评者提出了三个方面的回

154

应。他们的策略是：(1)从代表真正基督教的"正统"中分离出"异端"的立场；(2)重新解释并因此挪用希伯来传统，借助这种传统，他们可以宣称基督教正统的原初古代性；(3)证明异教思想模式本质的腐化，这样，存在于异教徒当中的哲学本身就必须依靠之前的基督教传统帮助（且预设了基督教的真理），而且这种哲学本身必定趋于腐化。在下文中，我将依次考察这三个主题——以本章中的(1)和(2)开始，以下一章中的(3)，即"依附性主题"来结束这个故事。

1. 正统和异端

"异端"这个术语（希腊语：αἵρεσις）最初的和词源的含义是"选择"。在希腊化哲学中，它被用来特指道德选择，即与回避（φυγή）相反。但是到了公元前 2 世纪晚期，这个术语开始获得新的含义，指一个人选择一种哲学，一个人的哲学信念或"思想学派"。[1]值得注意的是，在异教的希腊文献中，这个术语从未有过也从未获得过在基督徒圈子中附加的负面含义，这是个相当中性的术语（事实上，就像英语中说的"思想学派"一样）。然而，让事情到此为止会把情形过分简单化。因为虽然确实没有人会（would）或可以（could）谴责一个 *hairesis*［学派］，只因为它是 *hairesis*，但这并不是因为对哲学观点的普遍民主态度。没有一位希腊哲学家会认为哲学内部的多样性是件好事：毕竟（最多）只有一种真理，*hairesis* 越是激增，恢复真理的机会就越是渺茫。于是，客观看待这个问题且对发现真理感兴趣的人或许会自问，是否存在一种客观的哲学思考

---

[1] 关于αἵρεσις这个词的全面讨论，以及特别是这个词被用指"思想学派"，参见 Glucker (1978)，第 166—206 页；亦参 Staden(1982)。

（consideration）（就是说，一种本身并不意味着效忠于一个思想学派的思考）会引导他看到，毕竟还有一个 *hairesis* 包含了真理，而其他的都是冒牌货。古代的怀疑论者寻找的就是这种思考，但是，由于未能找到他们想要的东西，他们反而被引向对整个问题——是否有任何人事实上拥有真理，以及真理是否可以获得——悬置判断。这就是说，他们通过找到一种不需要选择效忠对象的哲学研究方法，来回应大量 *haireseis* 的存在。至少，皮浪主义者（Pyrrhonists）坚持认为他们的立场并不构成另一个 *hairesis* [1]；这毋宁是一种元选择（meta-*hairesis*），其成员的共同追求是对由积极的学说立场定义的所有 *haireseis* 或可能的 *haireseis* 做出客观的、非承诺的（uncommitted）判断。

怀疑论者并非唯一关注各种哲学 *haireseis* 的激增并看到需要一种客观标准来判断它们的人。正如我们在上一章看到的，公元 2 世纪的柏拉图主义者也对各种学派以及这些学派内部的思想学派的激增感到担忧。然而，虽然皮浪主义的回应是撤回到强硬的非宗派（non-sectarian）立场，但柏拉图主义者反而找到了一种假设，各种哲学立场的激增可以通过这种假设得到解释——并因此（只要这个假设有效）得到辩解（explained away）。由于我们所看到的原因，他们认为如果通过任何现有立场就可以获得真理，那么就可以且只有通过柏拉图才能获得真理。后来的学派激增确实是对希腊化哲学状态的控诉，但除非柏拉图包含了通向真理之路的可能性被证明是空洞的，否则有志于发现真理的哲学家

---

[1] 或者至少不是在相关的意义上：参考塞克斯都·恩披里柯，《皮浪学说概要》1.16—17；还有第欧根尼·拉尔修，《名哲言行录》1.20：由于他们"遵循或似乎遵循就印象而言的某些原则"，所以皮浪主义者确实构成一个 *hairesis*；但是，由于他们不持有任何积极的信念，所以他们不构成。

就有可以真正取代怀疑论的方案。[1] 这里并没有对柏拉图主义的"学派"(sect)和其他学派进行术语上的区分,但这个主张显然就是柏拉图主义学派与其他学派有一种特殊的关系——不是像皮浪主义一样作为一种元学派,而是一种前学派式的(pre-sectarian)学派(因为根据这个论证,不同学派的区别只是为了回应这个原初立场而产生的)。这就是当基督徒采纳柏拉图主义者的论证模式时,他们独特的术语"正统"和"异端"所要适用那种区分。

Hairesis 这个词进入基督教文献的标志是中立性(neutrality),这不仅与它在异教哲学中的用法一致,而且同样重要的是与它在犹太人和犹太教中的用法一致。[2]《使徒行传》的作者可以把撒都该人(《使徒行传》5.17),法利赛人(15.5),甚至是基督徒(24.5;参考 24.14,28.22)描述为 haireseis。在《使徒行传》26.5,保罗本人被说成与法利赛人的 hairesis 有关联。对于路加和保罗而言,hairesis 这个词显然不需要比它对当时异教徒而言的更消极。[3]然而,这个词也没有更积极。[4]如果从定义上来讲,hairesis 并不是坏事,那么仍然很明显,保罗把基督教内部 haireseis 的激增视为相当真实的危险——就像所有的分歧都可能是

---

[1] 关于基督教语境中对此宽泛论证的反思,参见拉克坦提乌斯,《神圣教规》(*Divine Institutes*)7.7,他显然认为,哲学在异教诸学派中的残损状态可能会让一个人走向怀疑主义(正如让一些希腊人走向怀疑主义),但也应当鼓励人们致力于重建如今散布于它们当中的智慧。

[2] 参考 Glucker(1978),第 184—187 页,提到了约瑟夫斯。

[3] 与 Staden(1982;96)的看法不同,对于《使徒行传》24.5 以及特别是 24.14,当他说它们"属于最早的文本,其中的 *hairesis* 似乎被一贯用指一个与自己相反的'学派'、'信念'或'学校'"的时候,他的意思过于明显。亦参 Desjardins(1991),第 74 页。

[4] 对 Bauer 的说法进行限制,他将"宽容……他几乎不知道的异端"(eine Duldsamkeit . . . die kaum einen Ketzer kennt)归于保罗(1964;236,以赞成的态度被引用于 Lüdemann 1996;12)。

危险的一样。[1] 比如《加拉太书》5. 19—21[2]：

> 情欲的事，都是显而易见的。就如奸淫、污秽、邪荡、拜偶像、邪
> 术、仇恨、争竞、忌恨、恼怒、阴谋、纷争、结党（αἱρέσεις）、嫉妒、醉酒、荒
> 宴等类……

保罗将 haireseis 本身与"忌恨、恼怒、阴谋"等关联起来，这很重
要——或许对该词在后来基督教中的特殊发展是决定性的。但是，虽然
保罗可能回顾性地提出重要的圣经权威来支持 hairesis 转变成"异端"，
但这种转变的哲学根源似乎在于西方教会的希腊智识分子在该世纪末
采纳了柏拉图主义的论证模式。作为与柏拉图主义运动有密切联系的
思想家，并且由于最直接地面对着来自他们的派系主义（从而是哲学的
衰退）的指控，他们开始论证事实上只有一种真正的基督教传统——就
是说，原初的基督教传统，其他"基督教"思想学派应该被视作后来的偏
离。为了标明这一区分，并且作为与这个论证思路相关的修辞的一部
分，他们开始把"异端"这个术语限制在后一组。这个想法似乎要强调如

---

[1] 参考罗马的克莱门（Clement of Roman）的第一封书简（《克莱门一书》[I Clement]45—46，
54），基督教中的分歧在此受到了批评（尽管没有被说成是"异端"本身）。

[2] 亦参见《哥林多前书》11. 19："在你们中间不免有αἱρέσεις[分门结党]的事，好叫那些有经
验的人，显明出来"——比较克莱门在《杂篇》7. 15. 90. 5 对此文本的使用，下文讨论。亦
参《彼得后书》2：1，此处有一个关于"害人的学派"（αἱρέσεις ἀπωλείας；这是否意味着所有
学派都是"害人的"？或者只是那些被预言的学派？）的预言。或许有可能将所有这些与早
期基督徒对异教哲学（"关于此世的智慧"）的表面厌恶联系起来：我认为，只有在人们讨论
"哲学"问题时，才会出现αἱρέσεις，而严格来说，这些问题根本不是基督教的重点。注意
《提多书》3：9—10 的关联："要远避无知的辩论，和家谱的空谈，以及分争，并因法律而起
的争竞。因为这都是虚妄无益的。分门结党的人[αἱρετικὸν ἄνθρωπον]，警戒过一两次，就
要弃绝他。"

下事实，即基督教不是本质上派系的——事实上，基督教本质上不是派系的。甚至将对基督教的"正统"解释称作一种 *hairesis*［学派］，也会给人一种错误的印象：既然基督教的出现早于分裂的各个学派，因此它本身就是一种"前学派的"学派。于是，可能根本就不是一个真正的学派，因为只有在分歧已经存在的情况下谈论一个学派才有意义。各种后来的、偏离的立场才是最突出的"异端"。[1]

维持这种(正统和异端的)区分的合理性，以及开始回答柏拉图主义者关于基督教因哲学上的分裂而在哲学上堕落的说法的合理性，确实依赖于人们能够客观地确定并因此剔除"异端"。柏拉图主义的模式正好提供了这样做的工具。正如柏拉图主义者通过假设后来的希腊学派都是对柏拉图所体现的真理的反叛性拒绝来拯救学说论哲学的可能性一样，基督徒也开始断言，如果在基督教中有真理可以被发现的话，那么它只能在其原初表达中被发现。通过使用与柏拉图主义者几乎一样的语言来表达几乎一样的基础性假设，他们首先强调了异端的年轻——他们尤其认为，这些异端都出自(然后远离)"正统的"立场。在 3 世纪，奥利金是这样来表述这个问题的[2]：

　　所有异端分子一开始都相信，但最终都远离了信仰之路和我们的学说的真理，正如使徒约翰在他的书信中说的(《约翰一书》2.19)："他们从我们中间出去，却不属于我们。若是属于我们的，就

<hr />

［1］应当注意，如果αἵρεσις对于基督徒有了通常的"异端"含义，那么依旧有可能(在含义清楚的情况下)称正统是一个"学派"。参考克莱门，《杂篇》7. 15. 92. 4："真正杰出的学派"(ἡ τῷ ὄντι ἀρίστη αἵρεσις，与讨论中的另一种学派形成对比)。

［2］《〈雅歌〉评注》(*Commentary on the Song of Songs*) 3. 4，179. 4—8 Baehrens。参考 Bauer (1964)，第 3 页："这个发展以如下方式进行：无信仰、法律信仰、异端。"

必仍旧与我们同在。"

但奥利金只是给我们提供了一种特别清晰的定义异端的方法,而这种方法在上个世纪就已经发展起来了。比如,克莱门对异端信念及其与基督教传统的不连续性做了大量论述(比如《杂篇》7.16.103,17.108)。针对异端分子,他还强调了教会的古代性(顺便提一句,他把教会学说的一致性和统一性与之联系起来):他说,真实的和真正古老的教会是一个(《杂篇》7.17.107.3:μίαν εἶναι τὴν ἀληθῆ ἐκκλησίαν τὴν τῷ ὄντι ἀρχαίαν),不久之后,他在同一章中更完整地重复了这一点:"在本质上,在目的上,在基础上,在杰出性上,我们说古代的和天主的教会是同一个。"[1]异端分子就是拒绝这一教会传统的人(ὁ ἀναλακτίσας τὴν ἐκκλησιαστικὴν παράδοσιν:7.16.96.1):克莱门特别指责马吉安派(Marcionites)不合时宜的创新(κεκαινοτομῆσθαι:7.17.107.3)。他说,即使是最早的异端也是在后使徒时代,在哈德良统治的时期才出现的(7.15.106)。[2]

---

[1] 《杂篇》7.17.107.5:κατά τε οὖν ὑποστασιν, κατά τε ἐπίνοιαν, κατά τε ἀρχὴν κατά τε ἐξοχὴν μόνην εἶναί φαμεντὴν ἀρχαίαν καὶ καθολικὴν ἐκκλησίαν。参考赫格西普斯(Hegesippus),玛吉安派最早的敌人之一,支持教会的统一,因为这同一种学说可见于教会的诸多分支,并且"在每一次主教更替中,在每一座城市内,所宣讲的一切都符合律法、先知书和主的教导(ἐν ἑκάστῃ δὲ διαδοχῇ καὶ ἐν ἑκάστῃ πόλει οὕτως ἔχει ὡς ὁ νόμος κηρύσσει καὶ οἱ προφῆται καὶ ὁ κύριος)"(尤西比乌斯,《教会史》4.22.3)。

[2] 一些异端似乎认为,《使徒行传》杂化了耶稣的教诲,并为此故意将自己的学说与《使徒行传》的学说进行对比:特别参考爱任纽(Irenaeus),《驳异端》(*Against Heresies*)3.2.2,对观 Pelikan(1971),第92—93页。但对于克莱门而言,还有对于爱任纽而言,耶稣的任何观念的有效性,除非可以通过《使徒行传》的公开教诲进行追溯,否则就无法确立起来。他们有着知晓耶稣思想的特许能力,而且对于他们来说,保守真理的秘密,从而冒着失去或者歪曲真理的风险,这是不明智的(《驳异端》3.3.1)。(当然,克莱门自己的神学中也有内传成分;但是这些成分与其说和引导他到达 *gnōsis*[圣知]的传统有关,不如说与这位基督徒应当被引向的 *gnōsis* 的本性有关)。

应当再次强调,这种对正统教会的相对古代性的迷恋不仅是一种修辞手段,一种针对具有怀旧或返祖情结的听众的巴结讨好(*captatio benevolentiae*)。在逻辑上(正如对于柏拉图主义者那样),它是这样一种论证:如果有可能首先客观地确定一种从其他立场中脱颖而出的单一的"正统"传统,那就有可能在基督教中确定真理。正如对于柏拉图主义者那样,历史提供了这样做的唯一手段,使首先出现的立场本身能够从随后出现的大量分歧中区分出来。[1]一旦基督教的原初形式以这种方式被分离开来,基督徒就可以继续指出,异端分子从之前的统一中创造越来越多的分歧,这证明了他们的哲学方法的堕落,也证明了原初立场优越的合理性,偏离这一立场被证明会产生十分消极的哲学结果。在断言所有异端的年轻的同时,基督徒还利用了与我们在上一章看到的柏拉图主义者使用过的完全相同的主题,来描述希腊哲学中那些偏离的学派所造成和面临的困难。比如,我们经常会发现如下观察:"异端分子"以各种方式采取的立场导致了他们彼此的分歧(爱任纽[Irenaeus],《驳异端》[*Against Heresies*]1.11.1;克莱门,《杂篇》7.16.101;德尔图良,《规劝异端》[*Prescription of the Heretics*]37.7—38.3);还有如下主张:他们每个人都被看作自相矛盾的(克莱门,《杂篇》7.15.92,16.97;奥利金,《圣约翰评注》[*Commentary on St John*]19.14,314.18 Preuschen);当然,他们也与显然真实的东西矛盾——在基督徒的讨论语境中,还包括了与圣经的矛盾(克莱门,《杂篇》7.16.97;参考托名查士丁[ps.-Justin],

---

[1] 同时比较德尔图良(Tertullian),《驳赫尔摩戈涅斯》(*Against Hermogenes*)1.1,第二卷,339.1—5 Oehler:"为了简便,我们倾向于根据异端的年轻来驳斥异端。因为信仰的规则首先出现并甚至预告了未来的异端,所以被预告的异端出现在后,因为这是被更为古老的真理规则预告过的未来异端。"还有《论处女的面纱》(*On the Veiling of Virgins*)1.2,1.883.11 Oehler:"驳斥异端的与其说是他们的新奇,不如说是真理(*haereses non tam novitas quam veritas revincit*)。"

《正统诸问题》[*Questions for the Orthodox*] 4,394B)。此外,为了解释
异端冲动,以及为了支持如下主张,即正统本身并不包含任何会导致严
重分歧的东西[1],异端分子被认为也具有常见于柏拉图主义文本中的
各种非哲学动机,以解释他们的出现:爱争论(*aemulatio*:德尔图良,《规
劝异端》38.6),或是妄想吸引自己的追随者(爱任纽,《驳异端》1.28.1;
参考 3.23.8,特别是关于塔提安[Tatian]皈依灵知派的动机)。[2] 诸如
爱荣誉(φιλοτιμία:《杂篇》7.16.98.2),爱荣耀(φιλοδοξία:《杂篇》7.15.
91.2,16.105.5),爱自己(φιλαυτία:《杂篇》7.15.91.2;7.16.96.5)这样
一些概念是克莱门对异端分子的定性核心,正如它们是柏拉图主义者对
希腊化诸学派的定性核心那样。[3]

---

[1]　参考雅典纳戈拉斯(Athengoras),《论死者的复活》(*On the Resurrection of the Dead*)1.1,他
　　　强调异端是由异端者自己播下的种子:它绝不是甚至并非偶然地从真理中自然生长出来
　　　的。努曼尼乌斯在提到柏拉图时也表达了同样的意思:参考残篇 24.67—73 des Places,引
　　　用和讨论于第 7 章。

[2]　值得注意的是,这些主旨在基督教和犹太教更早的论战中就有先例。犹太人指责保罗本
　　　人,在大祭司的女儿拒绝帮助之后,他愤怒地违背了律法(厄庇法尼乌斯[Epiphanius],《驳
　　　异端》[*Heresies*] 30.16.6—9),在后来的柏拉图主义者和基督徒的论证中所熟见的论战
　　　说法已经出现对(特别是保罗的)不信(infidel)的批评。比如φιλονεικία[好胜]就已经同《路
　　　加福音》22.24 处的派系有关,受到了保罗在《哥林多前书》11:16 的警告。在《提摩太后
　　　书》3:2,φιλαυτία[自爱]是末世时代的罪恶之一。Κενοδοξία[虚荣]这个词很少出现在《新
　　　约》中,这或许解释了基督徒对异端和异教中κενὴ δόξα[空洞的荣耀]的批评。参见《加拉
　　　太书》5:26,《腓利比书》2:3,同时参考比如《歌罗西书》2:8(κενὴ ἀπάτη[空洞的废话],与
　　　φιλοσοφία[爱智慧]有关)。关于类似的主题,参考比如《腓利比书》1:14—18,德尔图良在
　　　《驳玛吉安》5.20 用过这个文段。此外,尽管这些主旨与柏拉图主义模式所提供的论战结
　　　构不同,但它们与柏拉图主义模式所建立的表面相似性肯定有助于基督徒对其进行同化。
　　　插一句,值得注意的是,φιλοτιμία这个词只在保罗笔下得到正面使用,指的是推广福音的热
　　　情(参考《罗马书》15:20,《哥林多后书》5:9,《帖撒罗尼迦书》4:11),在后来的基督教作家笔
　　　下,这个词有积极的一面,也有更为消极的一面。参考比如忒奥斐卢斯,《致奥托吕科斯》
　　　1.14.16;雅典纳戈拉斯,《论死者的复活》23.6.3;克莱门,《劝勉希腊人》12.121.2。

[3]　参考 Opsomer(1998),第 151—155 页,关于φιλοτιμία这个词特别是在柏拉图主义论战中的
　　　使用。

所有这些论证都自然地对基督教的内部政治产生了深远影响：但是，导致提出这些论证的直接动力，似乎是需要构建一种基督教形式，使其能够在希腊哲学舞台上作为一个可识别的角色发挥作用。稍微简化一下（但可能不是非常简化），正统的发明作为内部定义问题，是对外部压力的回应。早些时候，我提到克莱门为我们提供了这些攻击的证据，我现在回过头来简要考察他的答复（《杂篇》7.15.89.4—90.2；但参考《杂篇》7.15 全部内容）[1]：

> 诸异端被撒在真理中，就如稗子被撒在麦子中（《马太福音》13：24—30），这已经被主预言过了……因此，如果有人竟然放弃他的事业并背离一致的看法，我们自己无疑就不会远离真理吗？

正统基督教不会因为它的一些成员误入歧途就受到驳斥。请注意克莱门在这个文段中所做的：异教徒对基督教派别特征的描述所隐含的各种均势战线已被正统派与其他派的单一划分取代。基督教内部所有"异端的"派别都立即被归入与"正统"对立的单一标题之下。剩下的一种划分（正统与异端）则被如下历史观察否认具有均势作用，即异端明显偏离了他们与"正统"最初的一致（比较上文引用的奥利金）；（克莱门巧妙的含混语言也暗示）背离了作为正统立场特征的"一致"。换句话说，对此问题的历时考察将很快从异教徒所确定的分歧的共时混乱中找到真正的基督教。克莱门比这更进一步：不仅我们能够在异端分子的混乱中找到

---

[1] 为简单起见，我在正文中省略了克莱门的回应（《杂篇》7.15.89.3）开头的针对个人论证（*ad hominem* argument）："在犹太人当中和最受尊敬的希腊哲学家当中有很多派系，但你认为你不应因为这些派系之间的相互分歧而远离哲学或犹太教。"但克莱门本人当然希望利用他对手哲学的派系性质来消除遵守这种哲学的任何正当理由。

真正的基督教传统,而且他们的争吵实际上有助于我们看到该传统的更高地位(再次比较柏拉图主义者的论证,即希腊化时期思想的瓦解增强了柏拉图一直都正确的假设)。克莱门在引用《哥林多前书》11：19 时说,"事实上,[保罗]说过,这些异端的存在是为了'被认可'"(《杂篇》7.15.90.5)。克莱门接受了他的对手的前提,即派系主义意味着一种哲学出了问题；但通过使用历史分析,在正统立场之外来确定派系主义的原因,他就可以把异教徒反对作为一个整体的基督教的论证,转变成特别是针对异端的反驳。比较一下柏拉图主义者利用分歧论证来引导我们远离希腊化诸学派并回到柏拉图：此处也是一样,异教徒对基督教的批评实际上被用来引导我们远离异端,并因此引导我们支持正统的主张。

162

> 显然,真理因其艰巨和困难而导致了质疑；而且当探究者并未真正学到或理解,只是获得了知识的表象时,结果就是爱自己和爱荣耀的异端。[1]

异端分子只是过于自大(此处出现了φίλαυτοι καὶ φιλόδοξοι这些熟悉的词),无法看到他们的研究不能将他们引向真理。克莱门说,教会没有分裂：分裂的原因在于异端分子,他们事实上位于教会之外(参考《杂篇》7.17.109)。

2. 希伯来—基督教传统和异教偏离

在基督教内部确定一种不同于异端学派的正统,这是基督徒回应他

---

[1]《杂篇》7.15.91.2。亦参 7.15.92。

们的柏拉图主义批评者的第一个关键阶段。但这只是第一个阶段。因为,尽管它阻止了这个宗教中没有一种立场可以被认为优于其他任何立场的论证,但它尚未处理更广泛的问题。严格来说,柏拉图主义者只是让人们注意基督教内部的分裂以支持他们的如下假设,即他们自己的传统(通过柏拉图以及他所使用的更古老神学)是一个可能发现真理的传统,如果真理是可辨识的话。根据柏拉图主义者的假设,基督教内部的分歧必然迟早要发生,因为这种宗教本身是一种创新的、有分歧的传统。我们有一些可以追溯至 2 世纪以降的文本证明了柏拉图主义者的论证的线索,从忒奥斐卢斯(Theophilus)(《致奥托吕库斯》[*To Autolycus*]3.4,但参考第三卷全部内容,其大部分都被用来反驳这一点)到尤西比乌斯(《福音书的预备》1.5.11,16B—C;4.1.3;130B—C),中间还有波斐利的作品《驳基督徒》的残篇(比如残篇 69.7—8,25—27 Harnack)。下面是奥利金在科尔苏斯的 2 世纪的论文中发现的说法,第六章已经提到过(《驳科尔苏斯》,3.5):

> 科尔苏斯想象犹太人在种族上是埃及人,后因反抗埃及社会和鄙视埃及的宗教习俗而离开了埃及。他说他们对埃及人所做的,通过那些跟从耶稣并相信他就是基督的人报应到他们头上;在这两种情况下,对共同体的反抗导致了创新。

如果真理要在基督教中成为可辨识的,那么很有可能要在"正统"中寻求;但是,基督教传统的年轻和它所处的更广泛的历史背景,让我们没有理由认为真理会在那里成为可辨识的。除非基督徒可以回答这一点,否则他们从区分正统和异端的能力中得不到什么好处。

柏拉图主义者通过声称基督教的历史起源来攻击基督教,这显然与第四章讨论的 1 世纪希腊—埃及人与犹太人之间的论战非常相似——而且这种相似也不是巧合。正如柏拉图主义者接过并发展了斯多亚学派关于原初智慧传承的理论,柏拉图主义者也继承了斯多亚学派的关切,即孤立并拒绝他们认为可以被证明是派生的文化传统。于是,我们有理由认为,基督徒可以寻求犹太教护教论者的帮助来扭转局面——至少是帮助证明他们得以起源的希伯来传统是具有真正古代性的传统。比如,奥利金在《驳科尔苏斯》1.16 向他的读者提到了约瑟夫斯的"论犹太人的古代性"(*On the Antiquity of the Jews*)(即《驳阿庇安》)。然而,犹太教护教论者只有在帮助证明希伯来传统的古代性方面才有用:犹太人自己也会赞同希腊人的看法,即基督教依然是对希伯来传统的偏离。另一方面,基督徒需要证明基督教本身是具有先在(prior)古老性的传统。他们这样做的方式——且不说他们这样做的事实——最有趣地暗示了正统基督教的发明如何受到柏拉图主义哲学史模式的深刻影响。因为到了公元 2 世纪早期,基督徒已经开始宣称希伯来传统在哲学上与正统基督教相同。

　　基督教早在与异教哲学接触前就不得不面临历史起源问题。或许这个宗教在其创建之初面临的最紧迫问题是这样的:基督教应当如何看待它与犹太教的关系? 它要成为一个与其犹太教根源完全决裂的宗教吗? 基督教承认犹太教仅仅是自己的前身,还是承认犹太教是上帝的不完整的启示,而这种启示已经在基督那里完成了? 抑或基督教宁愿认为自己起到了真正的犹太教的作用:不是补充,不是新的启示,而是对犹太人自己所忽视的初约(original Covenant)的正确理解?

　　无疑,基督教在诞生时似乎并没有刻意尝试与犹太教决裂:不论耶稣自己对犹太教的看法如何[1],他的直接追随者基本上都是犹太基督徒,他们认为遵守《旧约》的犹太教的耶稣要么是一位先知,要么更极端地说是犹太人期望的弥赛亚[2],而且他们的宗教生活与圣殿(Temple)紧密相关,以遵守律法为基础。[3] 但与此同时,显然有一些人认为基督教是

[1] 通常认为,耶稣对律法的态度多少是矛盾的,即使他不拒绝律法本身,但他也拒绝接受对律法的"法条式"(legalistic)解释,并将自己的教诲置于律法之上。参考比如 Bousset(1911),第 107—109 页,第 199 页;Bultmann(1926),第 52—58 页,第 66 页;(1948—1953),第 1 卷,第 10—15 页;Käsemann(1964),第 38 页;Schweizer(1968),第 34—38 页;Bornkamm(1975),第 92—93 页。但与所有这些相反,参见 E. P. Sanders(1985),第 55—56页:"这种思路的问题是,耶路撒冷的使徒显然不知道《律法书》(Torah)已被废除:保罗以及可能还有其他使徒将这归于非犹太人。"(事实上,Bultmann 本人在 1948—1953;第 1 卷,第55 页假设耶稣的第一批追随者并没有提出律法的有效性问题。)Sander 自己的理解更坚定地将耶稣置于律法的语境中:根据他本人的看法,耶稣可能并不认为摩西的施予是最终的或有约束力的,但他对律法的唯一正面挑战,就是他禁止"让死人埋葬死人"(参见 1985;第 245—269 页,特别是第 267 页;关于这个问题完整的学术考察,亦参见 1—58 页)。

[2] 对耶稣的这些描述在基督教伊便尼派(Ebionite)的两个主要分支中得到了体现,这两个分支一直延续到公元 4 世纪,大概是在保罗教会占据上风并使丧失其作为主流基督教代表的地位之后的一段时间。关于伊便尼派的总体情况,参考爱任纽,《驳异端》1. 26. 2;奥利金,《驳科尔苏斯》5. 61;厄庇法尼乌斯,《驳异端》30. 16(特别对观 Lüdemann 1996;52—53,关于伊便尼派在最早的犹太基督教中的起源),伊便尼派的一个教派,即"拿撒勒派"(Nazarenes),认为基督里是弥赛亚和上帝之子(尽管他们对犹太律法的坚持和对保罗的拒绝导致他们被说成是异端)。另一教派(体现在后来托名克莱门的《识别》[Recognitions]之中)认为基督是"真正的先知",在本质上与亚当、摩西和其他先知类似。耶稣将自己视为先知还是弥赛亚,这个问题在很大程度上取决于这样一个让人无比棘手的难题,即他是否宣称自己是"人子"(Son of Man)这个(Bultmann 1948—1953;第 1 卷,第 2—9 页,参考第 25—33 页,比如,Macquarrie[1990;41]认为他用这个短语来指某个还未到来的人,而 Robinson[1956]则认为这是他的早期追随者对他的理解),以及这个短语是否具有弥赛亚色彩(参考 Vermes 1978,认为这个短语只是亚兰语[Aramaic]中对"人"的迂回表达)。有关该主题的大量文献综述,参见 Schürer,第 2 卷,第 520—523 页,对观第 186 页注释 4。

[3] 比如《使徒行传》2:46;5:42。众所周知,彼得对律法的严格遵守使他能够批评保罗:《加拉太书》2:11—14(奥利金用这个文段来回答科尔苏斯的指控,即耶稣的犹太信奉者放弃了他们祖传的宗教:《驳科尔苏斯》2. 1)。参考 Bultmann(1948—1953),第 1 卷,第 54 页:"当然,这个末世论共同体并不认为自己是一个新的宗教共同体——一种新的历史现象——也不认为自己是一个反对犹太教的新宗教。它坚持神殿及其祭仪。"(强调是 Bultmann 所加)

一个过分的(too far)教派,不论是因为基督徒的特殊学说,还是因为他们公开和热情地提倡这些学说。我们有早期的(尽管公认是有偏见的)证据证明进行压制的尝试。[1] 在我们看来,反基督教活动家中最突出的当然是塔索斯(Tarsus)的扫罗(Saul)(或保罗)。

保罗在适当的时候皈依,自己成了一位基督徒。但不论改变什么,保罗的皈依并没有改变他反对基督教真正起源于犹太教的信念。对于皈依后相信基督的弥赛亚身份的保罗来说,耶稣的传道、死亡和复活都是具有宇宙论意义的事情,以至于它们不可能不极大地改变各种事情。如果耶稣是神圣的[2],那么(对保罗来说)他的重要性不会受犹太律法的限制范围的约束。保罗对于耶稣作为亚当的反原型(antitype)的特殊理解加强了这个立场:正如亚当因为他的不服从而给世界带来死亡,并且随着伊甸园的失去而给我们带来全部痛苦,同样,耶稣在通过他彻底的自我否认和服从上帝意志而战胜死亡时,再次为全人类打开了天国。这种在基督里更新人性本身的信念,以及这种信念所指向的对非犹太人和犹太人的救赎承诺,必然会让人质疑上帝所立之约与特别是犹太人之间的持续相关性。保罗从来不认为基督教已经直接取代或替代了律法,但他确实认为犹太教在基督那里得到了"更新"(renewed),而且

166

---

[1] 参考《使徒行传》5:27—42。耶稣的兄弟詹姆斯似乎是犹太—基督教共同体的第一位领导人,他在 60 年代初被犹太公会(Sanhedrin)谴责并处决(《使徒行传》7:54—60;约瑟夫斯,《犹太古史记》20.200—201,对观 Lüdemann 1996:49—52)。

[2] 或者如果他成为(became)神圣的:关于保罗是否相信基督作为上帝之子的前存在,或者他是否持有"嗣子论"(adoptionist)立场,即耶稣只有通过复活才能获得圣子身份(divine sonship),存在着一些争论。对于后一种立场,参考《腓利比书》2:6—11(还有《罗马书》1:3—4),对观比如 Dunn(1989),第 36—46 页;Macquarrie(1990),第 55—65 页。但是,《罗马书》8:3、《哥林多后书》8:9、《加拉太书》4:4、《腓利比书》2:6—7 都支持前一种(最终是"正统的")立场:参考 DuBose(1907),特别是第 293 页;Bultmann(1948—1953),第 1 卷,第 185 页,以及特别是第 299—300 页;Schweizer(1966);A. T. Hanson(1975),第 83 页。

至少是在这个意义上变得不同。[1] 严格地说，耶稣实现了律法，他并未取代律法：但这已经足以让保罗说好像有一种新的律法——"信仰的律法"（《罗马书》3：27），"灵的律法"（《罗马书》8：2），或是"基督的律法"（《加拉太书》6：2）。[2]

于是，将基督教与犹太教分开的趋势始于保罗——事实上，这导致他（或许反讽地）成为第一个在任何意义上、从任何角度看都被认为是"异端"或"背教者"的基督徒。[3] 但随着 1 世纪的推进，这个趋势渐渐流行起来。福音传道者约翰的福音书的写作，在某些方面被认为是对当时克林图斯（Cerinthus）提出的灵知主义的早期回应，特别是回应如下灵知主义学说，即《旧约》和《新约》中的上帝是不同的上帝，一个是创造的上帝，另一个是基督向人类宣布的救赎的上帝。[4] 圣约翰以可能是最

————————

［1］ 这个律法是新的，因为其读者是新的（《哥林多后书》3：14），因为这封书简背后的灵如今（显然是首次）显现（罗马书 3：20—21）。

［2］ 关于所有这些，参考 Benoit（1962—1963）。

［3］ 特别参考爱任纽，《驳异端》1.26.2，以及厄庇法尼乌斯，《驳异端》30.16.8—9，对观 Bauer（1964），第 238 页："因此，如果可以直截了当地说的话，使徒保罗是唯一知道使徒时代的异教领袖，也是唯一——至少从某个角度——受到如此评价的人。"参考最近的 Lüdemann（1996），特别是第 4 章。由于毫不怀疑他对犹太基督教的反感，保罗（至少是保罗的一个被精心编辑过的作品版本）被灵知派接受了，他们希望强调犹太教和基督教的分离（特别参考 Grant 1966：36；参考第 88—89 页），这个情形可能妨碍了他最终融入"正统的"基督教当中（参考比如 Lüdemann 1996：55—56，关于查士丁不愿诉诸保罗）。

［4］ 爱任纽，《驳异端》3.11.1。哲罗姆重复了这一主张（《〈马太福音〉评注》[*Commentary on Matthew*]，序言 42—49）并将之扩展到包括了伊比昂（Ebion），伊便尼派同名的（但可能是虚构的）创始人。维克多里努斯（Victorinus）（《〈启示录〉评注》[*Commentary on the Apocalypse*]11.1）说，约翰看见了瓦伦提努斯（Valentinus），还有克林萨斯和伊比昂。然而，一些现代学者在约翰本人身上确认了灵知派的元素（比如 Bultmann 1949：220；Grant 1966：166—175；同时参考 Harnack 1894—1897：第 1 卷，第 216 页，认为灵知主义是作为一个整体的基督教希腊化的关键因素之一），并认为《福音书》的第一批读者是灵知主义者（比如 J. N. Sanders 1943：46—66；Barrett 1960：95）；至少我们知道这是他们广泛使用的文本（比如，这是赫拉克勒昂[Heracleon]的一本评注的主题）。如果这是对的（但是参考相反的看法，F. -M. Braun 1959：394；Brown 1966，liv—lvi，lxxxi—lxxxii），特别是，如果爱（转下页）

强烈的形式宣称基督教和犹太教的上帝的统一性，他使得基督既是创造的中介，也是救赎的信使："万物都是藉着他造的；凡被造的，没有一样不是藉着他造的。生命在他里头，这生命就是人的光。"（《约翰福音》1:3—4）这一切可能是也可能不是对灵知主义的挑战；然而，不可否认的是它构成了对犹太教的挑战。在将基督教的上帝与犹太教的上帝公开且完全地等同的过程中，约翰实际上以某种允许他保持《旧约》从属于《新约》的方式利用了犹太教的上帝。如果耶稣基督且只有耶稣基督[1]是上帝的话语（Word of God），那么他的声音不仅比摩西和诸先知的更大，而且在必要时还会让他们彻底沉默。在约翰的福音书中，犹太教变成了上帝为基督教做的预备，而基督教又被确定为此前只能部分获得的事物的完全启示。约翰没有主张直接拒绝律法，他也不否认上帝在过去的时代通过先知来说话。但他肯定会在某种程度上让他的基督教远离犹太教的仪式。比如，他允许耶稣在向犹太人说话时把律法称为"你们的律法"（见 8.17；10.34；参考 15.25）；他在摩西的追随者和耶稣的追随者之间进行了或至少是暗示了区分（参考 9.28）。[2]最重要的是，他清楚耶稣带来新的教诲（比如在 7.16 的"那个差我来者"的教诲）加在律法之上，甚至可能取代律法。约翰式的基督甚至要比保罗式的基督更

（接上页）任纽是第一位广泛使用《约翰福音》的"正统"作家（比如 R. P. C. Hanson 1970：426；Grant 1966：36）这一点是对的，那么爱任纽对其原初目的的主张就有可能属于为了正统教会而（重新）使用《福音书》的尝试。

[1] 这个从句是必要的，因为有些犹太基督徒——比如托名克莱门的《识别》反映了其信仰的那些人——认为上帝的话语已经化身在摩西和其他先知身上了。

[2] 参考 Brown(1966)，第 lxx—lxxv 页。Benoit(1962—1963)引用《约翰福音》7:19 和 22—23 来证明，福音传道者实际上主张服从律法，但是上下文不支持这种解读。耶稣在此的论证纯粹是针对个人的：他的那些行为（他问到），要比指责他的犹太人的那些行为更违背律法吗？"摩西岂不是传给你们律法吗？你们却没有一个人守律法。为什么想要杀我呢？"（7：19）

多地让我们看到一种对真理新的、真正的理解，他将这种真理随他一道带进这个世界："律法本是藉着摩西传的，恩典和真理都是由耶稣基督来的。"（1.17）[1]

对犹太教和基督教的这种分离式理解似乎已经在"主流的"犹太基督教之外获得支持，而且很可能是对犹太基督教的回应。比如被归于圣约翰的书简表明，基督教的教诲不应追溯至犹太教起源，而应该追溯至基督里的"开端"（参考《约翰一书》2:8;3:11，对观23），而安条克的伊格内修斯（Ignatius of Antioch）写于公元2世纪早期的书简甚至更激动地认为基督是我们唯一的教师。伊格内修斯承认，"古代的经文"满怀期待地说到了基督，但他非常清楚，这些经文缺少基督的教诲（《致马格尼西亚人书》[Magnesians]9）。对伊格内修斯而言，随着基督的到来，犹太教已经走到了决定性的尽头（《致马格尼西亚人书》10）。[2]

---

[1] 这则诗文显然有争议。"恩典和真理"（ἡ χάρις καὶ ἡ ἀλήθεια，在1.14和17）这个说法无疑就是希伯来语的 hesed we'ᵉᵗ met（上帝的属性，比如在《出埃及记》34:6—7），甚至在《约翰福音》中也可能没有其希腊语直译所表明的那种力量。因此比如Brown（1966;第4页）就认为这个短语的意思是"持久的爱"（enduring love），并且批评了诸如Bultmann这样的神学家（参见1941:49—50，对观第50页注释1;参考1932;245—248），他认为《约翰福音》中的ἀλήθεια应当在希腊的认识论意义上来理解。在此也许可以找到一些中间立场，但"无论如何"（A. T. Hanson 1975;第6页这样写道），约翰的意图是明确的："在颁布律法时向摩西显现自己的同一位上帝，如今借着耶稣显现自己。"约翰很清楚，耶稣胜过犹太先知，正如Brown本人承认的（1966，第lxxii页），犹太律法应该被他的教诲"取代"。

[2] 确实，伊格内修斯似乎会偶尔鼓励人们在精神上遵守律法，这或许被认为意味着他认为适当的解释可以为基督徒保存《旧约》。参考比如《致爱兄弟会书》（Philadelphians）6，他在此批评"被错误称呼的犹太人"只接受肉体割礼：这可能被认为意味着与"真正的"犹太人，即基督徒形成对比，后者进行精神割礼。然而，有可能更容易假设，伊格内修斯并不打算区分犹太人和基督徒，而是区分前基督教时期的真犹太人和假犹太人。他会说犹太教实际上已经不复存在，但即使在它自己的时代也曾被信徒们滥用。同样，在《致马格尼西亚人书》9，伊格内修斯说基督徒应该以精神的方式遵守安息日;但更仔细的观察表明，这与其说是对摩西律法的解释，不如说是对安息日概念的挪用。事实上，当伊格内修斯说（在同一个地方）基督徒一定要把复活日作为一个节日（字面上的节日而不是"精神（转下页）

1 8 8 — 后希腊化哲学

　　然而,如果说1世纪的保罗式基督教中有一种越来越强烈的趋势,即将基督的教诲与摩西和先知的教诲区别开来,并且主张基督的降临不仅是神圣经纶(economy)中的一个重要事件,还额外带来了前约(first Covenant)的犹太人所没有的基督教真理,那么在随后的一个世纪里,情况发生了根本变化。因为在这个时候,基督教护教论者相当突然地开始采取一种几乎与之截然相反的立场,而且不遗余力地主张,不仅(针对玛吉安等人的极端立场)《旧约》的上帝和《新约》的上帝是同一个,基督已经被先知们宣告,甚至还认为通过犹太教传下来的智慧本质上与通过基督传下来的智慧是相同的。事实上,在被认为是使徒巴拿巴斯(Barnabas)写于1世纪晚期或2世纪早期的书简中已经可以看到这种趋势的出现[1],这是最早的文本之一,为我们提供了从这个意义上把犹太教圣经(重新)用作基督教文本的证据。巴拿巴斯(为方便起见,我将这样称呼书简的作者)说,的确,上帝的圣约(Testament)从未传到犹太民族那里,他们"不配接受圣约"(特别是14),在这个主张的基础上,评注家有时会把巴拿巴斯视作犹太教和基督教传统之间持续分裂的证据。[2]但与此同时且在同一地方,巴拿巴斯清楚表明至少摩西确实接受且理解了圣约(Covenant)。更重要的是,巴拿巴斯相当清楚,这个圣约与传给基督里的基督徒且被接受的圣约是相同的:在他的书简中找不到旧(Old)和新(New)的区别。这给出了一个与我们在伊格内修斯、约翰甚至是保罗那里看到基督教哲学非常不同的图景,他们全都以各自不

　　(接上页)上的")的时候,他显然是在暗示,一套新的习俗适合于基督教信仰所要求的新心灵。关于这一点,参考 Pelikan(1971),第 18 页。

[1]　关于《书简》(*Epistle*)的整体情况,参见 Paget(1994)。通常认为,《书简》的写作时间是图拉真(Trajan)或哈德良(Hadrian)统治时期,但 Paget(第 9—30 页)认为这个时间要早至涅尔瓦(Nerva)统治时期(公元 96—98 年)。

[2]　参考 Pelikan(1971),第 14 页;还有 Quasten(1950—1960),第 1 卷,第 89 页,下文亦引用。

第八章　希伯来—基督教正统的发明 —　１８９

同的方式清楚表明,基督带来的相当新的东西,任何生活在前基督教时代的人甚至在原则上都不可能获得这种东西。

于是,摩西接受了圣约,尽管巴拿巴斯没有明确这样说,但由此必然得出,摩西至少已经理解了真理,而这个真理现在已经在基督徒中找到了。所以,问题就是对这个真理的表达是否仅限于摩西,或者这个真理是否体现在希伯来传统本身。如果整个犹太人都没能"接受",那么是上帝再次保留他的圣约吗?如果是这样的话,那么我们就可以和夸斯腾(Quasten)(1950—1916:第 1 卷,第 89 页)讨论一下巴拿巴斯对《旧约》的"绝对否定"(absolute repudiation),以及他构成了基督教哲学远离其犹太教前史(prehistory)的趋势的晚期证据,而不是基督教与上帝对犹太先知的启示的历史连续的趋势的早期证据。但我认为情况并非如此。因为巴拿巴斯对摩西和先知进行了广泛的基督教解释,特别是(但不仅仅是)寓意的和类型学的解释,就好像他们确实包含了"基督教"的教诲(重点参考 7—12,15—16)。更重要的是,巴拿巴斯明确指出犹太人是犯错而不是无知:这不是说他们没有接触到摩西作品中的圣约,而是说他们没有正确解释圣约(《书简》10)。巴拿巴斯没有"绝对否定"《旧约》[1];不如说他否定了犹太人对《旧约》的理解。他接受《旧约》,因为《旧约》(向那些被基督指明方向的人)表达了什么才是本质上的基督教教诲。[2]

巴拿巴斯向我们指出了早期基督教哲学发展中最重要的转变之一:我们渐渐发现,当基督徒把他们的宗教说成一种更新时,他们的意思不

[1] Quasten 说巴拿巴斯确实"绝对否定"《旧约》,这与他自己在三页之前(1950—1960:第 1 卷,第 85—86 页)所说的巴拿巴斯认为犹太人只是"误解了律法,因为他们对律法进行字面解释"不符。

[2] 亦比较《书简》9,我们在此了解到,亚伯拉罕至少理解基督教真理的某些方面。据说巴拿巴斯"接受了三字母教义",并为他家里的 318(希腊语:TIH)个男人行割礼,以暗示耶稣(IH)的到来和他在十字架上的死亡(H)。

同于保罗：他们的意思并不是说基督教在任何意义上都是新的，不是从犹太教思想中发展出来的，而是说基督教是对原初哲学的回归，这种哲学保存在犹太传统中，但犹太人自己偏离了对它的理解。[1] 这种关于教会古代性的论证的延伸，早先被狭隘地认为是用来孤立后来的异端立场的手段，但最终让我们能够看到"正统"借以界定自身的那种历史模式的全部范围和意义。[2] 因为正统的基督教传统并不是简单地声称要比异端学派更古老，它通过挪用古代希伯来传统，从而声称要比所有竞争性的哲学传统都更古老：事实上，它回到了原初古代。于是，对于正统的要求，比起它限用于基督教的内部政治而言（正如评注家们经常假设的），具有更广泛的重要性。[3] 实际上，被提出来的"正统"概念是最重

----

[1] 参考比如查士丁，《对话》（Dialogue）23 和 46；德尔图良，《答犹太人》（Answer to the Jews）2，《规劝异端》13；爱任纽，《教会史》（Ecclesiastical History）1. 2. 1—16；1. 4. 14。以"犹太教"的方式来解读经文，这意味着逐字逐句进行翻译——也就是说失去了真正的、基督教的含义：克莱门，《导师》[Pedagogue]1. 6. 34. 3；尤西比乌斯，《教会史》7. 24. 1；参考查士丁，《对话》14；奥古斯丁，《论基督教教义》（On Christian Doctrine）3. 8—9。奥利金说，基督所教导的要比所罗门知道的更多（《论第一原理》[On First Principles]3. 3. 1，256. 25—28 Koetschau）；但是，这个主张的语境是讨论异教哲学（"此世的智慧"）和真正的基督教智慧——"上帝的智慧"——之间的关系。既然所罗门的智慧是奥利金特别按照与希腊哲学的关系来描述的（参考奥利金的《雅歌》评注，特别是序言 3，奥利金在此说所罗门为希腊哲学的划分提供了模型），所以按照上引《论第一原理》中的文段，所罗门在很大程度上就不能被认为代表了希伯来传统。比如，基督所教导的要比所罗门知道的更多这个主张，不能扩展到去主张基督（至少在他后来的化身形式之中）的教导要比摩西和先知们已经知道的更多。（关于摩西和众先知熟知前存在的基督，参见奥利金，《〈约翰福音〉评注》[Commentary on John]1. 15，19. 6—23 Preuschen。亦参见 Harl 1958：337；Pelikan 1971：110—111。）

[2] 反驳比如 Lilla（1971：第 31—37 页），他认为，通过挪用犹太教圣经而获得的古代性仅仅起到了修辞的作用。

[3] 事实上，评注家们倾向于假设比这更弱的主张，即"正统"实际上只是主导的一方在争取追随者的内部争斗中赢得的胜利称谓。但是，"正统"的界定（因此应当得到承认）不是通过人数或政治上的优势来实现的，比如德尔图良已经表明了这一点，他认为曾经有一段时间，正统不敌异端（《驳玛吉安》5. 20. 2，第 2 卷，333. 26—28 Oehler）。亦参三个世纪之后勒林斯的圣文森特（St Vincent of Lérins）："但是，如果某种新的传染病试图感染（转下页）

要的哲学武器之一,柏拉图化的西方教会也借此为基督教赢得了对抵御对手的斗争。基督徒如今能够认为,异教神学就像后来的"基督教"异端一样,都是对他们传统的偏离[1]——通过这样做,他们能够以同样的方式回应异教批评者。基督教不是离经叛道的传统:正统的希伯来—基督教是最初的标准,后来的所有思想分支都必须根据这一标准来衡量。

172 　　碰巧的是,《巴拿巴斯书简》(*Epistle of Barnabas*)本身没有表明他的方法暗示的对异教神学的态度,而这在后来的"正统"中很常见,比如,没有表明作者将希伯来圣经的"基督性"论证与相信异教传统的年轻关联起来。但我们不能期待,在一封以攻击犹太人为框架,并且特别是写给基督徒的书信中,会有大量关于异教徒的内容。不过,大约从同一时期开始,在第一位基督教护教论者即雅典哲学家马西阿努斯·阿里斯提德(Marcianus Aristides)现存的作品中发现了这种主题的第一个具体表述。[2] 阿里斯提德认为犹太人需要归还本质上是基督教圣经的希伯来

(接上页)整个教会,而不仅仅是其中一小部分,那该怎么办? 他[天主教的或正统的基督徒]将小心谨慎地坚持古代性,这如今是不能被任何新奇的欺骗引入歧途的。"《备忘录》(Commonitorium) 4。

[1] 奥利金实际上曾说异端观点以希腊哲学为基础:《致格里高利书》(*Letter to Gregory*) 2。更为常见的是主张(也和建立联系有关),基督教异端起源于异教哲学:爱任纽《驳异端》2.14;希波吕托斯,《驳一切异端》,特别是 1,序言 9. 3. 23—6 Wendland;9. 31,264. 19—33 Wendland;10. 32,288. 23—289. 2 Wendland。德尔图良《规劝希腊人》7,43。后来的则参考尤西比乌斯,《教会史》5. 28. 13—19。查士丁明确将异教徒和异端分子划分派系的方式关联起来:他在《对话》2. 1—2 讨论了前者,而对于后者,他则在《对话》35 进行讨论,并回引了这个文段。

[2] 直到 1889 年在圣凯瑟琳修道院(Monastery of St Catherine)发现阿里斯提德的《护教篇》叙利亚文译本,才让学者们意识到一个事实,即这部作品的希腊语原作是作为一部被称作《巴拉姆和约萨弗特的历史》(*History of Barlaam and Josaphat*)的中世纪传奇的一部分而保存下来的。参见 Harris(1891)(包括了叙利亚语和希腊语文本)。我们对阿里斯提德本人知之甚少。尤西比乌斯在《教会史》中提到了他,但没有对叙利亚文版本的《护教篇》(希腊语的部分佚失了)前几行的内容做任何补充,阿里斯提德在这几行中自称是"雅典哲学家",并将这部作品献给哈德良皇帝(从而这部作品是在公元 117—138 年间写的)。

192　　—后希腊化哲学

圣经,这一点从他声称犹太人偏离了对希伯来圣经所含智慧的理解可见一斑(《护教篇》14)。但是,阿里斯提德比这更进一步(所以也比《巴拿巴斯书简》更进一步),他还谈到了异教徒。因为阿里斯提德认为,《旧约》所含的智慧早于传统异教神学的出现:更确切地说,他认为异教神学本身就是偏离《旧约》的结果。就此而言,重要的是阿里斯提德通过偏离比喻表达了某种相当具体的东西:不仅异教徒错了("远离真理"),而且从历史上讲,实际上他们的神学是对基督教保存的智慧的偏离。比如,他显然认为,异教徒的错误与犹太人的错误是一样的,只是比后者更糟糕。他说,他们之所以犯错,显然是因为他们陷入偶像崇拜并拒绝基督,尽管如此,他们依旧最接近任何非基督教团体(non-Christian body)的真理。[1]迦勒底人更糟糕:他们"不知道上帝",而是"跟在诸元素后面误入歧途",进而崇拜诸天体,崇拜被造物而非创造者(《护教篇》3)。更糟糕的还有希腊人,他们崇拜我们在他们的诗歌中发现的荒谬的拟人论(anthropomorphisms)(8—11)。最糟糕的是埃及人,他们"更愚蠢","更加误入歧途"。由于不满其他民族的诸神,他们引入(注意,这是暗示更糟糕的创新)动物甚至是植物作为他们崇拜的对象(12)。

在 1 世纪的基督教中,没有任何东西可以让我们准备好认为异教神学是对原初基督教真理的历史偏离:但是,作为基督教在哲学史中地位的一种大体"柏拉图式"描述的一部分,异教神学很有意义——事实上,它是必需的。基督徒可以通过宣称他们的传统在历史上独立于异教哲学来回应柏拉图主义者的边缘化企图。只要正统的概念成立,这至少可以防止他们落入柏拉图主义者关于偏离的传统会遭遇什么的论述。但

---

[1] 《护教篇》14;叙利亚文版本更明确地说道,他们已经"偏离了真正的知识",还补充说他们的宗教实践表明他们侍奉天使,而不是他们宣称崇拜的上帝。

基督徒需要的不只是为自己辩护,因为,如果他们只是恢复他们的和柏拉图主义者的论证之间的均衡,那么对整个争论的怀疑论回应就会胜出。为了进一步边缘化异教徒,为了进而表明选择(正统)基督教作为寻找真理之路是唯一可以合理证明的,基督徒必须能够进一步表明,异教传统可以和基督教异端一起被纳入他们关于偏离的论述。他们必须能够论证,异教神学中明显的困难和分歧(比如阿里斯提德在《护教篇》8,12 指出的"荒谬""荒诞"和"愚蠢"的学说)只能根据这种偏离来解释——当然,这需要假设原初的(即基督教的)神学是正确的。

我已经论证过,对柏拉图式的哲学模式的采纳是基督教"正统"概念的最终根源,对它的采纳大概并不像我使之听起来的那样是一次刻意的事件——尽管鉴于我们的证据的本质,很难以任何别的方式来谈论它。或许"同化"(assimilation)比"采纳"更好:它之所以构成基督教的一部分,或许不是因为这种宗教本身的任何有意识决定,而是因为其新成员自公元 1 世纪晚期以来预先形成的假设和观点。更直接地说,关于基督教正统的建构以及对基督教历史的相关改写,可以用这样一些人的工作来进行最简单的解释,他们所接受的柏拉图主义训练使得这成为理解其声称的提供通向真理之路的唯一自然方式。[1]但是,不论被用来定义"正统"的模式是如何被采纳的,重要的是它提供的对攻击基督教的回

[1] 在多数情况下,很难肯定地评价这些护教者所接受的希腊哲学训练;但在我们可以进行论说的任何地方,柏拉图主义都特别突出。比如,查士丁在《对话》2 描述了他在皈依前游历希腊哲学各学派,无论他的描述有多少历史准确性(Goodenough 1923:59。有理由怀疑其中存在一些惯例化的说法),然而重要的是,查士丁宣称随其进行学习的、他对其哲学表达了最高敬意的最后一位思想家,是柏拉图主义者。参考 Andresen(1952—1953)。关于柏拉图主义影响了雅典纳戈拉斯,参考 Malherbe(1970),他尤其认为,雅典纳戈拉斯的《基督的使团》(*Embassy*)"阐明了一种按照中期柏拉图主义对柏拉图哲学的摘要来精心安排的基督教信仰"(第 214 页)。关于克莱门的柏拉图主义,参见 Lilla(1971),特别是第 41—51页。关于这个主题,更常见的是参考 Waszink(1957)。

应,正如我们在科尔苏斯那里看到的。科尔苏斯企图摧毁基督教,他称之为埃及传统的二次腐化,这可以用"正统"回应来应对,即基督教接受了犹太教中保存的真理,而基督教所代表的希伯来传统反过来又比存在于异教徒中的任何传统都要古老得多。正如柏拉图主义者认为他们的传统保存了最古老的哲学,特别是由柏拉图复活和阐释的哲学,同样,基督教正统的发明也主张基督徒站在一个从一开始就保存着真理的传统之首。对于2世纪西方教会的基督徒来说,基督的降临有很多重要的意义:他实现了预言,他发挥了重要的救世论作用,但他不是哲学的创新者。就学说而言,基督的重要性在于他"揭开了"遮蔽希伯来圣经解释的"面纱",从而使得意义显现,而这个意义的表达就保存在犹太教传统中。这样一来,正统的基督教本身就被确立为具有最伟大古代性的哲学传统。只要这种历史模式得到维持,柏拉图主义者就不能再利用基督教的内部分裂或它与异教传统的分歧来表明它走上了一条远离真理的道路。异端和异教徒显然共同被孤立在这个宗教的哲学边缘,它的原初、正统的表达从一开始就以最纯洁的形式持续着。作为这一切的最终结论,正统者可以认为,如果真理不在正统基督教所代表的古代传统中,那就根本不可能发现真理。

175

　　或者说,至少他们现在几乎可以提出这个论证了。然而,依旧还有一个障碍。因为如果基督徒能够证明,传统的异教神学(比如在荷马的诗歌中所表达的)是对他们所保持的最纯粹传统的腐化,那他们就还必须处理异教哲学的问题,特别是柏拉图发展的那种哲学。因为根据柏拉图主义者的主张,这种哲学是对神和世界的一种修复性(restored)论述,它超越了神话传统。事实上,柏拉图主义者承认,他们自己的文化传统已经遭受腐化,因此需要进行修复(比如他们竟然认为,与他们自己的传统相比,犹太教传统处于更糟或更不好的修复中)。但是,为了让他们的论证可靠,基督徒需要表明,所有异教思想都可根据与基督教思想的偏离来解释,于是,异教思想内部的分歧证明了真理在那里缺席或不可辨识。这是后来的 2 世纪基督教思想家所处理的问题。

第九章

"依附性主题"

1. 论证的必要性

作为回应科尔苏斯攻击基督教哲学宗派性质的一部分，奥利金提出了如下观点（《驳科尔苏斯》3.13；但参见 12—13 全部内容）：

任何因基督教的派系而批评基督教的人也可以批评苏格拉底的教诲；因为从他的教导中产生了许多学派，它们的支持者的观点不尽相同。此外，一个人还会因柏拉图的学说而批评柏拉图，因为亚里士多德离开了他的教导并引入了新的观点。

这是比看上去更尖锐的反驳。科尔苏斯大概是想批评作为一个整体的基督教，因为其内部有各种分裂，但是奥利金与异教哲学所做的比较表明，他的回应就好像科尔苏斯因基督教后来出现的 *heresies*［异端］而批评正统基督教一样。换句话说，奥利金对科尔苏斯的回应涉及一个默认的主张，即正确地说，基督教根本没有分裂，科尔苏斯所确定的那些分歧只是在后来出现的，并没有使正统变得不那么可辨识。[1]

---

［1］ 比较克莱门在回答类似问题时的策略（见《杂篇》7.15.89.4—90.2，第八章讨论过）。

关于基督教统一性的辩护就到此为止。但还另有一微妙之处。通过将希腊哲学中的不是一处而是两处与基督教异端教派的出现进行比较，奥利金能够暗示，不可能从希腊哲学中分离出一条在其自身背景下可与基督教正统学派相提并论的单独线索。这就是说，不可能在希腊哲学中找到一个单独的参考点，人们可以据此识别并否定其中"偏离的"的哲学立场。他认为，每一位希腊哲学家都已经是一个多形式的和零散的哲学景观的一部分。这一点特别适用于科尔苏斯本人的哲学代表人物柏拉图，奥利金将他置于希腊哲学分歧的微历史的中心：柏拉图的学生（当然，正如我们知道的）与他有分歧，但柏拉图也必须反过来卷入与其他"苏格拉底"学派就如何解释苏格拉底的争论（尽管他们可能声称——比较我在第六章的讨论——这些学派实际上无关紧要）。为什么希腊哲学是这样的？当奥利金坚持认为基督教异端的出现并非基督教的派系主义和爱争论（οὐ πάντως διὰ τὰς στάσεις καὶ τὸ φιλόνεικον）的倾向的结果时[1]，我们可能会理解，派系主义和冲突，或某种类似的特征，才是希腊哲学的特征并解释了其本质的不统一。

在上一章中，我考察了早期基督教哲学中与刚才概述的奥利金对科尔苏斯的回应的第一部分对应的论证：证明一个"真正的"基督教，尽管

[1]《驳科尔苏斯》3.12。奥利金在此认为，如果基督教异端被认为产生自"真正的"基督教，那么它们只是在圣经非常正确地鼓励之下试图解释圣经和寻求真理的结果。我已经表明，大多数基督徒极力否认异端的来源在基督教内部，他们坚持认为异端来自异教哲学的影响或者异端分子本身的邪恶。然而，奥利金在此对基督教异端的出现做了相对宽容的论述，这与他作品中的其他地方有相似之处。比如，他认为异端分子从恶魔的暗示中得到启发（《论第一原理》3.3.4，260.3—15 Koetschau），但他们打算用无知而非恶意来解释他们的行为（也就是说，异端分子的和恶魔的行为：参见《论第一原理》3.3.3，258.15—259.2 Koetschau）。这并不是要低估异端的危险：奥利金认为异端分子是《雅歌》中描述的"狐狸"（《〈雅歌〉评注》3[4]，236.29—31 Baehrens）：他说，他们的教义是地狱之门的基石（参考《圣马太评注》[Commentary on St Matthew] 12.12，91.31—92.5 Klosterman）。

有异端围聚着，但还是可以很容易地被辨识出来，证明分裂的倾向不是这个原初正统的一部分，以及证明客观观察者因此没有理由认为，如果真理根本就在基督教之中，那么真理的位置是无法辨识的（真理当然与正统同在）。此外，我还表明这种建构"正统"的方式所带来的结果之一，是传统的异教神学也必须被认为是后来对它所代表的希伯来—基督教传统的偏离——因此，哲学家可以放心地忽略。有了这一点，基督教反对异教徒的论证似乎就完整了：但依旧有一个难题。因为基督教论证异教神学传统（大体来说就是异教神话）是对古代希伯来—基督教正统的腐化偏离，这就要求（这是基督教论证的重点）这些传统从来没有更接近真理：作为对真理的偏离，它们总是倾向于更糟。因此，希腊哲学的出现——就是说，比如柏拉图的神学思考——是一个非常令人讨厌的惊喜，不论它出现得有多晚。基督徒很可能认为这种哲学优于它之前的神话传统（虽然见下文关于奥利金本人的进一步论述）；但在这种情况下，这种哲学看起来像是一种改进，不论它是否被认为代表了希腊人中的一种全新思想的兴起，或者不论它是否（正如柏拉图主义者自己主张的）要根据这些传统通过利用更古老传统重建更早的智慧来进行解释，它都给基督教论证的逻辑带来了某种尴尬的历史转折。异教神话可能是一条远离原初真理的道路，但异教哲学可能看起来（特别是对于基督徒而言）像是在试图克服它们的早期传统固有的缺陷，以便建立一条返回那里的道路。作为一个整体的基督徒必须解释这一发展，他们必须能够做到让客观观察者相信，导致异教徒的神学传统分离的一些共同缺陷、本质弱点在他们新的哲学研究中仍然存在，因此，走希腊哲学路线的人就依然没有机会真正达到真理。他们这样做的方法之一，就是借助早先的犹太教护教学已经（而且很方便地）熟悉的一个主题。基督徒认为，希腊哲学的兴起要归因于同希伯来—基督教传统哲学的接触：异教徒之间固有的分歧倾向确保了希腊哲学不可能在没有这种接触的情况下产生，同样，一旦失去了这种接触，希腊哲学就不可能不出现严重的错误。希腊哲学就算有独到之处，也是对希伯来—基督教思想的一种偏离，就算希腊哲学起源于那里解释了其中看似积极的东西，但希腊人使用希腊哲学的方法却一如继往地腐化——这解释了希腊哲学所遇到的明显困难。这就是我在上一章开头概述的基督徒对柏拉图主义的三个回应要素中的最后一个：一位评注家（Ridings 1995：第 24 页）称之为"依附性主题"。

2. 主题概述

基督教关于异教哲学依附于基督教思想的论证引发了大量关注，引发了一些争论，也带来了不少尴尬。比如，查德威克（Henry Chadwick）说这个论证"听起来更像是古怪地主张希腊人的文化来自加纳（Ghana），或者圣保罗在他前往西班牙的绕道路线上建立了英格兰教会"（1966：14）。[1] 在最近对克莱门、尤西比乌斯和忒奥多瑞图斯笔下的这个主题的研究中，里丁斯（Daniel Ridings）（1995）认识到这个主题在基督教思想中太普遍了，不能就这样一概否定，但他依旧断定，依附性主题的目的是修辞的，而非哲学的。他认为，基督徒希望表明，异教徒由于模仿基督教的智慧，因而给予了它最高形式的奉承。但我认为，即便是这种看法也忽视了这个论证的大部分内容——当然是在基督徒使用它

---

[1] Molland（1936：第 63 页）确实说过，偷窃的指控"完全配不上像克莱门这样的思想家"——不过我们必须补充一句，对查士丁、塔提安、忒奥斐卢斯、德尔图良、希波吕托斯、奥利金、尤西比乌斯、忒奥多瑞图斯（Theodoretus）、奥古斯丁等思想家也是如此，一句话，对整个教父传统都是如此。

时。诚然(正如我在第四章中认为的),在犹太教护教学中——特别是在阿塔旁努斯和阿里斯托布洛斯的作品中——关于异教借用(borrowing)的最早指控可能是为了纠正希腊人对犹太文化的负面描述而提出的。但我也表明,到希腊化时代晚期和帝国时代早期,论战形式已经发生了变化:当斐洛和约瑟夫斯指控异教徒借用犹太教哲学时,他们这样做必定是出于一个更实质性的哲学目的。斐洛和约瑟夫斯需要证明犹太智慧比异教徒假装的任何智慧都更古老,特别是犹太智慧并非仅仅是埃及智慧的贬低形式(正如他们的贬低者开始宣称的),从而表明犹太智慧根本就值得作为哲学而被认真对待。[1]

值得注意的是,希腊哲学家在攻击基督徒时也用过这个主题。例如,科尔苏斯多次指控犹太人和基督徒偷窃。他指控摩西以荷马的故事作为其关于巴别塔的叙述的基础(奥利金,《驳科尔苏斯》4.21,他要求我们比较《创世纪》11.1—9,对观荷马,《伊利亚特》5.385—387,以及《奥德赛》11.305—320),指控摩西和先知们以对柏拉图的误解作为他们某些学说的基础(《驳科尔苏斯》6.7),指控耶稣从柏拉图那里偷来富人难以进入上帝之国的学说(《驳科尔苏斯》6.16,对观柏拉图,《法义》743a),以及指控基督徒一般是从"[科尔苏斯]认为受到神启的某些古人那里,特别是从柏拉图那里"获得他们关于天堂的概念的(《驳科尔苏斯》7.28;科尔苏斯引用荷马,《奥德赛》4.563—565,以及柏拉图,《斐多》109a—b)。我们知道科尔苏斯并非唯一一个提出此类指控的人[2],但聚焦于他的

---

[1] Hengel之所以宣称犹太人"不知道后来的基督教关于'哲学家的偷窃'的论战观念",背后原因似乎是未能将斐洛和约瑟夫斯等作家与早期犹太作家对该主题的使用区分开来。参见 Hengel(1974),第 166 页注释 387,Ridings(1995),第 232 页(参考第 38 页)以赞成的态度引用。亦参 Roth(1978),第 66 页。

[2] 德尔图良(《护教篇》47.2,第 1 卷,286.7 Oehler[下文引用])认为,由异教徒依附于基督教哲学所导致的相似性促使他们指控基督徒偷窃。后来,普罗提诺的学生、柏拉图(转下页)

第九章 "依附性主题" — 201

证据却是值得的，因为仅就他而言，我们对他提出这些指控的背景有很多了解，并且可以看到对他的攻击起到了什么作用。科尔苏斯的全部要点在于，异教哲学（人们会假定特别是柏拉图主义）通过古代哲学诸传统接受并保存了原初智慧，因此是有效的，而基督教作为这个传统的一个偏离分支的创新形式，在哲学上不被认可。因此，当科尔苏斯指控犹太人和基督徒偷窃异教思想时，我们知道他不（仅仅）是在为自己的信念争取尊重；实际上，他正在支持自己关于这些信念有效性的主张，以反对基督教的替代方案。或许，科尔苏斯认为基督教传统的内在腐化意味着其所包含的正面特征只能诉诸基督教传统之外的力量来解释：基督教传统不可能独立地提出这些见解，因此它必定是从希腊人先前的传统中借用的。如果这是正确的，那么同样应当清楚的是，依附性主题对于基督徒也具有极大的哲学重要性——或者说，它是关于基督教正统哲学有效性的更广泛论证的重要组成部分。因为基督徒需要对异教哲学进行解释，使得客观观察者能够将之与基督教思想进行比较，并看到后者可以而前者不能帮助人们发现真理。依附性主题有助于他们做到这一点。在为希腊哲学依附于基督教哲学提供证据时，基督徒能够表明，异教徒就其本质而言不是真正或严格意义上的哲学家，他们的哲学只能按照那种使之从属于且低于希伯来—基督教传统的术语来解释。此外，异教哲学家之间出现的派系和分歧可以被视为表明，即便在这个阶段，他们也没有出于爱真理而摆脱爱争论。基督教的依附性假设解释了异教和希伯来—基督教思想之间诱人的相似之处：但更重要的是，它也解释了为什么我们不应认为前者可能会引导我们更接近真理。

（接上页）主义者阿美利乌斯（Amelius）明确认为，福音传道者圣约翰从赫拉克利特那里"偷"来了他关于神圣逻各斯（Logos）的论述；参见尤西比乌斯，《福音书的预备》11.19.1，540B—C。至少最近有人在重复这个主张；尤其参考 Kelber（1958），第35—37页。

3. 德尔图良论异教哲学

在前面的内容中，我穿插概括一系列实际上非常不同的论证，概述了基督教的依附性主题。然而，我这样做是为了强调这些解释异教哲学的各种尝试背后的统一目的——以及它们的共同根源在于哲学史研究和为基督教思想辩护时采用的广义"柏拉图式"方法。接下来，我将试图以查士丁和克莱门（他们在这一点上一直受到误解）这两个案例进行对象研究，以便进一步完善这个论述；最后我会考察奥利金本人处理这个问题的方法和他对科尔苏斯的回答的更广泛背景。但是首先，为了做好铺垫，我打算先考察克莱门的拉丁同时代人德尔图良的论证。下面的缩略引文——尽管很长——来自《护教篇》47.1—14（第 1 卷，286.1—290.17 Oehler）[1]：

> 真理比任何东西都更古老，除非我错了；而且先前被证明了的（参考德尔图良，《护教篇》19）神圣经文的古代性在此对我大有助益：它使我更容易相信它是后来所有智慧的宝库——如果不是要限制本卷的篇幅，我也会演示一下证明。哪位诗人或者智者没有畅饮过先知们的泉水？哲学家们正是从中缓解了他们的理智饥渴（因此，正是他们从我们这里得到的东西导致他们将我们和他们相比）。我认为，正是因此，哲学才被某些人——我指的是底比斯人、斯巴达人和阿尔戈斯人（Argives）——驱逐：当他们试图效仿我们的学说时，正如我说过的，这些只贪图荣耀和雄辩的人通过他们自

---

[1] 关于相当类似的内容，参考德尔图良，《致诸民族》(*To the Nations*)2.2。

己习惯性的好奇心，把他们在神圣经文中偶然发现的任何东西都转去迎合自己的目的……因为只要真理是简单的，人类就越是无所顾忌地要改变它，蔑视信仰，以至于他们把不确定性混入他们发现的那些确定性之中。在发现了公正的上帝之后，他们却不像他们发现的那样来讨论祂，以至于他们对祂的性质、本性和位置产生了争议。

德尔图良在此列举了异教哲学分歧的例子，不仅涉及神的本性，还涉及宇宙和灵魂的本性。他在 47.10 继续说：

但对于那些贬低我们的东西的人，我们可以立即反对说，真理的标准是基督通过他的门徒传下来的，通过他们可以证明各种各样的"解释者"都是后来的。凡与真理相对立的一切东西都来自真理本身……请问，这样一些与诗人或哲学家的相似之处来自哪里？哪里都不是，除了来自我们的奥秘。如果它们来自我们的奥秘，而我们的奥秘更早，那么我们的哲学就更可靠，也更可信，因为就算是它们的仿制品也得到了你们的信任。

德尔图良在这个文段中的论证聚焦两个主张：基督教思想的古代性，以及异教哲学本质上爱争辩的本性。但是，虽然德尔图良向读者提到了其他地方关于前一个主张的证据，但他依旧需要证明后者。异教哲学包含了分歧，这一点确定无疑，不过，异教哲学本质上是派系的，以至于它提供的道路没有一条能够通向真理，这却是需要论证的。于是，德尔图良利用异教徒借用基督教的假设，对哲学史进行了更严谨的论述，并且更充分地论证了基督教不仅就其自身而言值得考虑，而且对于追求真理的人来说,客观上比异教哲学更可取。他注意到,异教哲学传统有着非常近似的根源,而且他还注意到,一些希腊学说和非常古老的希伯来—基督教思想要素有着惊人的相似。于是他提出了如下明显的问题:为什么这么晚近,怎么会如此相似?

应当注意的是,德尔图良(在指控异教徒偷窃的基督教作家中并不是唯一的)非常清楚地意识到,诉诸他的 20 世纪批评者们更希望他在这一点上使用的各种解释是可能的,甚至是合理的:比如,他准备接受这样一种可能性,即偶然性(chance)在基督教和异教哲学的相似性中发挥了作用;他也承认,就希腊人和所有人一样是理性的动物而言,他们可能有能力为自己争取相同种类的真理(这两种可能性出现在《论灵魂》2.1,第 2 卷,558.8—13 Oehler)。德尔图良意识到,指控异教徒偷窃是一个大胆的举动,不论异教徒身边有多少看起来的基督教财富(Christian-seeming wealth),如今都绝不可能当场抓住他们了。但他认为,这些选项都不能像异教徒借用希伯来圣经的假设那样如此充分或如此全面地回答这个案件的各种事实——顺便一说,德尔图良可以在希腊人自己的如下主张中找到这个假设的某种佐证,即他们的哲学传统的早期天才为了探究蛮族人的智慧而游历世界。[1] 特别是,这些选项都不能解释哲学智慧后来在希腊人中的出现。偷窃的假设为解释这一点提供了更好的起点。不过,这个假设本身还不够。因为德尔图良的论证并不是简单地认为,如果希腊哲学比希伯来思想出现得更晚,那么希腊哲学必定是由于与希伯来思想的接触而产生的(*post hoc ergo propter hoc*)——如果是这样的话,那么这个论证就太无力了,无法引起人们的注意。这个

---

[1] 比较《护教篇》47.3,第 1 卷,287.1 Oehler 提到的希腊人的"好奇心",对观《论灵魂》2.4,第 2 卷,559.9—10 Oehler:"可以相信,一个寻找智慧的人会出于好奇心而求助于先知。"

论证毋宁（且至关重要地）和这样一种看法有关，即希腊人的哲学方法本质上是堕落的——他们受到爱荣誉而不是爱真理的驱使。[1]希腊哲学充满分歧，正是这个可观察到的事实对这个假设的补充[2]，才使得这个完整的假设能真正解释为什么异教徒没有更早地发展出哲学。相当简单，他们缺乏必要的品性。如果他们拥有对真理的爱，那就会更早发展出哲学，也就不会像他们那样陷入分歧。但是，由于受到爱荣誉和爱争辩的驱使，他们只能从其他地方获得哲学观念，而且不可避免的是，他们甚至会陷入关于这些观念的争论。这个假设是德尔图良能够解释希腊哲学中看似积极的东西的唯一方式，也解释了这个传统的晚起（late genesis）及其随后历史的分裂过程。而且，作为这一切的最终结果，这个假设向客观观察者保证，尽管希腊哲学具有明显积极的内容，但它本质上是腐朽的，甚至不能像基督教正统那样构成通向真理之路。

4. 查士丁论异教哲学

德尔图良认为，"偶然性"或"共同的理性"（shared rationality）原则上可以用来解释异教和基督教哲学的相似之处：尽管正如我们看到的，对他来说，这些可能性中的任何一种都没有充分的解释力来强势自我推荐。然而，查士丁有时似乎对异教理性的潜力更乐观。他在不同场合提

---

[1] 参见德尔图良，《致诸民族》2. 2. 4，第 1 卷，352. 8 Oehler；还有《驳玛吉安》（*Against Marcion*）5. 20. 1，第 2 卷，333. 8—15 Oehler，引用保罗，《腓立比书》（Philippians）1：14—17。

[2] 关于希腊哲学家之间的分歧，进一步参见德尔图良，《论灵魂》2. 4，第 2 卷，559. 11—12 Oehler："你们会在他们那里发现更多的多样性而非共同性，因为甚至在共同性之中也可以辨识出他们的多样性。"

到"内在的理性（logos）种子"，或者（似乎是一个相关的概念）"种子理性"（seminal reason），其至少有一"部分"是每个人都有的。[1] 每个人都具有 logos 的片段，这让人们能够发现宇宙的理性秩序：实际上是让人们能够通过实践哲学来获得真理。因此，《第二护教篇》10.2（同时参考 13.3）：

> 凡是哲学家或立法者正确持有或发现的东西，都是他们从发现和沉思 logos 的一部分而得出的。

尤为出名的是，查士丁认为有些异教作家十分擅长使用他们的理性，以至于他们就是有实无名的基督徒。因此，《第一护教篇》46.3：

---

[1] 参考《第一护教篇》（*I Apology*）44.8—10（正如下文引用的）；《第二护教篇》（*II Apology*）8.1,13.3。查士丁在此的术语来源已经引起了激烈的（而且是毫无结果的）论争。有一个阵营将之与斯多亚学派的"种子理性"（σπερματικὸς λόγος）联系起来：参考 H. Meyer（1914），第 87 页及以下；Pohlenz(1959)，第 1 卷，第 412—413 页；Dillon(1996)，第 137 页。但是，没有证据表明这个短语在斯多亚学派的知识论语境中的这种用法："种子理性"毋宁是斯多亚学派在广义的生物学意义上使用的，指的是宇宙的创造和生成原理（比如第欧根尼·拉尔修，《名哲言行录》7.136,塞克斯都·恩披里柯，《驳博学家》9.101），或者以复数的形式指宇宙中更为普遍的动物或事物的生成原理（《早期斯多亚学派残篇》，第 2 卷，717,739,986,1027；科努图斯，《希腊神学导论》27,49.10 Lang；参考普鲁塔克，《筵席会饮》, 2.3,637A）。其他评注家赋予这个短语中期柏拉图主义的起源，或者在这个术语中看到了斯多亚学派和柏拉图主义成分的融合（Andresen 1952—1953：157 及以下，170—177；Holte 1958；Dawson 1992：191—192），或者说（如 Price 1988）在这个时期的哲学词汇中是一种标准的说法。在斐洛笔下有一些暗示性的类似用法（参考《谁是神圣事物的继承人？》119,《关于律法的寓意解释》3.150），但是不清楚这个短语对他来说是否属于专业的（而非描述的）术语，Dawson（同上）在将这些引文与努曼尼乌斯笔下的德穆革格（Demiurge）形象（作为将灵魂"种植"在个人身上的"种植者"）（残篇 13 des Places，对观 des Places 编本第 108 页的注释 2；亦参见那里引用的 Krämer 1964：第 83 页注释 213）联系起来时，或许过于乐观了。

那些按照理性（logos）生活的人也是基督徒，哪怕他们被认为是无神的（godless）：在希腊人中有苏格拉底、赫拉克利特以及诸如他们那样的人；在蛮族中则有亚伯拉罕、亚拿尼亚（Ananias）、阿撒里亚（Azarias）、弥赛亚、厄里阿斯（Elias）以及其他许多人。

但这些文段究竟告知了我们什么？并没有人们通常认为的那么多。因为评注家们一直想把查士丁将 logos 归于希腊人解读为一种理论，这种理论把希腊人的哲学解释为神圣特许——甚至是神圣启示——的产物；不论如何，是他们的理性让他们在没有帮助的情况下与真理接触。[1] 然而，如果我们被告知异教徒拥有理性（的种子），然后得出结论说这确保了他们对真理的洞察，那就大错特错了。毕竟，在理性上出错的方式有很多种：拥有理性并不等于拥有正确的理性或真理。苏格拉底和赫拉克利特的"基督徒"生活也不支持异教徒（任何异教徒）已经被赋予了哲学启示的看法。当把上引文段放在适当的背景下来看时，这一点就会变得清楚。因为查士丁在此并不是在讨论异教哲学的一般状态，而是在考虑有人可能针对基督教而提出的以下道德上的反对意见[2]：如果关于基督的知识对于有德性的生活是必要的（反对意见这样说），那么似乎就

[1] 参考比如 Price(1988)，第 20 页，他认为此处讨论的这些文段暗示了所有人（包括异教徒）都有"关于神圣真理的内在知识"。Lilla(1971:23—25)相当累赘地认为，异教徒已经被赋予了他们自己关于基督的启示。但是，这些文段只不过是说作为理性存在物的所有人都具有理性——获得真理的潜力。有人或许会反对说，在面对将理性（logos）等同于基督（Logos）时，这个立场太弱了。但是在希腊思想中有一个与此贴近和熟悉的类比：许多希腊哲学家（从赫拉克利特以来）认为，理性的主观拥有恰恰意味着分有宇宙的客观理性——这本身可以等同于神（正如斯多亚学派那样）。然而，没有一位希腊作家在这样说的时候会认为，所有理性的动物都仅仅凭借成为理性的来理解宇宙（或至少是正确理解宇宙）。

[2] 波斐利证实了这种指控：参考《驳基督徒》，残篇 81—82，Harnack。

没有一个生活在基督降临之前的人会真正为其行动负责：他缺乏成为有德性之人所必需的知识，在这种情况下，他的恶就很难被认为是应受责备的。为了回答这个反对意见，查士丁说（在《第一护教篇》46.2）"基督是上帝的长子，并且我们已经在前面宣称（参考比如《第一护教篇》5；还有63）他是每个种族的人都分有的理性（logos）：那些按照理性生活的人也是基督徒"（以此类推，如前引文段所述）。换言之，查士丁首先回答说（正如我们此时应当预料到的），基督教并不代表新的真理启示（顺带说一下，这至少可以解释亚伯拉罕的德性，他已经拥有关于基督的知识）[1]；但是其次，基督教道德本质上是理性的。按照理性生活的人在这个意义上就是像一位基督徒那样去生活——这是一种可以在这种个体和违背理性生活的人之间做出的道德区分。但根据查士丁的看法，苏格拉底和赫拉克利特过着理性的生活这个事实，显然并不表明他们从真理的神圣启示中获益，并且，如果将问题扩展至伦理学之外，那么肯定也不表明他们更广泛的哲学（更别说作为一个整体的异教世界的哲学）等同于基督教关于宇宙的理解。查士丁认为，希腊人中的"理性的种子"使他们中的一些人能过上理性生活（在这个意义就是事实上的基督徒生活）；但是这并没有（至少没有直接）解释哲学本身在他们当中的发展。[2]

187

[1] 参考《第一护教篇》63（提到《出埃及记》3:6），从中可以看出，真理（即基督）似乎向雅各和以撒完全显现。查士丁强调，与（后来的）犹太人的理解相反，显现的是基督，而不是父和创造者上帝。

[2] 查士丁在其他地方对比了甚至是最好的希腊人的哲学与基督徒的完美哲学。在《第二护教篇》8.1—3，他甚至认为，如果鬼魔（daimons）被煽动去激起对斯多亚学派、赫拉克利特以及"最近的"缪索尼乌斯（或许是公元1世纪的斯多亚学派成员）亦参见《第一护教篇》5，关于鬼魔对苏格拉底的间接迫害）的迫害，那么毫不奇怪，它们也激起了对基督徒的迫害，而这些基督徒具有关于基督的完美知识（即甚至与最好的异教徒相比）。

"理性的种子"出现在人间,这并没有直接解释哲学在希腊人那里的发展:但事实证明,它间接地解释了这一点。这一理性的种子并没有赋予希腊人真理,但它让他们在看到真理时能够认识真理——除了在希伯来圣经中,他们还能在哪里看到真理呢? 在《第一护教篇》44.8—10 中:

> 柏拉图也是如此,当他说"罪责在选择者一边,神没有罪责"[《理想国》10.617e4—5]时,他是取自先知摩西而这样说的——因为摩西比所有希腊作家更古老。无论哲学家和诗人关于灵魂不朽,或者灵魂的死后惩罚,或者关于天的沉思,或者类似的学说说了什么,他们都能掌握和阐述,因为他们的出发点是众先知。[1] 因此,似乎所有人当中都有真理的种子;但当他们自相矛盾时,他们就被证明不能准确理解真理。

注意这个文段中的"因此(ὅθεν)":至少在这里,查士丁没有把直接的灵感作为异教徒借以和基督教哲学具有类似之处的手段。恰恰相反:他从希腊人必定借用了基督徒的事实推断出异教中存在着他在这里称为"真理的种子"的东西。这些"真理的种子"(查士丁的大概意思还是内在的

---

[1] 参考《第一护教篇》59—60,查士丁在此认为,柏拉图关于上帝从无形式的质料中创造世界的论述来自《创世纪》1;厄瑞波斯(Erebus)这个诗意的概念在这个文段中被归给摩西(指的是《申命记》32.22)。查士丁认为,柏拉图在关于上帝构造宇宙的论述中提到的字母 chi(《蒂迈欧》36b—c),指的是摩西在荒野中竖起的"十字架"(《民数记》21.8—9,尽管希伯来语说的是"杆子"[pole],即 nēs;参考七十子译本的 σημεῖον)——这又是一种骷髅十字架(参考《约翰福音》3:14 和《巴拿巴斯书简》12.5—7,对观 Daniélou 1958—1978:第 1 卷,第 106—107 页)。然而,在这种情况下,查士丁认为柏拉图复制了这个符号,但忽视了它的象征意义。

logos 或理性的种子,真理可以从中生长出来)并不排除希腊人偷窃希伯来—基督教传统的必要性,反而是允许他们这样做。[1] 似乎最令人满意的是假设查士丁的策略与德尔图良的策略基本相同:他也促使我们追问为什么希腊哲学在它开始的时候才开始,为什么希腊哲学的出现要比基督教思想的最初启示晚了许多——尽管希腊人拥有理性。答案同样是希腊人倾向于误用他们的理性,这解释了他们的传统中普遍存在的分歧和矛盾。[2] 异教哲学的历史,包括它的时间顺序,明显的优点和缺点,除非我们将其起源归于同希伯来—基督教思想的接触,并且看到它的践行者本质上受到错误动机的驱使,否则就不可理解。此外,这个假设只要成立,就会给客观观察者一个理由来认为希腊哲学绝不可能改进基督教思想:希腊哲学的一切真正有价值的东西都要归于基督教思想,并且常常还会玷污基督教思想拥有的东西。没有理由怀疑这两种传统之间甚至存在均势的情形。

---

[1] 这在一定程度上满足了 Harnack 的要求,他认为查士丁将基督的一种直接启示归于异教徒,但他发现,查士丁为依附于希伯来—基督教思想提出了额外的来源,这是不一致的。他说,鉴于 Logos 的作用,异教徒根本没有必要偷窃圣经,查士丁在主张异教徒偷窃时也没有任何优势。参见 Harnack(1894—1897),第 1 卷,第 384 页注释 2;参考 Puech(1928—1930),第 1 卷,第 128 页;亦参 Holte(1958),第 112—113 页。但根据我的解读,查士丁所指控的偷窃只是异教徒真理在理论上的独立来源之一;在实践中,这个指控实际上与要求他们直接熟悉希伯来圣经对应:理性(logos)表明,这里首先有值得偷窃的东西。(人们还可能会注意到,Harnack 关于查士丁的论述最多只能表明他的理论是无用的,而非他的理论是自相矛盾的;而且他的理论甚至可能做不到这一点,因为所谓的柏拉图在《蒂迈欧》中采用了十字架符号——参见注释 15[即第 210 页注释 1]——很难通过"启示"来解释,如果就像查士丁说的那样,柏拉图复制了这个符号,但对其真正的符号价值一无所知。)查士丁还提出了第三条依附路径,这被 Harnack 认为是"不一致"的一部分:查士丁说,异教神话受到了想要模仿基督教讯息的恶魔的启发(《第一护教篇》54,62;《第二护教篇》5)。我不会在这里进一步讨论这些文段,因为我关注的是解释异教哲学,而不是神话;不过,我们只要反驳 Harnack 就够了,查士丁对这两者进行了明确的区分,并发现前者的成就比后者的堕落更成问题,所以这里不存在不一致甚至多余之处。

[2] 对此,参见《第一护教篇》44.10;《第二护教篇》10.3,对观《对话》2.1—2。

5. 亚历山大里亚的克莱门论异教哲学

根据查士丁和德尔图良的看法,异教哲学的存在只能通过假设与希伯来—基督教传统的接触来解释。在异教徒接触到希伯来圣经之前,可以说根本不曾有过异教哲学,也不可能原本有过异教哲学。然而,情形可能是,尽管只有公元前 5 世纪的希腊哲学家才会提出具有启发性的"基督教"神学学说,但这个理论忽视了一个事实,即作为一个整体的异教徒很早就将哲学的某些其他分支(特别是比如数学和天文学)发展到了非常高的层次。当然,人们可以通过区分重要的(matter)真理和不重要的真理——在德尔图良的著名区分中,分别是耶路撒冷的真理和雅典的真理[1]——从而将这个事实纳入这个理论中。然而,如果基督被等同为理性,也就是说,如果所有真理是基督教的真理,因为世界是通过作为理性(Reason)和真理(Truth)的基督而被创造的,那我们也不能彻底否定哪怕是"雅典"的智慧。根据亚历山大里亚的克莱门的说法,我们有可能相当认真地对待雅典智慧的成就,但就算是使用它们,也是为了证实异教哲学传统本质上的堕落。

和查士丁一样,克莱门再次承认异教徒也拥有理性,但和查士丁不同,他承认他们在理性的基础上发现了许多东西。比如埃及人发展了几何学,巴比伦人发展了天文学,忒拉斯人因发展了医学而著名(特别参见《劝勉希腊人》6.70.1;同时参考《杂篇》1.14—16)。因此,通过这些更古老的传统,他承认希腊人最终可以把他们的哲学传统回溯至最初之人(《杂篇》6.7.57.3):

———————

[1] 参考《规劝异端》7,第 2 卷,10.1—2 Oehler。

……如果我说到毕达哥拉斯、斐瑞屈德斯、泰勒斯和最初的智慧之人(即希腊人当中的),那我不会去寻找他们的老师。如果你说到埃及人、印度人、巴比伦人或玛吉的话,那我就会不停地追问他们的老师是谁。我会把你带回到最初一代人。

但是这个探究进行得依旧不够深入。"从那里出发",克莱门说(紧接上文引用中断之处),"我开始考察谁是他们的老师"。谁教授最初一代人?和科努图斯非常类似(正如我们在第 3 章中看到的),克莱门并不准备假设哲学同时出现在人类当中——和科努图斯一样,这可能是因为他认为如果没有外部帮助的话,人的激情不会自然地促成哲学的发展(就是说,探究真理,而不是更多地为了自己而运用理性)。无论如何,克莱门对这个问题的回答就其自身而言也类似于科努图斯的回答:原初之人如果实践哲学的话,必定受到神圣者的引导才这样做的。[1] 特别是,原初之人必定是被基督——他是理性,将理性秩序赋予被造物,(因此)是理性探究的起点和终点——引向哲学的。[2]

190

---

[1]　《杂篇》6.7.57.4:"没有人能创立哲学,因为人还没有被教导过[οὐδέπω γὰρ μεμαθήκεσαν]。"亦参《杂篇》6.18.166.4:"唯一的智慧是上帝教导的,所有以真理为目标的智慧,其起源都取决于此。"关于科努图斯,参见《希腊神学导论》20,39.12—40.4 Lang。

[2]　我们不应像处理查士丁那样来处理克莱门,认为将共有的 logos 以任何方式归于人类会得出甚至异教徒也受到上帝启示(inspired)——与 Lilla(1971),第 16—27 页看法不同,但特别是第 17 页。关于对 Lilla 的证据文本(在所有情况之下……他忽视了发现它们的语境,但有一个例外……此处的语境很成问题,以至于他从根本上校订文本来将之解释清楚)的批判性讨论,参见 Ridings(1995),第 41—45 页。Ridings 并没有处理 Lilla 使用《杂篇》5.5.29 来表明预言精神激励了柏拉图和毕达哥拉斯,但此处的语境也驳斥他的主张。这个文段实际上处理的是希腊与希伯来思想的相遇,而且似乎对"预言"的提及更可能与希伯来人相关,而不是与异教徒相关。最后,Daniélou(1958—1978)第 2 卷,第 54—55 页)引用了《杂篇》6.5.42.3,在这里,上帝把希腊民族中那些"在辩证法方面最杰出的人,(转下页)

当然，希腊人不可能接受基督最终处于他们传统的起首：尽管如此，通过恰当的异教置换，柏拉图主义者很有可能会在他们的这幅哲学史图景中找到许多可以赞同之处。事实上，克莱门似乎已经向他们承认了一切：他们的传统是最古老的，是独立发展的，并且是从那些（至少）和希伯来—基督教的基础一样好的根源发展而来的。但是这个承认如今成了克莱门证明异教传统的固有堕落的基础。根据克莱门的看法，异教哲学具有如此古老根源这一事实，只是让人注意到了一种更"基督教的"神的概念非常晚期的（从而不是非常成体系的）发展，比如在柏拉图笔下发现的那种神的概念。事实上，他认为对更早的异教哲学的考察表明，异教徒在他们自己的哲学方法中根本没有这种概念可以将他们提升至更高的思想领域：虽然真正的哲学道路指向天上事物，但异教思想反而本质上是限于尘世的。[1]和神学不同，异教徒发展的只是一种粗糙的神话，克莱门将之（利用了希腊人自己所使用的那种神话即历史论的[Eutemeristic]和寓意的解释）描述为一种偶像崇拜形式，旨在崇拜被造物，而不是创造者。[2]异教徒自己的哲学传统可能是古老和独立的，但他们依旧对"这个世界之外的事物"一无所知（《杂篇》6.7.56.1）。克莱门认为，在他们历史发展的晚期阶段，任何对神的更高概念的暗示，都只能通过他们传统之外的力量

（接上页）按照他们能够接受上帝恩惠的程度"给予希腊人作为"先知"。但在这个文段中，克莱门指的是一位哲学家就其获得了真正的哲学洞见而言对其同胞有用这个事实。希腊哲学家在这个语境中被称作"先知"，这是个例外，而且显然是隐喻的；但克莱门希望强调希腊哲学作为基督教启示的替代品和准备的功能。他称这些哲学家为"先知"，与他在另一个问题上称哲学本身是"一种契约"（《杂篇》6.8.67.1），其精神是完全相同的。

[1] 比较奥古斯丁，《上帝之城》18.39；还有尤西比乌斯《教会史》1.2.1—22；以及塔提安《演说集》1中的类似说法。

[2] 参见《劝勉希腊人》2—4全部内容。关于传统异教神学的类似描述，参考比如阿里斯提德，《护教篇》13；塔提安，《演说集》21；雅典纳戈拉斯，《基督的使团》28—30；拉克坦提乌斯，《神圣教规》1.8—23；2.1—7；参考希波吕托斯，《驳一切异端》10.32，288.23—25 Wendland。

来解释:只能通过偷窃来解释。因此,和查士丁与德尔图良一样,克莱门指控古典希腊的哲学家们偷窃了希伯来圣经;事实上,他宣称希腊的所有"更高的"哲学,特别是他们在伦理学和神学领域的进步,都必定来自犹太人(《劝勉希腊人》6.70.1—5;亦参比如《杂篇》1.22.150;1.25.165)。[1]异教传统并没有暗示向更高层次的神学理解的发展。然而,就在我们知道希腊思想家为了寻找古代智慧而游历世界(特别是游历埃及)的历史时刻,柏拉图突然提出了一种比异教神话为我们准备的任何东西都高贵得多的神格(godhead)概念,这是一种一神论的,甚至是三位一体的神的概念,这与据说很早就包含在希伯来文本中的那种概念非常接近。[2]

应当注意的是,克莱门的论证也可以反过来进行。因为如果神学洞见在异教哲学中的突然出现无法用他们更早的传统来解释,这证明了这些洞见是依附于希伯来—基督教传统,而非他们自己的哲学能力的结果,那么诸如柏拉图这样的思想家感到有必要偷窃希伯来人的事实,也同样证明了异教徒可以承认他们自己此前传统的缺陷。再一次,偷窃的假设同下述证明(这毕竟是该论证的重点)密切相关,即异教徒本身没有能力追求哲学,得到正确的结论。

克莱门经常把异教哲学描述为一种预备教育(propaedeutic),这有

---

[1] 克莱门特别注意到了柏拉图,他将其描述为"摩西的热情崇拜者"(《导师》3.11.54.2;亦参1.8.67;2.10.100;《杂篇》1.15.66—69)——这个事实或许反映了他自己相信柏拉图是最好的希腊哲学家(《导师》3.11.54.2)并因此是需要最多解释的。关于克莱门在异教哲学中发现的希伯来—基督教思想的全面清单,可见 Ridings(1995),第 112—117 页。

[2] 和其他基督教思想家一样,克莱门在柏拉图的《书简二》中看到了三位一体论的证据:参见《杂篇》5.14.103(比较比如查士丁,《第一护教篇》60;雅典纳戈拉斯,《基督的使团》23.7)。克莱门通过将"偷窃"同希腊人承认的对其他古代民族的借用结合起来,从而增加了他主张的希腊人偷窃犹太人的可信之处。正如我们下文将看到的,如果希腊人偷窃了埃及人的几何学,巴比伦人的天文学,忒拉斯人的医学(只使用最重要的例子),那为何不会偷窃犹太人的上帝观念呢? 参见《劝勉希腊人》6.70.1,并且参考《杂篇》1.15—16。

时候听起来就好像异教徒只应该通过异教哲学为基督的降临做准备——基督的作用之一是使曾经局限于希伯来传统的神学为全人类所接受（《杂篇》6.17.153，对观7.3.20）。有鉴于此，克莱门似乎很奇怪地批评异教徒没能获得（除了偶尔通过偷窃）他们的哲学只是为了让他们准备好[接受的]神学洞见。但是，正如我们已经看到的，克莱门的观点不仅是异教徒没有实现哲学的目的并因而陷入尘世：他的观点不如说是异教徒的失败程度是他们滥用哲学的结果，是超过了一定程度，他们甚至可以说就不再指向正确的方向。如果说他们自己的神学以各种方式误入歧途的偶像崇拜之路让人们注意到了异教哲学的这种负面特征，那么后来希腊学派哲学的历史则清楚地表明，这是一种他们从未克服的特征，即使在希伯来神学补救性地注入他们的思想体系后也是如此。重要的是，克莱门对异教徒使用了与努曼尼乌斯对柏拉图在希腊化时期的继承者所使用的相同比喻（《杂篇》1.13.57.1）[1]：

> 于是，只有一个真理（因为谬误有上万条小路），野蛮人和希腊哲学的各个学派[αἱρέσεις]就像撕扯彭透斯肢体的巴库斯（Bacchae）一样，每一个都夸口自己获得的那部分就是全部真理。

上帝在其天意中让希腊人获得哲学——并且有可能通过这种哲学获得关于上帝的知识；但是，希腊人对哲学的使用一直且仍然与哲学应当说

---

[1] 参见努曼尼乌斯，残篇24.71—73 des Places，对观我在第七章的讨论。亚历山大里亚的克莱门是最早引用努曼尼乌斯的作家（《杂篇》1.22.150；参考 des Places 1973：7），或许，克莱门直接了解努曼尼乌斯对这个比喻的使用。但也参考罗马的克莱门在《克莱门一书》46 的论述，其中说基督教内部的分裂是"分割基督的肢体，将之撕成碎片"（比较西普里安[Cyprian]，《论教会的统一》[On the Unity of the Church]7，使用了士兵分割无缝衣服的比喻）。

是完全相反的。他们通过理性（或者可能是通过偷窃）发现的真理迟早会被他们撕裂，而且这样做的话就会阻碍他们传统的进步。他们哲学史的发展注定会越来越分裂，就像努曼尼乌斯已经在希腊化哲学诸学派中指出的那样。[1]

所有这些都使得克莱门在《杂篇》的其他地方将整个异教哲学描述为"偷窃"（参见《杂篇》1.17 的全部内容）。他之所以这样说，不是因为他认为希腊哲学的每个方面都是从希伯来圣经中偷来的，或者是在与希伯来圣经接触的基础上发展起来的——正如我们已经看到的，他根本不这样认为。他之所以这样说，也不是因为这个传统的最终来源是基督——这没有任何问题。相反，他之所以这样说，是因为异教徒误用了他们从一开始就得自基督的理性。克莱门说，理性的目的是实现对上帝的理解：所有别的智慧都是通向这个最终目的的手段[2]，正是因为异教徒没有将理性用于这个目的，所以他们使用理性的事实可以被描述成"偷

---

[1] 因此，克莱门提议对试图重新结合这些碎片的异教思想进行"折中的"研究以作为补救措施：参见《杂篇》1.7.37；参考 1.13.57；类似的还有拉克坦提乌斯，《神圣教规》7.7；关于努曼尼乌斯，参考第七章注释 20［即第 157 页注释 1］。

[2] 因此，对于哲学是否是某种天意的事物（比如克莱门认为哲学是天使故意传给希腊人的：参考《杂篇》1.17.81；5.1.10），或者哲学是否是偶然的（克莱门说哲学"是上帝传递给人类的，这不是他的首要目的，而是就像雨滴落在沃土、垃圾堆和房屋上"；《杂篇》1.7.37），存在着明显的矛盾。实际上，这里根本没有冲突或矛盾：哲学的馈赠是天意的，因为哲学让希腊人准备好了在某一天，他们能接触到基督教的全部真理（《杂篇》6.8.67；6.14.153；7.2.11）；但哲学也是偶然的，因为希腊人（直到那时）还没有为哲学所要达到的目的而使用哲学。对此亦参见《杂篇》1.5.28，克莱门在此开始于区分那些"主要"（κατὰ προηγούμενον）给与的事物——他提到了《旧约》和《新约》——和那些作为别的某种东西的结果而到来的事物（κατὰ ἐπακολούθημα）。尽管他以哲学为例来说明后一类事物，但他马上就怀疑哲学是否作为主要的目的而特别给予希腊人的（τάχα δὲ καὶ προηγουμένως τοῖς Ἕλλησιν ἐδόθη）。我们还可以从这一点看到，克莱门认为哲学本身是天意的（亦即故意的）馈赠；但是，异教徒对哲学的使用使得他从中获得任何好处成为偶然问题（在这个意义上是"偶然的"）。

窃"。如果异教徒善于使用理性，以之作为寻找上帝的手段，那他们就会按照上帝希望的那样使用理性，但是，由于将理性用于它绝不该主要用于的目的，所以他们至少违反了销售条件（conditions of sale）。

于是，根据克莱门的看法，异教哲学传统是古老的，它建立在理性之上——的确，在历史的某个阶段，它就其本身而言大概是正确的。但是，它偏离了真理和它的真正追求，这一点从柏拉图等思想家背弃它所代表的神学，直接借助希伯来—基督教神学的元素，试图与真理彻底决裂的事实中可以看出。克莱门的论述在细节上不同于查士丁和德尔图良；但重点非常相似，关于偷窃的指控是他的论证核心，即如果真理是可辨识的，那么是不会在异教哲学的腐化环境中辨识出来的。后来偶然从犹太人那里偷来的学说，以及那些从这种偷窃中获利的更古老的希腊哲学家的相对成功，可能会误导人们认为作为一个整体的异教哲学具有引导人们通向真理的潜力。但是，异教哲学更广泛的历史，不论是在这些偷窃之前还是（也许特别是）之后的，都表明它仍然本质上不是被对真理的真诚渴望，而是被对荣誉和争论的自私之爱驱动的。[1]

6. 奥利金论异教哲学：一种替代路径

195　　"依附性"主题以其最常见的形式——作为对异教徒"偷窃"基督徒的指控——被德尔图良、查士丁和克莱门等思想家用来解释古典时期异

[1]　特别参考《杂篇》8. 1. 1. 1—2。关于爱荣誉（φιλοτιμία）和好胜（φιλονεικία），参见比如克莱门，《杂篇》2. 21. 130. 1；7. 11. 67. 6；关于自爱（φιλαυτία），参考《杂篇》6. 7（特别是 56，自爱在此被贬低为所有异教徒犯错的原因）。克莱门在谈到希腊哲学家"偷窃"希伯来—基督教的材料时也用了这个词：比如 1. 17. 87. 7，此处的这个词来自于《提摩太后书》3；2；亦参见 2. 1. 2；6. 2. 27。

教哲学命运的明显颠倒,特别是表明当时的某些思想家获得的积极哲学洞见并没有体现他们传统的优势,而是必须在证实其本质堕落的模式的背景下加以解释。正如我以奥利金回应科尔苏斯的批评来开始本章,我会通过考察他为证明同一最终立场而提出的替代方法来结束。因为奥利金没有指控异教徒偷窃(至少,这些指控并不构成他反对异教徒的一般策略的一部分)。[1]他甚至不相信古典的异教传统有命运的颠倒(正如我们将看到的,他或多或少根据柏拉图主义者提供的模式,接受了这个传统更古老的"神话"思考的有效性)。尽管如此,他认为对这个传统的最好解释依然是,它依赖于基督教真理的在先存在和优越性。然而,最重要的是,奥利金和他的所有正统前人一样,希望以此证明异教传统中明显的分裂是普遍存在的,并且表明它没有能力获得最高真理。

根据柏拉图主义者的看法,古代异教传统(在进行充分解释的条件下)整体上保存了人类最初被诸神赋予的哲学和神学。奥利金在很大程度上同意他们的看法。这就是说,奥利金允许异教哲学包含(沿用保罗在《哥林多前书》2:6—8 的说法)他提到的"此世的智慧"——比如"诗歌、文法、修辞、几何和音乐,或许还有医学"[2];还有他提到的(同样以

196

---

[1] 在别的语境中,奥利金确实考虑过偷窃的可能性:他认为,柏拉图《会饮》的一个文段(奥利金引用了 203b—e)和希伯来的天堂描述之间的相似性,即便不是偶然的结果,也可以用希腊人熟悉圣经来解释(《驳科尔苏斯》4.39)。关于异教徒从所罗门那里获得他们哲学的三重划分,参见《〈雅歌〉评注》,序言 3。然而,也许是由于奥利金在他的神学成就排名中将异教哲学家排在第三位(也就是说,在"大量基督徒"之后,但在偶像崇拜者之前:《圣约翰评注》2.3,56.29—57.7 Preuschen),所以他不愿意让异教徒有任何进一步的洞见,以鼓励我们认为他们会更上一层楼。比如,他在《驳科尔苏斯》6.18 明确放弃了认为柏拉图《书简二》2,312e 的著名文段提到了上帝的三位一体本性的机会。他说,希伯来人做得比这更好。

[2] 简言之,他说,是任何与神学、道德或(超)物理学[按:即形而上学]问题无关的研究:《论第一原理》3.3.2.257.19—25 Koetschau。比较如下学科名单——也被称为"尘世的智慧"——根据奥利金,《致格里高利书》1,希腊哲学家认为它们是"辅助的"(ὡς συνερίθων φιλοσοφία):（转下页）

保罗为基础)"此世诸王的智慧"[1]——包括"诸如埃及人秘密的和隐秘的哲学,迦勒底人和印度人的占星术,这些东西承诺了关于崇高事物的知识,还有希腊人关于神圣者的多种多样的看法"。[2]奥利金欣然承认这两种传统的有效性。正如异教徒所发展的那样,"此世的智慧"是有价值的,足以服务于基督徒自己(《致格里高利》2)[3];而"此世诸王的智慧"至少在奥利金稍显异端的观点中,相当于一种相对有效的神学,因为他自己相信这种神学虔敬的对象即星辰的神性。[4]此外,奥利金允许异教徒从特许的和属天的来源获得这两种形式的智慧:事实上,它们来自"诸神"——或者用基督教的说法来说,是来自各种等级的"魔鬼"。[5]

(接上页)几何学、音乐、文法、修辞和天文学。《论第一原理》忽视了天文学,这可能是因为在此语境下,天文学会模糊掉与异教神学的区分,后者即"此世诸王的智慧",奥利金认为它以认识到诸星辰的神圣性为基础(参考下文和注释34[即第 220 页注释 4])。

[1] 奥利金认为,"此世的统治者"指的不是人,而是被指派给各个民族的魔鬼;参见《论第一原理》3.3.2,257.29—32 Koetschau;同时参考 4.3.12,341.11—14 Koetschau。担任这一职务的魔鬼的观念对于奥利金而言并不新奇;参考比如克莱门,《杂篇》6.17.157。这个观念也出现在犹太基督教的《识别》2.42,Daniélou(1951;1958—1978:第 1 卷,第 397—398 页)认为这种看法起源于早期对巴别塔叙述的犹太基督教解释。然而,类似的看法也可见于希腊思想家笔下;参考比如柏拉图,《治邦者》271d—e。

[2] 《论第一原理》3.3.2,257.25—28 Koetschau。

[3] 尽管在别处(并且不必然自相矛盾),奥利金强调所有形式的基督教哲学相对于希腊的古代性;参考《驳科尔苏斯》4.11,6.7。Feldman(1990:110)在此看到的只是针对个人的(ad hominem)论证;但是,对于比如《雅歌》评注,序言 3.4,75.23—76.4 Bachrens(同时参考 2.5.1—2,141.19—24 Baehrens),我们无法给出这样的解释。

[4] 奥利金对诸星辰神圣性的信念(对此一般参见 Scott 1991)在 6 世纪遭到了正式的强烈谴责。特别参见查士丁尼(Justinian)的《致迈纳斯》(To Menas),位于《大公会法令》(Acta Conciliorum Oecumenicorum),第 3 卷,213.27—28 Schwarz;以及查士丁尼委员会颁布的对奥利金及其追随者的十五条谴责中的第三条(见 Straub 1971:248.14—16)。

[5] 参见《论第一原理》3.3.2—3 全部内容。关于基督教认为魔鬼就是异教神(或至少其后的力量),参考雅典纳戈拉斯,《基督的使团》23—26;查士丁,《第一护教篇》5,21,62;拉克坦提乌斯,《神圣教规》2.15—18;还有奥利金本人,在《劝勉殉道者》(Exhortation to Martydom)45;此外,关于对这些魔鬼行为的总体负面评价:忒奥斐卢斯,《致奥托吕科斯》2.8.56—61;查士丁,《第一护教篇》54;托名克莱门,《识别》4.13—19;《训诫》(转下页)

到目前为止,奥利金的异教哲学理论看起来——比克莱门的理论更甚——像是穿着基督教外衣的柏拉图主义者理论。那么,他是如何从中证明异教智慧对基督教智慧本质上的依附呢? 或者,更重要的是,他是如何从中证明这种依附性可能意味着异教哲学的本质弱点?

当然,答案就在于如下事实,即希腊哲学的"神"本身(作为"魔鬼")是基督教等级制中的从属生物。就异教徒从"神"那里得到的哲学而言,这种哲学必须依附且低于最高的基督教真理,这是这些魔鬼甚至都不知道的真理:奥利金在完成他关于不同类型智慧的论述时称之为"上帝的智慧"。[1]

应当注意的是,奥利金没有把魔鬼作为断言异教徒"偷窃"希伯来哲学的另一种方式;事实上,奥利金根本没有根据"偷窃"来呈现魔鬼的作用。正如我们已经看到的,偷窃的指控本身只对奥利金的前人有用,可以解释异教徒在长期堕落的偶像崇拜传统之后突然出现"哲学";但是,奥利金拒绝了异教哲学确实是在与他们早期神学的对立中突然出现的观点,他接受柏拉图主义者关于他们的神学传统和哲学传统之间连续性的主张。对奥利金来说,根据德尔图良、查士丁和克莱门所意指的那种

(接上页)(*Homilies*)4.12。奥利金本人认为,魔鬼作为一种恶意的在场潜伏在异教偶像崇拜背后(又参《劝勉殉道者》45)。然而,重要的是注意到,就哲学的神学而言,他认为他关于魔鬼所能说得最糟的,就是它们未能传递"上帝的智慧"——只是因为它们自己缺乏关于上帝的知识。他在《论第一原理》3.3.3,258.15—259.2 Koetschau 考虑并拒绝了它们故意欺骗的可能性(同时参考克莱门,《杂篇》1.17.81)。

[1] 《论第一原理》3.3.1,256.6—15 Koetschau。奥利金关于智慧的三重划分已经预示于克莱门笔下,正如我们已经看到的,他区分了智慧的世俗(mundane)和超世俗(supra-mundane)形式,并且还补充了一种基督教的 *gnōsis*——这对他来说,就是哲学研究的终点。这两个方案之间最大的区别是,虽然希腊人的"超世俗"智慧包括了克莱门认为希腊人从希伯来人那里偷来的部分,但对于奥利金来说,"尘世诸王的智慧"包括了神学洞见的更自主的层次,其在异教传统中的起源本质上和"尘世"哲学——用奥利金的说法就是"此世的智慧"——的起源一样。

"偷窃"指控几乎无助于解释。相反,奥利金提出了一个更普遍的依附性假设,以此来打破客观观察者可能看到的异教徒和基督徒的主张之间的僵局。奥利金没有挑战异教徒的历史模式本身,去断言他们"偏离的"神学传统和其中出现的哲学洞见有区别,而是接受了他们的模式——只是认为这个模式需要补充,也就是承认异教传统中不存在进一步的和更高层次的哲学洞见。(顺便说一下,将异教徒的哲学史纳入他自己的哲学史,这严格来说不应该被视为奥利金对他们"妥协"。相反,这代表他和异教徒之间战线的重新划分,一种对他非常有利的重新划分。因为通过宣称异教徒与其说是错误的,不如说是部分正确的,奥利金就能在他论证的后期阶段说,客观观察者最初对异教徒模式的喜好,并不能成为他在面对奥利金从自己模式中得出各种结论时悬置判断的理由。先别管谁对谁错:只要奥利金能成功证明异教徒的模式具有更强的解释力,那么奥利金的模式容纳了异教徒对其传统的论述这一事实,就能确保后者的可信性并不能成为怀疑前者的理由。如果他确实成功做到了这一点,那么事实将证明,所有有助于异教徒模式可信性的东西,实际上也有助于奥利金模式的可信性。)

于是,奥利金将自己和异教徒的分歧设置为一种与前人论述中所预设的略有不同的形式,他提供的不是一种完全不同的模式,而是异教徒所发展的模式的更完整(fuller)版本。因此,在这样做时,他为客观观察者提出的问题不是这两种模式中哪一种更可能是正确的,而是这两个模式中哪一种可能是更正确的:也就是说,不是异教徒是否对现象提供了合理的论述,而是他们是否提供了充分的论述。异教徒自然认为他们提供了,认为奥利金在他们自己传统神学之上提出的"额外的"智慧层次(以最客气的方式说)是不必要的,并且这作为解释哲学史进程的任何假设的一部分是不合理的。但是,奥利金并不只是断言"上帝的智慧"的存在,认为它高于异教徒所知的东西。他认为,这种智慧是构成充分假设的一部分所必需的。异教徒自己可以解释他们传统中的积极方面,但他们无法解释(或掩盖)的是在其中发现的多样性的程度——正如奥利金强调的,在他们古老的神学论述中已经有了多样性,更别说在他们后来的学派历史中了。[1] 因此,奥利金认为,如果他们真的掌握了完整真理,那么这种多样性就不会在他们的历史中如此持续地出现;另一方面,如果存在着一种他们仍不知道的更高真理,那么这种多样性就很容易解释了。他认为,异教徒从他们的"神"那里(也就是从魔鬼那里)获得的,正是人们可以从多数理性生物那里获得的东西,即理性的观点(复数的)。[2] 用奥利金在《圣约翰评注》中的语言(参见2.2—3的全部内容)来说,他们的神学是λόγοι的神学,而且由于这些不同的观点实际上都不是非理性的或明显错误的,因此更无法在更高的原理中实现统一。相比之下(正如我在第八章考察过的论证的早期线索证明的),有可能发现一个稳定的、正统的、最古老的基督教传统,在同一个文段中,奥利金解释说,这是由于它的基础是λόγος,也就是单数的理性;或者,就那些最真实的基督徒而言,更强调的是ὁ λόγος,即理性(the Reason)(《圣约翰评注》2.3,56.29—32 Preuschen)。

这是奥利金对科尔苏斯的回答的最终基础。科尔苏斯指控基督教本质上是派系的;但是,在表明真正的基督教没有分裂也根本没有分裂的倾向之后,奥利金完成了他的回答,证明了他对希伯来—基督教传统

---

[1] 同样参见《第一原理》3.3.2,257.28 Koetschau,关于"希腊人对神圣者多重的和多样的看法",这构成了"此世诸王的智慧"的一部分。

[2] 奥利金从异教神学的多样性中得出结论,他们没有被魔鬼教导"上帝的智慧";他从魔鬼向异教徒传递智慧的基本善意得出如下事实,即它们自己也缺乏这种智慧;特别参考《论第一原理》3.3.1,256.15—18 Koetschau,关于它们在没有这种智慧的情况下必然形成的个人看法。

的一致性和统一性的解释,还可以被用来最充分地解释异教哲学。他在处理异教神学传统和哲学传统的任何明显对比时,采纳了柏拉图主义者自己对此问题的回答(即这些传统实际上是相同的)——这样做就化解了如下危险,即如果有人认为这种回答本身是可信的,那么他可能会因此而悬置判断,即便是他碰到了具有诱惑力的替代回答时也如此。但是,奥利金还表明,异教的论述并没有涵盖所有现象,而他的扩展模式可以更好地解释异教传统中的弱点(它缺乏随着关于最高原理的知识而来的稳定性),也可以解释它的优点(它是理性的,甚至在很大程度上是正确的)。毕竟,客观观察者有理由认为奥利金的回答比柏拉图主义者的更可取,因为它具有更大的解释力;而且他也没有积极的理由怀疑它可能是真的,因为使得替代性的柏拉图主义模式变得可信的东西并不构成对它的严重反对。因此,客观观察者完全有理由认为,异教思想中的分裂是由它从属的哲学地位所解释的内在不稳定性造成的。终极真理如果可辨识的,将在基督教中辨识出来:异教哲学在奥利金的方案中可以作为一种预备教育[1]——但本质上受困于多样性和分裂,使其无法达到更高境界。

7. 结 论

在本章中,我通过参考四位在早期基督教哲学遗产中占有重要地位的作家的作品来说明依附性论证:德尔图良、查士丁、克莱门和奥利金。关于他们同时代的许多人的证据不允许如此详细地重构他们在这个问题上的观点;但是,相同和相似的主题的一再出现,确保了他们必定也会

---

[1] 参考《致格里高利书》1;以及《圣约翰评注》2.3,56.19—21 Preuschen。

以大致相同的方式来看待这个问题。除了已经讨论过的作家之外，早在希波吕托斯和塔提安那里就已经认为希腊哲学家使用希伯来圣经了[1]。相对于任何异教传统而言，希伯来—基督教传统的古代性在任何情况下都被那些以自觉的"正统"身份进行写作的基督徒普遍假定。[2] 同样普遍的还有那些被认为是异教哲学固有的或位于其根基处的恶——再一次，所有这些都常常出现在第七章探讨的柏拉图主义模式中——这些恶解释了异教哲学的堕落过程：对荣誉、荣耀、争论以及此类事物的爱[3]，而分歧和自相矛盾是这些东西的结果。[4] 最后一个表明希伯来—基督教传统的古代性和异教徒的荒谬与自相矛盾这些主题如何在基督徒的作品中结合起来的例子，是罗马的希波吕托斯——他是

201

[1] 参见塔提安，《演说集》40（关于该主旨的先行主张的不同看法，对观 Hawthorn 1964）；希波吕托斯，《驳一切异端》9.27。亦参见比如托名查士丁，《劝勉希腊人》26—33；米卢基乌斯·斐力克斯（Minucius Felix），《屋大维》（Octavius）34.5；忒奥斐卢斯，《致奥托吕库斯》2.8.56—61（认为异教徒从魔鬼那里得到了希伯来—基督教真理的各个元素）。奥古斯丁也认为，希腊人必定使用过希伯来圣经，但他发现很难解释他们是如何做到的。在他的作品《论基督教教义》中（在 2.43），他假设希伯来圣经已经被译成希腊文，并且柏拉图在埃及的时候可能已经接触到这些译文；他还认为，柏拉图在此时或许还见到了耶利米（Jeremiah）。后来，他收回了这些看法，因为它们在历史上站不住脚；参见《再思录》（Retractationes）2.4。但他保留了如下可能性，即柏拉图从希伯来哲学的倡导者那里以口头的方式学到了希伯来哲学：毕竟（奥古斯丁在《上帝之城》8.11 提示），我们知道他了解埃及哲学，并且他肯定需要埃及哲学的解释者。

[2] 参见比如塔提安，《演说集》29,31,36—41；忒奥斐卢斯，《致奥托吕科斯》2.30,3.16—30；希波吕托斯，《驳一切异端》10.31,287.21—24 Wendland。后来的则可以比较比如拉克坦提乌斯，《神圣教规》4.5；尤西比乌斯，《教会史》1.2.1—16;1.4.10 等等；《福音书的预备》1.2,对观 1.6；奥古斯丁，《上帝之城》18.37。

[3] 比如忒奥斐卢斯，《致奥托吕科斯》3.1.1—2;3.3.1—3；雅典纳戈拉斯，《论死者的复活》1.1；托名查士丁，《劝勉》1,1A;7,8C；参考爱任纽，《驳异端》2.26.2。

[4] 参考比如雅典纳戈拉斯，《论死者的复活》1.2；塔提安，《演说集》25,对观 29；忒奥斐卢斯，《致奥托吕科斯》3.3.3—4；托名查士丁，《劝勉》7.8A；《基督徒诸问题》（Questions for the Christians）13,211B—C。自然，重点是与此相反的希伯来—基督教传统的一致性：参考比如忒奥斐卢斯，《致奥托吕科斯》2.10.1,3.17.9—10。

2 世纪的异教研究者，我们最熟悉他的《驳一切异端》——所写的反对异教哲学的两卷本著作（如今已经失传）的摘要[1]：

[作者]在其中表明柏拉图是自相矛盾的，阿尔吉努斯[2]关于灵魂、质料和复活的说法是荒谬和错误的；他提出了自己对这些问题的看法；并且证明犹太民族比希腊人要古老得多。

异教哲学依附于希伯来—基督教思想的论证在某些方面十分复杂。不同的作者会在不同的问题上确认依附性并且提出希伯来的影响传播的不同渠道[3]（奥利金根本没有诉诸后来直接接触的说法，就证明了自己的观点）。但是，如果从它所构成的更广泛策略来看，整个问题就开始显得更加简单明了。基督徒需要向客观观察者表明，异教神学和异教哲学（尽管偶尔也有洞见）本质上受到错误动机的驱使，因此，他们必然因为派系而四分五裂；通过异教传统来寻求真理，这可能是从错误的地方出发，并且无疑是朝着错误的方向前进。最具怀疑精神的观察者至少可

[1] 弗提乌斯，《书藏》48，11b17—22，关于这个摘要。弗提乌斯说这部作品被称作《论宇宙》（On the Universe），或《论宇宙的原因》（On the Cause of the Universe），或《论宇宙的本质》（On the Substance of the Universe）——希波吕托斯主张后一个标题是他自己的一部作品的（参见《驳一切异端》10.32，288.22—23 Wendland）。弗提乌斯读到的作品副本将其归于约瑟夫斯，但这显然不可信（这部作品明确提到基督是"上帝之子"，而约瑟夫斯几乎不会这么做，弗提乌斯已经看到了这一点——事实上，有位抄写员也看到了这一点，他在这部作品副本的空白处写道，该作品实际上出自某位"盖乌斯"之手。对这位"盖乌斯"的简短描述符合我们对希波吕托斯的了解，因此他很有可能就是作者。进一步参见 Quasten（1956—1960），第 2 卷，第 195—196 页；特别是 Marcovich(1968)，第 12—15 页。

[2] 完全不清楚这位"阿尔吉努斯"是谁。他被认为是公元 2 世纪的一本柏拉图主义指南，即《柏拉图主义指南》的同名作者；参见比如 Witt(1937)，第 104—105 页。但是除了同音之外，几乎没有什么东西会支持这一确认，Whittaker(1990)第 xi—xii 页的谨慎是正确的；亦参 Göransson(1995)，第 135—136 页。

[3] 克莱门在《杂篇》1.17—18 和 19 列举了许多渠道。

以得出这样的结论，即如果真理可以在任何地方被发现，那也只能是在希伯来—基督教正统古老而一致的传统中。如果"依附性主题"似乎让我们远离了柏拉图主义论证模式，即论证某一特定哲学进程的独特可取性，那么现在应当很清楚，恰恰相反，这个主题对于基督徒采取那种模式至关重要。而且，这个主题远远不是基督教护教学史中的一条新奇小路：作为基督教正统得以被定义并被断言是思想史中具有独特地位的哲学传统的模式的一部分，这个主题的重要作用就在于，确定了基督教教会可谓是柏拉图主义模式本身最成功的历史性成就。

参考文献

1. 古代作家

下面列出的版本是为了便于参考,尽管在某些情况下,它们的文本已被较新版本取代。我在下文指出了后者比较重要的版本:书目细节(如果此处未另行给出的话)可见于 L. Berkowitz and K. A. Squitier, *Thesaurus Linguae Graecae: Canon of Greek Authors and Works From Homer to AD 200*,第 2 版(New York and Oxford: Oxford University Press, 1986),读者也可参考下文未提及但本书正文使用的版本的细节。

ALCINOUS, *Didaskalikos*. Cited according to the edition of Hermann; but for the text see now Whittaker (1990).

Anonymous Commentary on Plato's Theaetetus, ed. Bastianini and Sedley (1995).

CASSIODORUS, *On Orthography*, ed. H. Keil, *Grammatici Latini*, vii (Leipzig: Teubner, 1878),143 – 210.

CEDRENUS, GEORGE, *Compendium of Histories*, ed. I. Bekker (Corpus Scriptorum Historiae Byzantiae; Bonn: Weber, 1938).

CHAEREMON, fragments, ed. van der Horst (1987).

CHARISIUS, *Art of Grammar*, ed. H. Keil, *Grammatici Latini*, i (Leipzig: Teubner, 1857),1 – 296.

DERVENI PAPYRUS, trans. A. Laks and G. W. Most, 'A Provisional Translation of the Derveni Papyrus', in Laks and Most (eds.), *Studies on the Derveni Papyrus* (Oxford: Clarendon Press, 1997), 9 – 22. Column numbers are given as in this translation; for line numbers and text of columns I – VII see K. Tsantsangolou, 'The First Columns of the Derveni Papyrus and their Religious Significance', in Laks and Most, *Studies on the Derveni Papyrus*, 93 – 128 at 93 – 5; and, for the remainder, see the text printed anonymously at *Zeitschrift für Papyrologie und Epigraphik*, 47

(1982), after 300.

HIPPOLYTUS, *Refutation of All Heresies.* Cited according to the edition of Wendland; but cf. now Marcovich (1986) for the text.

IAMBLICHUS, *On the Mysteries of Egypt,* ed. G. Parthey, *Jamblichi de mysteriis liber* (Berlin: Friedrich Nikolaus, 1857). But for the text cf. the edition of É. des Places.

MALALAS, JOHN, *Chronographia,* ed. L. Dindorff (Corpus Scriptorum Historiae Byzantiae; Bonn: Weber, 1931).

MAXIMUS OF TYRE. ed. M. B. Trapp, *Maximus Tyrius: Dissertationes* (Stuttgart and Leipzig: Teubner, 1994).

ORIGEN, *On First Principles,* ed. P. Koetschau, *Origenes: Werke,* vol. v (Die griechischen christlichen Schriftsteller der ersten drei Jahrhunderte, 22; Leipzig: Hinrichs, 1913). For the text, see now Görgemanns and Karpp.

PHILODEMUS, *On the Stoics,* ed. T Dorandi, 'Filodemo: Gli Stoici (PHerc. 155^c 339)', *Cronache ercolanesi,* 12(1982),91–133.

—— *Index of Stoics,* ed. T. Dorandi, *Filodemo: Storia dei filosofi. La Stoà da Zenone a Panezio (PHerc. 1018)* (Philosophia Antiqua, 60; Leiden, Cologne, and New York, NY: 1994).

PLUTARCH, fragments, ed. F. H. Sandbach, *Plutarchus: Moralia,* vol. vii (Leipzig: Teubner, 1967). Also, with English translation, in *Plutarch's Moralia,* vol. xv (Loeb Classical Library; Cambridge, Mass. : Harvard University Press, 1969).

PORPHYRY, fragments (except fragments in Harnack's edition of Porphyry, *Against the Christians),* ed. A. Smith, *Porphyrius: Fragmenta* (Leipzig: Teubner, 1993).

POSIDONIUS, fragments, ed. L. Edelstein and I. G. Kidd, *Posidonius,* vol. i. *The Fragments,* 2nd edn. (Cambridge: Cambridge University Press, 1989). Cf. also Theiler (1982).

PROCLUS, *On the First Alcibiades,* ed. and trans. A. Ph. Segonds, *Sur le premier Alcibiade de Platon* (2 vols. ; Paris: Belles Lettres, 1985–6).

SOPHOCLES, fragments. In addition to Radt: A. Nauck, *Tragicorum Graecorum fragmenta,* 2nd edn. (Leipzig: Teubner, 1889).

SYNCELLUS, GEORGE, *Chronographia,* ed. W. Dindorff (Corpus Scriptorum Historiae Byzantiae; Bonn: Weber, 1829).

TERTULLIAN. References are to *Quinti Septimii Florentis Tertulliani Quae Supersunt Opera,* ed. F. Oehler (3 vols. ; Leipzig: T. G. Weigel, 1853). For the text see *Quinti Septimi Florentis Tertulliani Opera* (various editors) (2 vols. ; Corpus

Christianorum, Series Latina, 1 - 2; Turnholt: Brepols, 1954).

THEOPHRASTUS, fragments, ed. and trans. W. W. Fortenbaugh, P. M. Huby, R. W. Sharples, D. Gutas, *et al.*, *Theophrastus of Eresus: Sources for his Life, Writings, Thought and Influence,* 1 - 2 (Leiden, New York, and Cologne: Brill, 1993).

THRASYLLUS, testimonia, in Tarrant (1993), 215 - 49.

VARRO, *Divine Antiquities,* in M. Terentius Varro, *Antiquitates rerum divinarum,* ed. B. Cardauns (Mainz: Akademie der Wissenschaften und der Literatur, and Wiesbaden: Steiner, 1976).

2. 现代作家

ALGRA, K. A. (1997), 'Chrysippus, Carneades, Cicero: The Ethical *Divisiones* in Cicero's *Lucullus*', in Inwood and Mansfeld (1997), 107 - 39.

ALLEN, J. (1994), 'Academic Probabilism and Stoic Epistemology', *Classical Quarterly,* ns 44:85 - 113.

ANDRESEN, C. (1952 - 3), 'Justin und der mittlere Platonismus', *Zeitschrift für die Neutestamentliche Wissenschaft,* 44:157 - 95.

AUCHER, J. B. (1822), *Philonis Judaei Sermones Tres Hactenus Inediti* (Venice: Typis Coenobii Patrum Armenorum in Insula S. Lazari).

BABUT, D. (1969), *Plutarque et le Stoïcisme* (Paris: Presses Universitaires de France).

BALDRY, H. C. (1952), 'Who Invented the Golden Age?', *Classical Quarterly,* ns 2:83 - 92.

—— (1956), 'Hesiod's Five Ages', *Journal of the History of Ideas,* 17:553 - 4.

BARCLAY, J. M. G. (1996), *Jews in the Mediterranean Diaspora from Alexander to Trajan (323 BCE - 117 CE)* (Edinburgh: T.& T. Clark).

BAR-KOCHVA, B. (1996), *Pseudo-Hecataeus* On the Jews: *Legitimizing the Jewish Diaspora* (Berkeley, Los Angeles, and London: University of California Press).

BARNES, J. (1989), 'Antiochus of Ascalon', in Griffin and Barnes (1989), 51 - 96.

—— (1990), *The Toils of Scepticism* (Cambridge: Cambridge University Press).

—— (1992), 'Metacommentary', *Oxford Studies in Ancient Philosophy,* 10: 267 - 81.

—— and GRIFFIN, M. (eds.) (1997), *Philosophia Togata,* ii. *Essays on Philosophy* and *Roman Society* (Oxford: Clarendon Press).

BARRETT, C. K. (1960), *The Gospel according to St John: An Introduction with Commentary and Notes on the Greek Text* (London: SPCK).

BASTIANINI, G., and SEDLEY, D. (1995), 'Commentarium in Platonis "Theaetetum"', *Corpus dei papiri filosofici greci e latini*, 3:227 - 562.

BAUER, W. (1964), *Rechtgläubigkeit und Ketzerei im ältesten Christentum*, 2nd edn. (Beiträge zur historischen Theologie, 10; Tübingen: J. C. B. Mohr).

BELTRAMI, A. (1927), *L. Annaei Senecae ad Lucilium Epistularum Moralium Libri XIV - XX* (Bologna: Zanichelli).

BENOIT, P. (1962 - 3), 'Paulinisme et Johannisme', *New Testament Studies*, 9: 193 - 207.

BERCHMAN, R. M. (1984), *From Philo to Origen: Middle Platonism in Transition* (Brown Judaic Studies, 69; Chico, Calif.: Scholars Press).

BERTOLI, E. (1982), 'L'età dell'oro in Posidonio e Seneca', *Quaderni di lingue e letterature*, 7:151 - 79.

BICKERMAN, E. J. (1975), 'The Jewish Historian Demetrios', in J. Neusner (ed.), *Christianity, Judaism and Other Greco-Roman Cults*, iii (Leiden: Brill), 72 - 84.

BIELER, L. (1935 - 6), *Θεῖος ἀνήρ: Das Bild des 'göttlichen Menschen' in Spätantike und Frühchristentum* (2 vols.; Wien: Höfels).

BLANKERT, S. (1940), *Seneca (Epist. 90) over Natuur en Cultuur en Posidonius als zijn Bron* (diss., Amsterdam).

BORNKAMM, G. (1975), *Jesus von Nazareth*, 2nd edn. (Stuttgart: Kohlhammer).

BOUSSET, W. (1911), *Jesus*, English trans, by J. P. Trevelyan (London: Williams & Northgate).

—— (1915), *Jüdisch-christlicher Schulbetrieb in Alexandria und Rom: Literarische Untersuchungen zu Philo und Clemens von Alexandria, Justin und Irenäus* (Forschungen zur Religion und Literatur des Alten und Neuen Testaments, NS 6; Göttingen: Vandenhoeck & Ruprecht).

BOYANCÉ, P. (1955), 'Sur la théologie de Varron', *Revue des études anciennes*, 57:57 - 85.

BOYS-STONES, G. R. (1997), 'Thyrsus-bearer of the Academy or Enthusiast for Plato? Plutarch's De Stoicorum repugnantiis', in J. Mossman (ed.), *Plutarch and his Intellectual World* (London: Duckworth), 41 - 58.

—— (2002*a*), 'The Stoics' Two Types of Allegory', in Boys-Stones (2002*b*).

—— (ed.) (2002*b*), *Metaphor and Allegory: Classical Studies in Theory and Practice* (Oxford: Oxford University Press, forthcoming).

BRAUN, F.-M. (1959), *Jean le théologien*, i. *Jean le théologien et son évangile dans l'église ancienne* (Paris: Gabalda).

BRAUN, M. (1938), *History and Romance in Graeco-oriental Literature* (Oxford: Basil Blackwell).

BRÉHIER, É. (1925), *Les Idées philosophiques et religieuses de Philon d'Alexandrie*, 2nd edn. (Études de Philosophic Médiévale, 8; Paris: Vrin).

BRITTAIN, C. F. (1996), 'Philo of Larissa and the Fourth Academy' (diss. Oxford). Forthcoming as *Philo of Larissa: The Last of the Academic Sceptics* (Oxford: Oxford University Press).

BROWN, R. E. (1966), *The Gospel according to John (Introduction, Translation and Notes)*, vol. i (Garden City, NY: Doubleday).

BRZOSKA, J. (1896), 'Apollonius (85)', in *RE* ii. 141 – 4.

BUFFIÈRE, F. (1956), *Les Mythes d'Homère et la pensée grecque* (Paris: Belles Lettres).

BULTMANN, R. (1926), *Jesus* (Berlin: Deutsche Bibliothek).

—— (1932), '*Ἀλήθεια*', in G. Kittel (ed.), *Theologisches Wörterbuch zum Neuen Testaments*, i (Stuttgart: W. Kohlhammer), 239 – 48.

—— (1941), *Das Evangelium des Johannes* (Göttingen: Vandenhoeck & Ruprecht).

—— (1948 – 53), *Theologie des Neuen Testaments* (3 vols.; Tübingen: J. C. B. Mohr).

—— (1949), *Das Urchristentum im Rahmen der antiken Religionen* (Zurich: Artemis).

CHADWICK, H. (1965), *Origen:* Contra Celsum. *Translated with an Introduction and Notes* (Cambridge: Cambridge University Press).

—— (1966), *Early Christian Thought and the Classical Tradition: Studies in Justin, Clement, and Origen* (Oxford: Clarendon Press).

—— (1970), 'Philo and the Beginnings of Christian Thought', in A. H. Armstrong (ed.), *The Cambridge History of Later Greek and Early Medieval Philosophy*, corrected edn. (Cambridge: Cambridge University Press), 133 – 92.

CHARLESWORTH, J. H. (1983 – 5), *The Old Testament Pseudepigrapha* (2 vols.; Garden City, NY: Doubleday).

CHARRUE, J. M. (1978), *Plotin, lecteur de Platon* (Paris: Belles Lettres).

CIZEK, A. (1963), 'Sur les traces de Zénon dans les "Lettres à Lucilius"', *Helikon*, 3:196 - 208.

COHN, L. (1894), 'Apion (3)', in *RE* i. 2803 - 6.

COLE, T. (1990), *Democritus and the Sources of Greek Anthropology* (American Philological Association Monograph Series, 25; Atlanta, Ga.: Scholars Press).

COLLINS, J. J. (1974), *The Sibylline Oracles of Egyptian Judaism* (Missoula, Mont.: Society of Biblical Literature).

—— (1983), *Between Athens and Jerusalem: Jewish Identity in the Hellenistic Diaspora* (New York, NY: Crossroad).

COOPER, J. M. (1998), 'Posidonius on Emotions', in Sihvola and Engberg-Pedersen (1998), 71 - 111.

DANIÉLOU, J. (1951), 'Les sources juives de la doctrine des anges des nations chez Origène', *Recherches de science religieuse*, 38:132 - 7.

—— (1958 - 78), *Histoire des doctrines chrétiennes avant Nicée* (3 vols.; Paris: Éditions du Cerf).

DAWSON, D. (1992), *Allegorical Readers and Cultural Revision in Ancient Alexandria* (Berkeley, Los Angeles, and London: University of California Press).

DECHARME, P. (1898), 'Note sur un fragment des "Daedala" de Plutarque', in *Mélanges Henri Weil: Recueil de mémoires concernant l'histoire et la littérature grecques dédié à Henri Weil* (Paris: Thorin), 111 - 17.

DESJARDINS, M. (1991), 'Bauer and Beyond: On Recent Scholarly Discussions of αἵρεσις in the Early Christian Era', *The Second Century*, 8:65 - 82.

DES PLACES, É. (1973) (ed. and trans.), *Numénius: Fragments* (Paris: Belles Lettres).

—— (1977) (ed. and trans.), *Atticus: Fragments* (Paris: Belles Lettres).

DÉTIENNE, M. (1962), *Homère, Hésiode et Pythagore: Poésie et philosophic dans le pythagorisme ancien* (Brussels: Latomus).

DIELS, H. (1879) (ed.), *Doxographi Graeci* (Berlin: Reimer).

DILLON, J. M. (1981), 'Ganymede as the Logos: Traces of a Forgotten Allegorization in Philo', *Classical Quarterly*, NS 31:183 - 5.

—— (1988), ' "Orthodoxy" and "Eclecticism": Middle Platonists and Neo-Pythagoreans', in Dillon and Long (1988), 103 - 25.

—— (1992), 'Plato and the Golden Age', *Hermathena*, 153:21 - 36.

—— (1995), 'The Neoplatonic Exegesis of the *Statesman* Myth', in C. J. Rowe (ed.), *Reading the* Statesman (Proceedings of the Third Symposium Platonicum; Sankt Augustin: Academia Verlag), 364 - 74.

—— (1996), *The Middle Platonists 80 B. C. to A. D. 220*, rev. edn. (London: Duckworth).

—— and LONG, A. A. (eds.) (1988), *The Question of 'Eclecticism': Studies in Later Greek Philosophy* (Berkeley, Los Angeles, and London: University of California Press).

DODDS, E. R. (1960), 'Tradition and Personal Achievement in the Philosophy of Plotinus', *Journal of Roman Studies*, 50:1 - 7.

—— (1973), 'The Ancient Concept of Progress', in id., *The Ancient Concept of Progress and Other Essays on Greek Literature and Belief* (Oxford: Clarendon Press), 1 - 25.

DONINI, P. -L. (1982), *Le scuole, l'anima, l'impero: La filosofia antica da Antioco a Plotino* (Turin: Rosenberg & Sellier).

—— (1986), 'Plutarco, Ammonio e l'Accademia', in F. E. Brenk and I. Gallo (eds.), *Miscellanea Plutarchea: Atti del I convegno di studi su Plutarco* (Quaderni del giornale filologico ferrarese, 8; Ferrara: Giornale filologico ferrarese), 97 - 110.

—— (1994), 'Testi e commenti, manuali e insegnamento: La forma sis-tematica e i metodi della filosofia in età postellenistica', *ANRW* ii. 36. 7:5027 - 100.

DORNSEIFF, F. (1938), 'Antikes zum Alten Testament, 4. Die Abfassungszeit des Pentateuchs und die Deuteronomiumsfrage', *Zeitschrift für die Alttestamentliche Wissenschaft*, 56:64 - 85.

DÖRRIE, H. (1944), 'Der Platoniker Eudoros von Alexandreia', *Hermes*, 79: 25 - 39.

—— (1967), 'Die platonische Theologie des Kelsos in ihrer Auseinan-dersetzung mit der christlichen Theologie auf Grund von Origenes c. Celsum 7. 42 ff', in *Nachrichten der Akademie der Wissenschaften in Göttingen: Philologisch-historische Klasse*, Jahrgang 1967, no. 2 (Göttingen: Vandenhoeck & Ruprecht), 19 - 55.

—— (1972), 'Die Wertung der Barbaren im Urteil der Griechen: Knechtsnaturen? Oder Bewahrer und Künder heilbringender Weisheit?', in R. Stiehl and G. A. Lehmann (eds.), *Antike und Universalgeschichte* [Festschrift Hans Erich Stier] (Münster: Aschendorff), 146 - 75.

—— (1976), *Von Platon zum Platonismus: Ein Bruch in der Überlieferung und seine Überwindung* (Rheinisch-Westfälische Akademie der Wissenschaften: Geisteswissenschaften, Vorträge G 211; Opladen: Westdeutscher Verlag).

—— and BALTES, M. (1990), *Der Platonismus in der Antike: Grundlagen, System, Entwicklung*, ii. *Der hellenistische Rahmen des kaiserzeitlichen Platonismus* (Stuttgart-Bad Cannstatt: Frommann-Holzboog).

DUBOSE, W. P. (1907), *The Gospel according to St Paul* (New York: Longmans, Green & Co.).

DUNN, J. D. G. (1989), *Christology in the Making: A New Testament Inquiry into the Origins of the Doctrine of the Incarnation*, 2nd edn. (London: SCM Press).

EDELSTEIN, L. (1967), *The Idea of Progress in Classical Antiquity* (Baltimore: John Hopkins Press).

EDWARDS, M. J. (1990), 'Numenius, Pherecydes and *The Cave of the Nymphs*', *Classical Quarterly*, NS 40:258 – 62.

ELTER, A. (1893 – 5), *De gnomologiorum Graecorum historia atque origine commentatio* (Bonn: E. C. Georgi Typographeum Academicum).

ÉON, A. (1970), ' La notion plotinienne d'exégèse ', *Revue inter-nationale de philosophie*, 24:252 – 89.

ERSKINE, A. (1990), *The Hellenistic Stoa: Political Thought and Action* (Ithaca, NY: Cornell University Press).

FELDMAN, L. H. (1990), ' Origen's *Contra Celsum* and Josephus' *Contra Apionem*. The Issue of Jewish Origins', *Vigiliae Christianae*, 44:105 – 35.

—— (1993), *Jew and Gentile in the Ancient World: Attitudes and Interactions from Alexander to Justinian* (Princeton, NJ: Princeton University Press).

FÉVRIER, J. G. (1924), *La Date, la composition et les sources de la Lettre d'Aristée à Philocrate* (Paris: É. Champion).

FLAMMAND, J. -M. (1994), 'Dioclès de Cnide', in Goulet (1994–), ii. 774 – 5.

FOWLER, R. L. (1987), *The Nature of Early Greek Lyric: Three Preliminary Studies* (Toronto: University of Toronto Press).

FRANKEL, Z. (1851), *Über den Einfluß der palästinischen Exegese auf die alexandrinische Hermeneutik* (Leipzig: Barth).

FRASER, P. M. (1972), *Ptolemaic Alexandria* (3 vols. ; Oxford: Clarendon Press).

FREDE, M. (1984), 'The Sceptic's Two Kinds of Assent and the Question of the Possibility of Knowledge', in R. Rorty, J. B. Schneewind, and Q. Skinner (eds.),

Philosophy in History: Essays on the Historiography of Philosophy (Cambridge: Cambridge University Press), 255 – 78.

—— (1987), 'Numenius', *ANRW* ii. 36. 2:1034 – 75.

FREDE, M. (1989), 'Chaeremon der Stoiker', *ANRW* ii. 36, 3:2067 – 103.

—— (1994), 'Celsus philosophus Platonicus', *ANRW* ii. 36. 7:5183 – 213.

—— (1997), 'Celsus' Attack on the Christians', in Barnes and Griffin (1997), 218 – 40.

—— (2002), 'Non-verbal Allegory', in Boys-Stones (2002*b*).

FREUDENTHAL, J. (1874 – 5), *Alexander Polyhistor und die von ihm erhaltenen Reste jüdischer und samaritanischer Geschichtswerke* (2 vols.; Hellenistische Studien; Breslau: H. Skutsch).

FRITZ, K. von (1947), 'Pandora, Prometheus and the Myth of Ages', *Review of Religion,* 11:227 – 60.

FROIDEFOND, C. (1987), 'Plutarque et le platonisme', *ANRW* ii. 36. 1:184 – 233.

FRUIN, R. (1847), *Manethonis Sebennytae Reliquiae* (Leiden: Gebhard & Co.).

GAGER, J. G. (1969), ' Pseudo-Hecataeus Again ', *Zeitschrift für die Neutestamentliche Wissenschaft,* 60:130 – 9.

—— (1972), *Moses in Greco-Roman Paganism* (Nashville: Abingdon Press).

GAISER, K. (1983), 'La biografia di Platone in Filodemo: Nuovi dati dal PHerc. 1021', *Cronache ercolanesi,* 13:53 – 62.

—— (1988), *Philodems Academica: Die Berichte über Platon und die Alte Akademie in zwei herkulanensischen Papyri* (Stuttgart-Bad Cannstatt: Frommann-Holzboog).

GATZ, B. (1967), *Weltalter, goldene Zeit und sinnverwandte Vorstellungen* (Spudasmata, 16; Hildesheim: G. Olms).

GAUTHIER, H. (1935), *Les Nomes d'Égypte depuis Hérodote jusqu'à la conquète arabe* (Cairo: Institut Français d'Archéologie Orientale).

GELZER, T. (1982), ' Plotins Interesse an den Vorsokratikern ', *Museum Helveticum,* 39: 101 – 31.

GERCKE, A. (1896), 'Aristobulos (15)', in *RE* ii. 918 – 20.

GIGLIONI, G. B. (1986), 'Dicearco e la riflessione sul passato', *Rivista storica italiana,* 98:629 – 52.

GILL, C. (1998), ' Did Galen Understand Platonic and Stoic Thinking on Emotions?', in Sihvola and Engberg-Pedersen (1998), 113 – 48.

GLIBERT-THIRRY, A. (1977), 'La théorie stoïcienne de la passion chez Chrysippe et son évolution chez Posidonius', *Revue philosophique de Louvain*, 75:393 - 435.

GLUCKER, J. (1978), *Antiochus and the Late Academy* (Hypomnemata, 56; Göttingen: Vandenhoeck & Ruprecht).

—— (1997), 'Socrates in the Academic Books and Other Ciceronian Works', in Inwood and Mansfeld (1997), 58 - 88.

GOODENOUGH, E. R. (1923), *The Theology of Justin Martyr* (Jena: From-mann).

GÖRANSSON, T. (1995), *Albinus, Alcinous, Arius Didymus* (Studia Graeca et Latina Göthoburgensia, 61; Göteborg: University of Göteborg).

GÖRLER, W. (1994), 'Philon aus Larisa', in F. Ueberweg, *Die Philosophic der Antike*, rev. edn. (Die hellenistische Philosopie, ed. H. Flashar, 4; Basel: Schwabe & Co.), 915 - 37.

GOULET, R. (1994), 'Aristoboulos', in Goulet (1994 -), i. 379 - 80.

—— (1994 -), *Dictionnaire des philosophes antiques* (Paris: CNRS).

GRANT, R. M. (1966), *Gnosticism and Early Christianity*, rev. edn. (New York: Columbia University Press).

GRIFFIN, M., and BARNES, J. (1989), *Philosophia Togata: Essays on Philosophy and Roman Society* (Oxford: Clarendon Press).

GRIFFITHS, J. G. (1956), 'Archaeology and Hesiod's Five Ages', *Journal of the History of Ideas*, 17:109 - 19.

—— (1958), 'Did Hesiod Invent the Golden Age?', *Journal of the History of Ideas*, 19:91 - 3.

GRILLI, A. (1953), 'La posizione di Aristotele, Epicuro e Posidonio nei confronti della storia della civiltà', *Rendiconti dell'Istituto Lombardo di Scienze e Lettere (classe di lettere e scienze morali e storiche)*, 86:3 - 44.

GUDEMAN, A. (1928), 'Lysimachos (20)', in *RE* xiv. 32 - 9.

GUTHRIE, W. K. C. (1957), *In the Beginning: Some Greek Views on the Origins of Life and the Early State of Man* (London: Methuen).

HADAS-LEBEL, M. (1973), *De Providentia I et II* (Les Oeuvres de Philon d'Alexandria, ed. R. Arnaldez, J. Puilloux, and C. Mondésert, 35; Paris: Éditions de Cerf).

HANSON, A. T. (1975), *Grace and Truth: A Study in the Doctrine of the Incarnation* (London: SPCK).

HANSON, R. P. C. (1959), *Allegory and Event: A Study of the Sources and Significance of Origen's Interpretation of Scripture* (London: SCM Press).

—— (1970), 'Biblical Exegesis in the Early Church', in P. R. Ackroyd and C. F. Evans (eds.), *The Cambridge History of the Bible*, i. *From the Beginnings to Jerome* (Cambridge: Cambridge University Press), 412 – 53.

HARDIE, P. R. (1992), 'Plutarch and the Interpretation of Myth', *ANRW* ii. 33. 6: 4743 – 87.

HARL, M. (1958), *Origène et la fonction révélatrice du verbe incarné* (Patristica Sorbonensia, 2; Paris: Éditions du Seuil).

HARNACK, A. VON (1894 – 7), *Lehrbuch der Dogmengeschichte*, 3rd edn. (3 vols.; Freiburg and Leipzig: J. C. B. Mohr).

HARRIS, J. R. (1891), *The Apology of Aristides on Behalf of the Christians: From a Syriac MS Preserved on Mount Sinai* (Texts and Studies: Contributions to Biblical and Patristic Literature, 1. 1; Cambridge: Cambridge University Press).

HAWTHORN, G. F. (1964), 'Tatian and his Discourse to the Greeks', *Harvard Theological Review*, 57:161 – 88.

HAYS, R. S. (1983), 'Lucius Annaeus Cornutus' "Epidrome" (Introduction to the Traditions of Greek Theology): Introduction, Translation and Notes' (diss. University of Texas, Austin).

HEINEMANN, I. (1919), 'Poseidonios über die Entwicklung der jüdischen Religion', *Monatsschrift für Geschichte und Wissenschaft des Judentums*, 63: 113 – 21.

—— (1921 – 8), *Poseidonios' metaphysische Schriften* (2 vols.; Breslau: M. & H. Marcus).

HENGEL, M. (1974), *Judaism and Hellenism: Studies in their Encounter in Palestine during the Early Hellenistic Period*, trans. J. Bowden (London: SCM Press).

HINE, H. (1995), 'Seneca, Stoicism and the Problem of Moral Evil', in D. Innes, H. Hine, and C. Pelling (eds.), *Ethics and Rhetoric: Classical Essays for Donald Russell on his Seventy-fifth Birthday* (Oxford: Clarendon Press), 93 – 106.

HIRZEI., R. (1877 – 83), *Untersuchungen zu Ciceros philosophischen Schriften* (3 vols.; Leipzig: S. Hirzei).

HOFFMANN, R. J. (1987), *Celsus On the True Doctrine: A Discourse against the Christians* (New York: Oxford University Press).

HOLTE, R. (1958), 'Logos Spermatikos: Christianity and Ancient Philosophy according to St Justin's Apologies', *Studia Theologica*, 12:109 – 68.

IGAL, J. (1981), 'The Gnostics and "The Ancient Philosophy" in Porphyry and Plotinus', in J. Blumenthal and R. A. Markus (eds.), *Neoplatonism and Early Christian Thought: Essays in Honour of A. H. Armstrong* (London: Variorum), 138 – 49.

INWOOD, B., and MANSFELD, J. (eds.) (1997), *Assent and Argument in Cicero's Academic Books* (Proceedings of the 7th Symposium Hellenis-ticum; Leiden and New York: Brill).

JACOBSON, H. (1977), 'Apion's Nickname', *American Journal of Philology*, 98: 413 – 15.

JACOBY, F. (1912), 'Hekataios (4)', in *RE* vii. 2750 – 69.

JAEGER, W. (1938), *Diocles von Karystos: Die griechische Medizin und die Schule des Aristoteles* (Berlin: de Gruyter).

—— (1948), *Aristotle: Fundamentals of the History of his Development*, 2nd edn., trans. R. Robinson (Oxford: Clarendon Press).

JÄGER, H. (1919), *Die Ouellen des Porphyrios in seiner Pythagoras-Biographie* (diss. Zurich).

JONES, H. S. (1926), 'Claudius and the Jewish Question at Alexandria', *Journal of Roman Studies*, 16:17 – 35.

KÄSEMANN, E. (1964), 'The Problem of the Historical Jesus', *Essays on New Testament Themes*, ch. 1 (*Studies in Biblical Theology*, 41:15 – 47).

KASHER, A. (1985), *The Jews in Hellenistic and Roman Egypt: The Struggle for Equal Rights* (Texte und Studien zum antiken Judentum, 7; Tübingen: J. C. B. Mohr).

KEIM, T. (1873), *Celsus' Wahres Wort: Alteste Streitschrift antiker Weltanschauung gegen das Christentum vom Jahr 178 n. Chr.* (Zurich: Orell, Füssli & Co.).

KELBER, W. (1958), *Die Logoslehre von Herakilt bis Origenes* (Stuttgart: Urachhaus).

KIDD, I. G. (1971), 'Posidonius on Emotions', in A. A. Long (ed.), *Problems in Stoicism* (London: Athlone Press), 200 – 15.

—— (1978), 'Philosophy and Science in Posidonius', *Antike und Abendland*, 24:7 – 15.

—— (1988), *Posidonius*, ii. *The Commentary* (Cambridge: Cambridge University Press).

—— (1999), *Posidonius*, iii. *The Translation of the Fragments* (Cambridge:

Cambridge University Press).

KINDSTRAND, J. F. (1973), *Homer in der zweiten Sophistik: Studien zu der Homerlektüre und dem Homerbild bei Dion von Prusa, Maximos von Tyros und Ailios Aristeides* (Acta Universitatis Upsaliensis: Studia Graeca Upsaliensia, 7; Uppsala: Uppsala University).

KIRK, G. S., RAVEN, J. E., and SCHOFIELD, M. (1983), *The Presocratic Philosophers*, 2nd edn. (Cambridge: Cambridge University Press).

KLEINGÜNTHER, A. (1933), *Πρῶτος Εὑρετής: Untersuchungen zur Geschichte einer Fragestellung* (*Philologus*, suppl. 26; Leipzig: Dieterichische Verlagsbuchhandlung).

KLEVE, K. (1983), 'Scurra Atticus: The Epicurean View of Socrates', in *Συζήτησις: Studi sull'epicureismo greco e romano offerti a Marcello Gigante*, i. (Naples: Gaetano Macchiaroli), 227 - 53.

KRÄMER, H. J. (1964), *Der Ursprung der Geistmetaphysik: Untersuchungen zur Geschichte des Platonismus zwischen Platon und Plotin* (Amsterdam: Schippers).

LAFFRANQUE, M. (1964), *Poseidonios d'Apamée: Essai de mise au point* (Paris: Presses Universitaires de France).

LAQUEUR, R. (1928), 'Manethon (1)', in *RE* xiv. 1060 - 101.

LAMBERTON, R. (1986), *Homer the Theologian: Neoplatonist Allegorical Reading and the Growth of the Epic Tradition* (Berkeley, Los Angeles, and London: University of California Press).

LEO, F. (ed.) (1879), *L. Annaei Senecae Tragoediae*, vol. ii (Berlin: Weidmann).

LÉVY, I. (1907), 'Moïse en Éthiopie', *Revue des études juives*, 53:201 - 11.

LEWY, H. (1932), 'Hekataios von Abdera περὶ Ἰουδαίων', *Zeitschrift für die Neutestamentliche Wissenschaft*, 31:117 - 32.

—— (1938), 'Aristotle and the Jewish Sage according to Clearchus of Soli', *Harvard Theological Review*, 31:205 - 35.

LILLA, S. R. C. (1971), *Clement of Alexandria: A Study in Christian Platonism and Gnosticism* (London: Oxford University Press).

LONG, A. A. (1988), 'Socrates in Hellenistic Philosophy', *Classical Quarterly*, NS 38:150 - 71.

—— (1992), 'Stoic Readings of Homer', in R. Lamberton and J. J. Keaney (eds.), *Homer's Ancient Readers: The Hermeneutics of Greek Epic's Earliest Exegetes* (Princeton: Princeton University Press), 41 - 66.

LOVEJOY, A. O., and BOAS, G. (1935), *Primitivism and Related Ideas in Antiquity* (A Documentary History of Primitivism and Related Ideas, ed. A. O. Lovejoy, G. Chinard, G. Boas, and R. S. Crane, 1; Baltimore: Johns Hopkins University Press).

LÜDEMANN, G. (1996), *Heretics: The Other Side of Early Christianity*, trans. J. Bowden (London: SCM Press).

MACQUARRIE, J. (1990), *Jesus Christ in Modern Thought* (London: SCM Press).

MALHERBE, A. J. (1970), 'Athenagoras on the Poets and Philosophers', in P. Granfield and J. A. Jungmann (eds.), *Kyriakon* [Festchrift Johannes Quasten], i (Münster: Aschendorff), 214 – 25.

MANSFELD, J. (1991), 'Two Attributions', *Classical Quarterly*, NS 41:541 – 4.

MARCOVICH, M. (ed.) (1986), *Hippolytus: Refutatio Omnium Haeresium* (Berlin: de Gruyter).

MARTINI, E. (1905), 'Dikaiarchos (3)', in *RE* v. 546 – 63.

MARTINI, G. J. (1825), *Disputatio Literaria Inauguralis de L. Annaeo Cornuto Philosopho Stoico* (diss. Leiden).

MARX, F. (1894), 'Annaeus (9)', in *RE* i. 2226 – 36.

MEYER, E. (1904), *Agyptische Chronologie* (Berlin: Königlich Akademie der Wissenschaften).

—— (1908), *Nachträge zur ägyptischen Chronologie* (Berlin: Königlich Akademie der Wissenschaften).

MEYER, H. (1914), *Geschichte der Lehre von den Keimkräften von der Stoa bis zum Ausgang der Patristik* (Bonn: Hanstein).

MOLLAND, E. (1936), 'Clement of Alexandria on the Origin of Greek Philosophy', *Symbolae Osloenses*, 15 – 16:57 – 85.

MOMIGLIANO, A. (1971), 'The Hellenistic Discovery of Judaism', in id., *Alien Wisdom: The Limits of Hellenization* (Cambridge: Cambridge University Press), 74 – 96.

MORESCHINI, C. (1978), *Apuleio e il platonismo* (Florence: Olschki).

MOST, G. (1989), 'Cornutus and Stoic Allegoresis: A Preliminary Report', *ANRW* ii. 36. 3:2014 – 65.

—— (1993), 'Die früheste erhaltene griechische Dichterallegorese', *Rheinisches Museum*, 136: 209 – 12.

—— (1997), 'The Fire Next Time: Cosmology, Allegoresis and Salvation in the

Derveni Papyrus', *Journal of Hellenic Studies,* 117:117 – 35.

—— (1999), 'The Poetics of Early Greek Philosophy', in A. A. Long (ed.), *The Cambridge Companion to Early Greek Philosophy* (Cambridge: Cambridge University Press), 332 – 62.

MOTZO, B. (1912 – 13), 'IL κατὰ 'Ιουδαίων di Apione', *Atti della Reale Accademia delle Scienze di Torino,* 48:459 – 68.

MURRAY, O. (1970), 'Hecataeus of Abdera and Pharaonic Kingship', *Journal of Egyptian Archaeology,* 56:141 – 71.

—— (1973), 'Hecataeus of Abdera and Theophrastus on Jews and Egyptians', *Journal of Egyptian Archaeology,* 59:159 – 68.

NAPOLITANO, L. M. (1985), 'Il platonismo di Eudoro: Tradizione pro-toaccademica e medioplatonismo alessandrino', *Museum Patavinum,* 3:27 – 49.

NIKIPROWETZKY, V. (1973), 'L'exégèse de Philon d'Alexandrie', *Revue d'histoire et de la philosophic religieuse,* 53:309 – 29.

NOCK, A. D. (1931), 'Kornutos', in *RE* suppl. v. 995 – 1005.

OBBINK, D. (1992), 'What All Men Believe — Must Be True: Common Conceptions and *Consensio Omnium* in Aristotle and Hellenistic Philosophy', *Oxford Studies in Ancient Philosophy,* 10:193 – 231.

—— (1994), 'A Quotation of the Derveni Papyrus in Philodemus' *On Piety',* *Cronache ercolanesi,* 24:111 – 35.

O'BRIEN, M. J. (1985), 'Xenophanes, Aeschylus and the Doctrine of Primeval Brutishness', *Classical Quarterly,* NS 35:264 – 77.

O'MEARA, D. J. (1989), *Pythagoras Revived: Mathematics and Philosophy in Late Antiquity* (Oxford: Clarendon Press).

OPSOMER, J. (1998), *In Search of the Truth: Academic Tendencies in Middle Platonism* (Brussels: Paleis der Academiën).

PAGET, J. C. (1994), *The Epistle of Barnabas: Outlook and Background* (Wissenschaftliche Untersuchungen zum Neuen Testament, 2.64; Tübingen: J. C. B. Mohr).

PEARSON, A. C. (1891), *The Fragments of Zeno and Cleanthes* (London: C. J. Clay & Sons).

PELIKAN, J. (1971), *The Christian Tradition: A History of the Development of Doctrine,* i. *The Emergence of the Catholic Tradition (100 – 600)* (Chicago and London: University of Chicago Press).

PÉPIN, J. (1958), *Mythe et Allégorie: Les origines grecques et les contestations judéo-chrétiennes* (Paris: Aubier, Editions Montaigne).

PÉPIN, J. (1966), 'Porphyre, exégète d'Homère', in *Porphyre* (Entretiens sur l'Antiquité Classique, 12; Geneva: Vandœuvres-Genève), 229 – 66.

PFEIFFER, R. (1968), *History of Classical Scholarship: From the Beginnings to the End of the Hellenistic Age* (Oxford: Clarendon Press).

PFLIGERSDORFFER, G. (1982), 'Fremdes und Eigenes in Senecas 90. Brief an Lucilius', in J. Stagl (ed.), *Aspekte der Kultursoziologie: Aufsätze zur Soziologie, Philosophie, Anthropologie und Geschichte der Kultur. Zum 60. Geburtstag von Mohammed Rassem* (Berlin: Reimer), 303 – 26.

POHLENZ, M. (1959), *Die Stoa: Geschichte einer geistigen Bewegung,* 2nd edn. (2 vols.; Göttingen: Vandenhoeck & Ruprecht).

PRICE, R. M. (1988), '"Hellenization" and Logos Doctrine in Justin Martyr', *Vigiliae Christianae,* 42: 18 – 23.

PUECH, A. (1928 – 30), *Histoire de la littérature grecque chrétienne depuis les origines jusqu'à la fin du IVᵉsiècle* (3 vols.; Paris: Belles Lettres).

QUASTEN, J. (1950 – 60), *Patrology* (3 vols.; Utrecht and Antwerp: Spectrum; Wesminster, Md.: The Newman Press).

RAJAK, T. (1978), 'Moses in Ethiopia: Legend and Literature', *Journal of Jewish Studies,* 29:111 – 22.

REGENBOGEN, O. (1940), 'Theophrastos (3)', in *RE* suppl. vii. 1354 – 562.

REINACH, T. (ed.) (1930), *Flavius Josèphe: Contre Apion,* with translation by L. Blum (Paris: Belles Lettres).

REINHARDT, K. (1921), *Poseidonios* (Munich: Beck).

—— (1953), 'Poseidonios (3)', in *RE* xxii. 558 – 826.

REPPE, R. (1906), *De L. Annaeo Cornuto* (diss. Leipzig).

REYDAMS-SCHILS, G. (1997), 'Posidonius and the *Timaeus:* Off to Rhodes and Back to Plato?', *Classical Quarterly,* NS 47:455 – 76.

REYHL, K. (1969), *Antonios Diogenes: Untersuchungen zu den Roman-Fragmenten der 'Wunder jenseits von Thule' und zu den 'Wahren Geschichten' des Lukian* (diss. Tübingen).

RIDINGS, D. (1995), *The Attic Moses: The Dependency Theme in Some Early Christian Writers* (Studia Graeca et Latina Gothoburgensia, 59; Göteborg: University of Göteborg).

ROBINSON, J. A. T. (1956), 'The Most Primitive Christology of All?', *Journal of Theological Studies*, 7:177 – 89.

ROTH, N. (1978), 'The "Theft of Philosophy" by the Greeks from the Jews', *Classical Folia*, 32:53 – 67.

RUDBERG, G. (1918), *Forschungen zu Poseidonios* (Skrifter utgifna af K. Humanistiska Vetenskaps-Samfundet i Uppsala, 20. 3; Uppsala and Leipzig: Harassowitz).

RUNIA, D. T. (1995), 'Why Does Clement of Alexandria Call Philo "The Pythagorean"?', *Vigiliae Christianae*, 49:1 – 22.

RUNNALLS, D. (1983), 'Moses' Ethiopian Campaign', *Journal for the Study of Judaism*, 14:135 – 56.

SANDERS, E. P. (1985), *Jesus and Judaism* (London: SCM Press).

SANDERS, J. N. (1943), *The Fourth Gospel in the Early Church: Its Origin and Influence on Christian Theology up to Irenaeus* (Cambridge: Cambridge University Press).

SCHÄFER, P. (1997), 'Die Manetho-Fragmente bei Josephus und die An-fänge des antiken "Antisemitismus" ', in G. W. Most (ed.), *Collecting Fragments/Fragmente sammeln* (Aporemata, 1; Göttingen: Vandenhoeck & Ruprecht), 186 – 206.

SCHALLER, B. (1963), 'Hekataios von Abdera über die Juden: Zur Frage der Echtheit und der Datierung', *Zeitschrift für die Neutestamentliche Wissenschaft*, 54:15 – 31.

SCHLUNK, R. R. (1993), *Porphyry, The Homeric Questions: A Bilingual Edition* (Lang Classical Studies, 2; New York: Peter Lang).

SCHÜRER, E. (1973 – 87), *The History of the Jewish People in the Age of Jesus Christ*, rev. edn. ed. G. Vermes, F. Millar, and M. Black (3 vols. ; Edinburgh: T.& T. Clark).

SCHWARTZ, E. (1885), 'Hekataeos von Teos', *Rheinisches Museum*, 40:223 – 62.

—— (1896), 'Artapanus', in *RE* ii:1306.

—— (1897), 'Chairemon (7)', in *RE* iii. 2025 – 7.

—— (1905), 'Diodorus (38)', in *RE* v. 663 – 704.

SCHWEIZER, E. (1966), ' Zum religionsgeschichtlichen Hintergrund der "Sendungsformel" Gal. 4. 4f. Rm. 8. 3f Joh. 3. 16f. I John 4. 9', *Zeitschrift für die Neutestamentliche Wissenschaft*, 57:199 – 210.

—— (1968), *Jesus Christus im vielfältigen Zeugnis des Neuen Testaments* (Munich and

Hamburg: Siebenstern-Taschenbuch).

SCHWYZER, H.-R. (1932), *Chaeremon* (Leipzig: Harrassowitz).

SCOTT, A. (1991), *Origen and the Life of the Stars: A History of an Idea* (Oxford: Clarendon Press).

SEDLEY, D. (1989), 'Philosophical Allegiance in the Greco-Roman World', in Griffin and Barnes (1989), 97 – 119.

—— (1997), 'Plato's *Auctoritas* and the Rebirth of the Commentary Tradition', in Barnes and Griffin (1997), 110 – 29.

—— (1998), 'Theophrastus and Epicurean Physics', in J. M. van Ophuijsen and M. van Raalte (eds.), *Theophrastus: Reappraising the Sources* (Rutgers University Studies in Classical Humanities, 8; New Brunswick, NJ, and London: Transaction Publishers), 331 – 54.

SIHVOLA, J., and ENGBERG-PEDERSEN, T. (eds.) (1998), *The Emotions in Hellenistic Philosophy* (Dordecht, Boston, and London: Kluwer).

SNODGRASS, A. M. (1998), *Homer and the Artists: Text and Picture in Early Greek Art* (Cambridge: Cambridge University Press).

SPEYER, W. (1971), *Die literarische Fälschung im heidenischen und christlichen Altertum: Ein Versuch ihrer Deutung* (Munich: Beck).

STADEN, H. von (1982), 'Hairesis and Heresy: The Case of the *haireseis iatrikai*', in B. F. Meyer and E. P. Sanders (eds.), *Jewish and Christian Self-definition*, iii. *Self-definition in the Greco-Roman World* (London: SCM Press), 76 – 100.

—— (1989), *Herophilus: The Art of Medicine in Early Alexandria. Edition, Translation and Essays* (Cambridge: Cambridge University Press).

STEINMETZ, P. (1986), 'Allegorische Deutung und allegorische Dichtung in der alten Stoa', *Rheinisches Museum*, 129: 18 – 30.

STERN, M. (1973), 'The Chronological Sequence of the First References to Jews in Greek Literature', Eng. trans. by T. Rajak at Murray 1973: 159 – 63.

—— (1974 – 84), *Greek and Latin Authors on Jews and Judaism*, edited with Introductions, Translations and Commentary (3 vols.; Jerusalem: Israel Academy of Sciences and Humanities).

STONE, M. E. (1984), *Jewish Writings of the Second Temple Period: Apocrypha, Pseudepigrapha, Qumran, Sectarian Writings, Philo, Josephus* (Assen: Van Gorcum).

STRAUB, J. (ed.) (1971), *Acta Conciliorum Oecumenicorum*, iv/1. *Concilium*

Universale Constantinopolitanum sub Iustiniano Habitum (Berlin: De Gruyter).

SUSEMIHL, F. (1891 – 2), *Geschichte der griechischen Litteratur in der Alexandrinerzeit* (2 vols. ; Leipzig: Teubner).

Tarrant, H. (1980), 'Academics and Platonics', *Prudentia*, 12:109 – 18.

—— (1983), 'The Date of Anon. *In Theaeteturn*', *Classical Quarterly*, NS 33:161 – 87.

—— (1985), *Scepticism or Platonism? The Philosophy of the Fourth Academy* (Cambridge: Cambridge University Press).

—— (1993), *Thrasyllan Platonism* (Ithaca, NY, and London: Cornell University Press).

TATE, J. (1929*a*), 'Cornutus and the Poets', *Classical Quarterly*, 23: 41 – 5.

—— (1929*b*), 'Plato and Allegorical Interpretation', *Classical Quarterly*, 23: 142 – 54.

—— (1930), 'Plato and Allegorical Interpretation', *Classical Quarterly*, 24:1 – 10 [continuing Tate 1929*b*].

TCHERIKOVER, V. (1959), *Hellenistic Civilization and the Jews* (Philadelphia: Jewish Publication Society of America).

—— and FUKS, A. (1957 – 64), *Corpus Papyrorum Judaicorum* (3 vols. ; Jerusalem: Magnes Press; Cambridge, Mass. : Harvard University Press).

THEILER, W. (1930), *Die Vorbereitung des Neuplatonismus* (Problemata, 1; Berlin: Weidmann).

—— (1982), *Poseidonios: Die Fragmente* (2 vols. ; Berlin: de Gruyter).

TURNER, E. G. (1954), 'Tiberius Iulius Alexander', *Journal of Roman Studies*, 44:54 – 64.

VAN DER HORST, P. W. (1987), *Chaeremon: Egyptian Priest and Stoic Philosopher*, 2nd edn. (Leiden: Brill).

VANDER WAERDT, P. A. (1985), 'Peripatetic Soul-division, Posidonius and Middle Platonic Moral Psychology', *Greek, Roman and Byzantine Studies*, 26: 373 – 94.

VERGOTE, J. (1939), 'Clément d'Alexandrie et l'écriture égyptienne: Essai d'interprétation de Stromates V. 4, 20 – 21', *Muséon*, 52:199 – 221.

VERMES, G. (1978), 'The Present State of the "Son of Man" Debate', *Journal of Jewish Studies*, 29:123 – 34.

VLASTOS, G. (1946), 'On the Pre-history in Diodorus', *American Journal of*

Philology, 67:51 - 9.

WACHOLDER, B. Z. (1974), *Eupolemus: A Study of Judaeo-Greek Literature* (Cincinnati: Hebrew Union College/Jewish Institute of Religion).

WADDELL, W. G. (ed.) (1940), *Manetho* (Loeb Classical Library; Cambridge, Mass. : Harvard University Press).

WALTER, N. (1964), *Der Thoraausleger Aristobulos: Untersuchungen zu seinen Fragmenten und zu pseudepigraphischen Resten der jüdisch-helle-nistischen Literatur* (Texte und Untersuchungen, 86; Berlin: Akademie-Verlag).

WASZINK, J. H. (1957), 'Der Platonismus und die altchristliche Gedankenwelt', in *Recherches sur la tradition platonicienne* (Entretiens sur l'Antiquité Classique, 3; Geneva: Fondation Hardt), 137 - 74.

WEHRLI, F. (1928), *Zur Geschichte der allegorischen Deutung Homers im Altertum* (diss. Borna-Leipzig).

―― (1944), *Die Schule des Aristoteles*, i. *Dikaiarchos* (Basel: Schwabe & Co.).

―― (1968), 'Dikaiarchos (3)', in *RE* suppl. xi. 526 - 34.

WEILL, R. (1918), *La Fin du moyen empire égyptien: Étude sur les monuments et L'histoire de la période comprise entre la XIIe e la XVIIIe dynastie* (2 vols. ; Paris: Imprimerie Nationale).

WEST, M. L. (1978) (ed.), *Hesiod: Works and Days*, edited with Prolegomena and Commentary (Oxford: Oxford University Press).

―― (1983), *The Orphic Poems* (Oxford: Oxford University Press).

WHITTAKER, J. (1990) (ed.), *Alcinoos: Enseignement des doctrines de Platon*, with French translation by P. Louis (Paris: Belles Lettres).

WIFSTRAND, A. (1941 - 2), 'Die wahre Lehre des Kelsos', *Bulletin de la Société Royale des Lettres de Lund* (Lund: Gleerup), 391 - 431.

WILLRICH, H. (1900), *Judaica: Forschungen zur hellenistisch-jüdischen Geschichte und Litteratur* (Göttingen: Vandenhoeck & Ruprecht).

―― (1924), *Urkundenfälschung in der hellenistisch-jüdischen Literatur* (Forschungen zur Religion und Literatur des Alten und Neuen Testaments, NS 21; Göttingen: Vandenhoeck & Ruprecht).

WITT, R. E. (1937), *Albinus and the History of Middle Platonism* (Transactions of the Cambridge Philological Society, 7; Cambridge: Cambridge University Press).

WOLFSON, H. A. (1947), *Philo: Foundations of Religious Philosophy in Judaism, Christianity and Islam* (2 vols. ; Cambridge, Mass. : Harvard University Press).

ZEEGERS-VANDER VORST, N. (1972), *Les Citations des poètes grecs chez les apologistes chrétiens du IIe siècle* (Recueil de Travaux d'Histoire et de Philologie, 4. 47; Louvain: Bibliothèque de l'Université, Bureau de Recueil).

ZELLER, E. (1876), 'Der Streit Theophrasts gegen Zeno über die Ewigkeit der Welt', *Hermes*, 11:422 - 9.

—— (1892), *Die Philosophic der Griechen in ihrer geschichtlichen Entwicklung*, 5th edn. (4 vols.; Leipzig: O. R. Reisland).

译名对照

Abraham	亚伯拉罕
Academy	学园
Adonis	阿多尼斯
Aelius Aristides	埃里乌斯·阿里斯提德
Aeschylus	埃斯库罗斯
Albinus	阿尔比努斯
Alcinous	阿尔吉努斯
Alcmeonis	阿尔克迈俄尼斯
allegorical exegesis	寓意解释
Amelius	阿美利乌斯
Amenophis	阿蒙诺菲斯
Ammonius of Alexandria	亚历山大里亚的阿莫尼乌斯
Ammonius Saccas	阿莫尼乌斯·萨卡斯
Ammonius	阿莫尼乌斯
Anaxagoras	阿那克萨戈拉
Anaximander	阿那克西曼德
Anaximenes of Lampsacus	兰普萨库斯的阿那克西美尼
Anaximenes of Miletus	米利都的阿那克西美尼
Anonymous Commentary on Plato's Theaetetus	《柏拉图〈泰阿泰德〉佚名评注》
Anonymous Commentary on the Phaenomena of Aratus	《阿拉图斯〈天象论〉佚名评注》
Anonymous Life of Persius	《佚名〈珀修斯传〉》
Anonymous Prolegomena to Plato's Philosophy	《柏拉图哲学的佚名导论》
Antiochus of Ascalon	阿斯卡隆的安提俄库斯
Antisthenes	安提斯泰尼

Carneades	卡尔涅德斯
Cassiodorus	卡西奥多洛斯
Cassius Dio	卡西乌斯·狄奥
Celsus	科尔苏斯
Celtic	凯尔特人
Cerinthus	克林图斯
Chaeremon	凯瑞蒙
Chaldean	迦勒底人
Charax	卡拉克斯
Charisius	卡瑞西乌斯
Chrysermos	克吕瑟谟斯
Chrysippus	克吕西波
Cicero	西塞罗
Cleanthes	克勒安忒斯
Clearchus	克勒阿科斯
Clement of Alexandria	亚历山大里亚的克莱门
Clement of Roman	罗马的克莱门
Cornutus	科努图斯
Crates	克拉忒斯
Cronius	科诺尼乌斯
Cronus	克洛诺斯
Cynicism	犬儒主义
Cynics	犬儒学派
Cyprian	西普里安
Cyrenaics	居勒尼学派
daemon	精灵
Demeter	德墨忒尔
Demetrius	德米特里乌斯
Democritus	德谟克利特
Derveni Paprus	《德维尼莎草纸》
Dicaearchus	狄凯阿科斯
Dio Chrysostom	金嘴狄翁
Dio of Prusa	普鲁萨的狄翁

Diocles of Carystus	卡瑞斯图斯的狄奥克勒斯
Diocles of Cnidus	尼多斯的狄奥克勒斯
Diodorus	狄奥多洛斯
Diogenes Laertius	第欧根尼·拉尔修
Diogenes of Sinope	锡诺普的第欧根尼
Dionysus	狄奥尼索斯
Dioscuri	狄奥斯库里
Ebionites	伊便尼派
Egyptian	埃及人
Eleatic Stranger	埃利亚异邦人
Eleusinian	厄流西斯人
Empedocles	恩培多克勒
Epicureans	伊壁鸠鲁学派
Epicurus	伊壁鸠鲁
Epiphanius	厄庇法尼乌斯
Eretrians	埃瑞忒里亚学派
Eudorus	欧多洛斯
Euhemerism	神话即历史论
Eupolemus	欧珀勒摩斯
Eusebius	尤西比乌斯
Gaius	盖乌斯
Galen	盖伦
George Cedrenus	乔治·克德莱努斯
Gnostics	灵知派
Greek	希腊人
Gymnosophists	裸体修行者
Hebrew	希伯来人
Hecataeus of Abdera	阿伯德拉的赫卡泰乌斯
Hecataeus of Miletus	米利都的赫卡泰乌斯
Hegesippus	赫格西普斯
Heliodorus	赫利奥多洛斯
Hephaestus	赫淮斯托斯
Heracleon	赫拉克勒昂

Heracles	赫拉克勒斯
Heraclitus	赫拉克利特
Hera	赫拉
Herennius Philo	赫瑞尼乌斯·斐洛
Herillus	赫里努斯
Hermes	赫尔墨斯
Herodotus	希罗多德
Hesiod	赫西俄德
Hippocrates	希波克拉底
Hippolytus of Roman	罗马的希波吕托斯
Homeric Hymns	《荷马式颂歌》
Homer	荷马
Iamblichus	扬布利柯
Ignatius	伊格内修斯
Indian	印度人
Irenaeus	爱任纽
Isis	伊希斯
Isocrates	伊索克拉底
Jerome	哲罗姆
Jesus	耶稣
Jewish	犹太人
John Malalas	约翰·玛拉拉斯
Josephus	约瑟夫斯
Joseph	约瑟夫
Jupiter	朱比特
Justin	查士丁
Juvenal	尤文纳
Kore	科瑞
Lactantius	拉克坦提乌斯
Lacydes	拉居德
Leto	勒托
Libyan	利比亚人
Linus	里努斯

Longinus	朗吉努斯
Lucan	卢坎
Lucian	琉善
Lucretius	卢克莱修
Lydian	吕底亚人
Lysimachus	吕西马库斯
Magi	玛吉
Manetho	曼内托
Marcion	玛吉安
Marinus	马里努斯
Maximus of Tyre	推罗的马克西姆斯
Megarians	麦加拉学派
Metrodorus of Lampsacus	兰普萨库斯的迈特罗多洛斯
Minucius Felix	米卢基乌斯·斐力克斯
Mnaseas	姆纳塞斯
Moderatus of Gades	伽德斯的莫德拉托斯
Moses	摩西
Musaeus	缪塞俄斯
Musonius Rufus	缪索尼乌斯·儒弗斯
Nazarenes	拿撒勒派
Nicomachus of Gerasa	格拉撒的尼各马库斯
Numenius of Apamea	阿帕米亚的努曼尼乌斯
Odrysian	奥德里西亚人
Olympiodorus	奥林匹奥多洛斯
Origen	奥利金
Orpheus	俄耳甫斯
Osarsiph	奥塞斯弗
Osiris	俄塞里斯
Panaetius	帕奈提乌斯
Pandora	潘多拉
Parmenides	巴门尼德
Paul	保罗
Pentheus	彭透斯

Peripatetics	漫步学派
Persaeusat	珀塞乌萨特
Persian	波斯人
Persius	珀修斯
Pherecydes of Samos	萨摩斯的斐瑞屈德斯
Philo of Alexandria	亚历山大里亚的斐洛
Philo of Larissa	拉里萨的斐洛
Philodemus	斐洛德谟斯
Phoenician	腓尼基人
Photius	弗提乌斯
Phritobautes	斐瑞托鲍特斯
Phrygian	弗里吉亚人
Platonism	柏拉图主义
Plato	柏拉图
Plotinus	普罗提诺
Plutarch	普鲁塔克
Polemo	波勒莫
Polybius	波利比乌斯
Porphyry	波斐利
Posidonius	波西多尼俄斯
Presocratics	前苏格拉底哲学家
Proclus	普罗克洛
Prometheus	普罗米修斯
Pyrrhonism	皮浪主义
Pyrrho	皮浪
Pythagoras	毕达哥拉斯
Pythagoreans	毕达哥拉斯学派
Quintilian	昆体良
Roman	罗马人
Samothracian	萨摩忒拉斯人
Saturninus	萨图尔尼乌斯
Saturn	萨图恩
Sceptics	怀疑论者

Seneca	塞涅卡
Sesostris	塞索斯忒里斯
Seven Sages	七贤
Sextus Empiricus	塞克斯都·恩披里柯
Sibylline Oracles	《西比林神谕》
Simplicius	辛普里丘
Socrates	苏格拉底
Solomon	所罗门
Solon	梭伦
Sophocles	索福克勒斯
Speusippus	斯彪西波
Sphaerus	斯斐若斯
Stephanus	斯忒方努斯
Stobaeus	斯多拜俄斯
Stoicism	斯多亚主义
Stoicorum Veterum Fragmenta	《早期斯多亚学派残篇》
Strabo	斯特拉波
Suda	《苏达辞典》
Syrianus	绪里阿努斯
Syrian	叙利亚人
Tatian	塔提安
Taurus	陶儒斯
teleology	目的论
Tertullian	德尔图良
Thales	泰勒斯
The Book of Jubilees	《禧年书》
the Evangelist John	福音传道者约翰
Theagnes of Rhegium	莱基翁的忒阿格涅斯
Theocritus	忒奥克里图斯
Theophilus	忒奥斐卢斯
Theophrastus	忒奥弗拉斯托斯
Thot-Hermes	托忒-赫尔墨斯
Thracian	忒拉斯人

Thrasyllus	忒拉绪洛斯
Tiberius Julius Alexander	提贝里乌斯·尤里乌斯·亚历山大
Varro	瓦罗
Victorinus	维克多里努斯
Vincent of Lérins	勒林斯的文森特
Xenophanes	克塞诺芬尼
Xenophon	色诺芬
Zeno of Citium	基提翁的芝诺
Zeus	宙斯
Zoroaster	索罗亚斯德

图书在版编目（CIP）数据

后希腊化哲学：从斯多亚学派到奥利金的发展研究 /
（英）G.R.博伊斯-斯通斯著；罗勇译. -- 上海：东方
出版中心，2024.8. -- ISBN 978-7-5473-2471-4

Ⅰ.B502.1

中国国家版本馆CIP数据核字第20246QM519号

上海市版权局著作权合同登记：图字09-2024-0478号

后希腊化哲学：从斯多亚学派到奥利金的发展研究

著　　者　[英]G.R.博伊斯-斯通斯
译　　者　罗　勇
责任编辑　陈哲泓
装帧设计　陈绿竞

出 版 人　陈义望
出版发行　东方出版中心
地　　址　上海市仙霞路345号
邮政编码　200336
电　　话　021-62417400
印 刷 者　上海万卷印刷股份有限公司

开　　本　890mm×1240mm　1/32
印　　张　8.5
字　　数　194千字
版　　次　2024年9月第1版
印　　次　2024年9月第1次印刷
定　　价　69.80元